図説大百科
世界の地理

ENCYCLOPEDIA
OF
WORLD
GEOGRAPHY

図説大百科
世界の地理
1

アメリカ合衆国I

田辺　裕　監修
田辺　裕・阿部　一　訳

朝倉書店

監修者のことば

世界旅行への招待
旅のよろこび，地理のよろこび

旅は人類の本能のようなもので，ふっと誘われるように出かけたくなる．住み慣れた土地や顔見知りの人々から離れた非日常的な自分を見つけだしたくなる，一種の変身願望をも満たしてくれる．観光シーズンには，多くの人が旅に出る．だが実態は，買い物をしたい，おいしい料理を食べたい，温泉でくつろぎたい，スポーツで遊びたい，演劇を鑑賞したい，美しい景色を見たい，史跡や美術館を訪ねたい，など決して一様な目的ではない．旅の目的は多様である．

どうしても旅に出られない人は，旅人に話を聞く．見知らぬ土地の珍しい話は，古来，よもやま話として面白い話の典型である．その珍しさを発見する喜びが，旅の楽しみを倍加させる．テレビや書物が各地の珍しい風物を伝えてくれる．だが，「まだ石器を使っている」とか，「魚を生のまま食べる」とか，地域の自然風土や生産活動から切り離された生活描写や，あるいは「一日で30度も温度が変化する」とか「地底の大瀑布」とか，人間の生活のない自然の紹介だけではつまらなくなる．

旅に出れば，肌で感じる大気や市場の香り，あるいは民族楽器の音色が全体として自分を包んでくれる．テレビでは疑似体験として，だれかが見知らぬ土地を旅したり，その土地に住み込んで土地の生活様式を学ぶ番組などが増えてきた．もはや他の土地の個性を一部だけ切り取った情報は，旅のよろこびとは違うことが分かってきた．旅のよろこびは，その土地の全体が迫ってくるからであり，ばらばらな情報がつながりを持った存在として現れるからである．

地理は「そこはどんなところか」という質問に答える学問としてはじまった．それぞれの地域には個性がある．自然・環境から社会・経済，文化・民族が，同じ場所に存在することによってお互いに関係し合って作り上げた個性である．その個性を記述して描き出す学問が地域の地理，地誌だから，地理は旅のよろこびを与える知識体系である．

独特なもの，共通するもの

第二次世界大戦後，イデオロギー対立や植民地主義を背景に，民族の個性の尊重と民族自決あるいは自治の要求が澎湃と起こってきた．世紀末を迎えて，社会主義諸国の急激な変動とともに，社会主義の祖国ソ連，民族融和の理想郷ユーゴスラビア，白人支配の南アフリカなど，多くの世界の国々に与えられていたレッテルが無効となった今日ほど，世界諸地域の見取り図を必要としている時はない．とくに世界観を作り上げて行く若い世代にとって，世界をどう見たらよいのかを示す平易で親しみやすい世界地理の書物は緊急に必要である．

現在，地理のよろこび，地域の個性を知るよろこびを失って来た現代の知の体系のなかで，地域独特の風土や風俗などをことさらに強調して民族文化を過大評価し，とりあえず好奇心や驚きを満足させることが流行している．しかしこのような情報だけでは，結局，旅のよろこびや地理のよろこびを与えることはできない．実際，地域の独自性だけを強調する学問も不気味である．それは新たなレッテルを地域に貼ることになる可能性が大きいからである．「石器時代人がいると言われて来てみたけど，何だラジカセを持っていた」などと，がっかりする．まるで動物園に出かけるような観光客を作り出しては意味がない．

旅人が感激するのは，結局の所，ここも地球の一部であり，その土地の人も同じ人類の仲間だと認識するときである．あいさつの仕方が違うことを強調するより，何処に行っても，すてきな人はすてきな挨拶をするということである．食べるものにタブーがあること以上に，相手にいやなものを食べさせず，おいしいものを食べさせようとするもてなしの心によろこびを感じるのである．異邦人として扱われるよりは，我々の仲間であり，同じ人類であると受け入れられるときこそが旅のよろこびのクライマックスである．

新たな世界地理への出発

本書は，旅の好きな人，旅に出られなくても地理の好きな人のために，最新の情報を詰め込んだ世界地理である．ここでは，世界の諸地域に起こっている諸現象を，文化に限定せず，自然に限らず，地誌的に全体として提示する．この地理の伝統に立ち返った諸地域の扱い方が，結局は問題を理解し世界を理解する早道であることを示している．地理学習の中で次第に軽く扱われはじめた自然を，動植物の生態や環境などの記述によって明解に示している．これは自然地理学に対してもひとつの警告となっている．地形や気候を，動植物や社会文化と関係させて扱うべきであるとする主張が読みとれる．

民族問題・人口問題・食料問題・エネルギー問題・地球

温暖化や砂漠化などの環境問題・生態系や種の保存問題など，従来の人文科学・社会科学・自然科学では解けない広域科学的発想あるいは文理横断的視点を要請する問題，しかも全地球規模で巨大な問題がつぎつぎと起きている．これを理解し解決するためには，ふたたび新たな知の体系が求められている．同じ地域に起きている問題であるから，お互いがなんらかの関係があるのではないのか，諸科学の分担による分析的手法ではなく，人文から自然まで多様な要素が関係しあい作り上げる地域システムを記述する地誌的手法によって，地域別に各巻が編成されている．しかし同時に，諸地域に共通する諸問題を扱う系統地理的手法にも耐えるように，多くの事象について，世界諸地域に共通する章だて扱い方をしている．その点については原著者自身の解説（第1巻の12～19ページ）に述べられている．

この書物は，若い人々や彼らに接する地歴科の先生方の地理教育だけのための書物ではない．旅の好きな熟年の人々やしばしば外国に出かけるビジネスマンが知的旅行をするためにも，貴重な情報がつまっている．もはや日本でも買える絵はがきの風景を見て，買い物と食事とを目的に駆け足で回る旅行に満足できなくなった人々が，旅の前に，そして旅の後に読み返す書物となっている．この書物によって，読者諸氏が，旅と地理のよろこびをかみしめていただければ，監修者としての無上のよろこびである．

翻訳者は，1995年に創立40周年を迎えた東京大学教養学部教養学科人文地理学分科に関係の深い方々に，その創立記念の意味でお願いした．この分科は，矢内原総長の肝煎りで諸地域の理解のための基礎学問を担当する分野として創設されたもので，まさに世界地理の研究・教育にふさわしい，本書の翻訳に打ってつけの学科でもある．世界地理は広域の問題であることを確認して，1996年入学者より，本分科は改組されて同学部広域科学科に加わる．それに先立ち，大学院が総合文化研究科広域科学専攻の広域システム科学系に移り，人文地理学の現点から，地域システムをとらえることとなった．本書はその門出の記念の意味でもありたいと考えている．

1996年8月

東京大学教養学部広域科学科長・人文地理分科主任
大学院総合文化研究科広域システム科学系主任

田 辺 　 裕

シリーズ構成・訳者

1 アメリカ合衆国 I
　田辺 裕・阿部 一 訳
2 アメリカ合衆国 II
　矢ヶ崎典隆 訳
3 カナダ・北極
　廣松 悟 訳
4 中部アメリカ
　栗原尚子 訳
5 南アメリカ
　細野昭雄 訳
6 北ヨーロッパ
　中俣 均 訳
7 イギリス・アイルランド
　山田晴通 訳
8 フランス
　田辺 裕・松原彰子 訳
9 ベネルクス
　山本健兒 訳
10 イベリア
　田辺 裕・滝沢由美子 訳
11 イタリア・ギリシア
　高木彰彦 訳
12 ドイツ・オーストリア・スイス
　東 　廉 訳
13 東ヨーロッパ
　山本 茂 訳
14 ロシア・北ユーラシア
　木村英亮 訳
15 西アジア
　向後紀代美・須貝俊彦 訳
16 北アフリカ
　柴田匡平 訳
17 西・中央・東アフリカ
　千葉立也 訳
18 南アフリカ
　生井澤 進・遠藤幸子 訳
19 南アジア
　米田 巌・浅野敏久 訳
20 中国・台湾・香港
　諏訪哲郎 訳
21 東南アジア
　佐藤哲夫・永田淳嗣 訳
22 日本・朝鮮半島
　荒井良雄 訳
23 オセアニア・南極
　谷内 達 訳
24 総索引・用語解説
　田辺 裕・田原裕子 訳

編集・執筆者

AN ANDROMEDA BOOK

Planned and produced by
Andromeda Oxford Ltd
11–15 The Vineyard, Abingdon,
Oxfordshire OX14 3PX, England

Copyright © Andromeda Oxford Ltd
1994

All rights reserved. No part of
this book may be reproduced or
transmitted in any form or by any
means, electronic or mechanical,
including photocopying, sound
recording and storage in an
information retrieval system,
without permission in writing from
the publisher.

タイトルページ：ブルックリンブリッジを前景にしたマンハッタンのスカイライン，ニューヨーク

編集委員会

編集代表

Professor Peter Haggett
University of Bristol, UK and Visiting Professor, University of Minnesota, USA

Formerly Visiting Professor at the University of California, Berkeley; Pennsylvania State University and the University of Wisconsin, USA

〈国々の姿〉編集委員

Professor James Fisher, Florida Atlantic University, USA
アメリカ合衆国

Dr W. Robert Wightman, University of Western Ontario, Canada
カナダ・北極

Dr Thomas D. Boswell, University of Miami, USA
中部アメリカ

Professor Mariana Miranda, University of Rio de Janeiro, Brazil
南アメリカ

Dr Kurt Viking Abrahamsson, University of Umea, Sweden
北ヨーロッパ

Professor Eric Brown, University College London, UK
イギリス・アイルランド

Professor J. Beaujeu-Garnier, University of Paris, France
フランス

Drs H. Meijer, Information and Documentation Center for the Geography of the Netherlands, Utrecht, The Netherlands
ベネルクス

Professor Dr Modest Goossens, Catholic University of Louvain, Belgium
ベネルクス

Professor Blanca Tello, Autonomous University of Madrid, Spain
イベリア

Professor P. Landini, Institute of Science, Pescara, Italy
イタリア・ギリシア

Professor Dr A. Karger, Eberhard-Karls-University, Tubingen, Germany
ドイツ・オーストリア・スイス・東ヨーロッパ

Dr Tatyana Vlasova, Academy of Sciences, Moscow, Russia
ロシア・北ユーラシア

Dr Mike Bradshaw, University of Birmingham, UK
ロシア・北ユーラシア

Professor Peter Beaumont, University of Wales, Lampeter, UK
西アジア

Professor Ezekiel Kalipeni, Colgate University, New York, USA
北アフリカ，西・中央・東アフリカ，南アフリカ

Professor D.K. Singh, Utkal University, India
南アジア

Professor Meie-Ren, Nanjing University, China
中国・台湾・香港

Dr Victor R. Savage, National University of Singapore, Singapore
東南アジア

Professor David H. Kornhauser, University of Hawaii, USA
日本・朝鮮半島

Professor Murray McCaskill, The Flinders University of South Australia, Australia
オセアニア・南極

〈地域の姿〉編集委員

Professor Ken J. Gregory, Goldsmith's College, London, UK
自然地理

Robert Burton, Huntingdon, UK
生息環境とその保全，動物の生態

Professor D.M. Moore, University of Reading, UK
植物の生態

Dr John Tarrant, University of East Anglia, UK
農業

Dr Ian Hamilton, London School of Economics, UK
鉱工業

Dr Stuart Corbridge, University of Cambridge, UK
経済

Dr Alisdair Rogers, University of Oxford, UK
民族と文化

Professor John Rennie Short, Syracuse University, USA
都市

Dr Peter Taylor, University of Newcastle upon Tyne, UK
政治

Dr Michael Williams, University of Oxford, UK
環境問題

執筆者

〈国々の姿〉

Asgard Publishing Services:
 Philip Gardner
 Allan Scott
 Michael Scott Rohan
 Andrew Shackleton

〈地域の姿〉

Professor Janet Abu-Lughod, New School for Social Research, New York, USA
Dr C.D. Adams, Natural History Museum, London, UK
Professor John Agnew, Syracuse University, New York, USA
Dr John Akeroyd, University of Reading, UK
Dr Claes Alvstam, Gothenburg University, Sweden
Dr Sheena Asthana, University of Exeter, UK
Jill Bailey, Oxford, UK
John D. Baines, Chorleywood, UK
Dr Kathy Baker, School of Oriental and African Studies, University of London, UK
Dr Richard Barnes, Large Animal Research Group, Cambridge, UK
Professor J.H. Bater, University of Waterloo, Ontario, Canada
Professor Peter Beaumont, University of Wales, Lampeter, UK
Dr Morag Bell, Loughborough University of Technology, UK
Dr Hans Bibelriether, Federation of Nature and National Parks of Europe, Germany
Dr Hans Blaas, University of Amsterdam, The Netherlands
Dr Richard Black, King's College, University of London, UK
Dr Gerald Blake, University of Durham, UK
Elizabeth Bomford, Hereford, UK
Dr Carlos Bosque, Simon Bolivar University, Venezuela
Dr I.R. Bowler, University of Leicester, UK
Dr Christopher Bramall, University of Cambridge, UK
Dr Karen Burke da Silva, McGill University, Canada
Dr David Burtenshaw, University of Portsmouth, UK
John Burton, Saxmundham, UK
Robert Burton, Huntingdon, UK
Dr Andrew Byfield, Southampton, UK
Dr Terry Cannon, University of Greenwich, London, UK
Noel Castree, University of British Columbia, Vancouver, Canada

Professor Graham P. Chapman, School of Oriental and African Studies, University of London, UK
Dr Mike Clark, University of Southampton, UK
Professor J. Clark Archer, University of Nebraska, USA
Dr Colin Clarke, University of Oxford, UK
Dr David Cleary, University of Cambridge, UK
Dr Hugh Clout, University College London, UK
Sally Collins, The National Trust of South Australia, Australia
Dr John Connell, University of Sydney, Australia
Professor Lincoln Constance, University of California at Berkeley, USA
Dr Stuart Corbridge, University of Cambridge, UK
Dr James Cotton, National University of Singapore, Singapore
Dr Q.C.B. Cronk, University of Cambridge, UK
Dr Susan Cunningham, London, UK
Professor Susan L. Cutter, Rutgers State University of New Jersey, USA
Professor Maurice T. Daly, University of Sydney, Australia
Dr Jack da Silva, McGill University, Canada
Dr Ben de Pater, University of Utrecht, The Netherlands
Dr John P. Dickenson, University of Liverpool, UK
Dr Chris Dickman, University of Sydney, Australia
Professor Chris Dixon, London Guildhall University, UK
Dr Evangelia Dokopoulou, London, UK
Professor Ian Douglas, University of Manchester, UK
Graham Drucker, World Conservation Monitoring Center, Cambridge, UK
Dr Michael Dunford, University of Sussex, UK
Professor T.H. Elkins, Oxford, UK
Dr Nicholas Evans, University of Coventry, UK
Dr Teresa Farino, Cantabria, Spain
Ruth Feber, University of Oxford, UK
Dr David Foot, University of Reading, UK
Dr David Fox, University of Manchester, UK
Dr Kevin Frawley, Canberra, Australia
Dr Brian Fullerton, University of Newcastle upon Tyne, UK
Linda Gamlin, Bath, UK
Dr V. Gardiner, University of Leicester, UK
Dr P.J. Garnock-Jones, Canterbury Agriculture and Science Center, Christchurch, New Zealand
Professor Alan Gilbert, University College London, UK
Dr Barry K. Gills, University of Newcastle upon Tyne, UK
Dr Roger Goodman, University of Essex, UK
Paul Goriup, The Nature Conservation Bureau, Berkshire, UK
St. John B. Gould, London, UK
Professor Dr J. Grau, University of Munich, Germany
Dr Gina C. Green, Oxford Forestry Institute, Oxford, UK
Dr Michael J.B. Green, World Conservation Monitoring Center, Cambridge, UK
Professor Ken J. Gregory, Goldsmith's College, London, UK
Dr Claes Grundsten, The National Swedish Environmental Protection Board, Solna, Sweden
Dr J. Grzybowski, Polish Academy of Sciences, Warsaw, Poland
Dr Charles Gurdon, London, UK
Dr Ian Hamilton, London School of Economics, UK
Dr Sarah Harper, Royal Holloway and Bedford New College, University of London, UK
Dr Stephen G. Haw, Kingham, UK
Dr Roger Hayter, Simon Fraser University, British Columbia, Canada
Dr Michael Heffernan, Loughborough University of Technology, UK
Dr Emilio Herrera, Simon Bolivar University, Venezuela
Dr J.E. Hobbs, University of New England, Armidale, NSW, Australia
Dr Rupert Hodder, London, UK
Brian J. Huntley, National Botanic Gardens and Botanical Research Institute, South Africa

Dr Brian Ilbery, University of Coventry, UK
Carol Inskipp, Cambridge, UK
Charles Jeffrey, Royal Botanic Gardens, Kew, UK
Dr Alan Jenkins, Oxford Brookes University, UK
Sarah Jewitt, University of Cambridge, UK
Dr Richard Joby, Norwich, UK
George Joffé, London, UK
Professor R.K. Johnston, University of Sheffield, UK
Dr Alun Jones, University College London, UK
Dr David K.C. Jones, London School of Economics and Political Science, UK
Dr S.L. Jury, University of Reading, UK
Professor Ezekiel Kalipeni, Colgate University, New York, USA
Dr Z.J. Karpowicz, World Conservation Monitoring Center, Cambridge, UK
Dr Gerard Kearns, University of Wisconsin, USA
Graham Keats, Johannesburg College of Education, South Africa
Dr Richard Knowles, University of Salford, UK
Dr Eleonore Kofman, Middlesex University and the University of Caen, France
Dr Gunter Krebs, London School of Economics and Political Science, UK
Dr Andrew Laurie, Cambridge, UK
Dr Haruko Laurie, Cambridge, UK
Dr Richard Lawless, University of Durham, UK
Dr Anthony Lemon, University of Oxford, UK
Professor John Lewin, University College of Wales, Aberystwyth, UK
Professor David Ley, University of British Columbia, Vancouver, Canada
Dr Andrew Leyshon, University of Hull, UK
Dr J.M. Lock, Cambridge, UK
Dr R.E. Longton, University of Reading, UK
Dr John MacKinnon, Haddenham, Cambridge, UK
Dr Kathy MacKinnon, Environmental Management Development in Indonesia, Kalimantan Selatan, Indonesia
Finn Rindom Madsen, Institute of Ethnography and Social Anthropology, Aarhus, Denmark
Dr Ronald L. Martin, University of Cambridge, UK
Professor W.R. Mead, University College London, UK
Drs H. Meijer, Utrecht, The Netherlands
Professor John Mercer, Syracuse University, New York, USA
Dr Nick Middleton, University of Oxford, UK
Dr E. Willard Miller, Pennsylvania State University, USA
Dr Andrew Millington, University of Reading, UK
Dr Simon Milne, McGill University, Canada
Dr Janet Momsen, University of Newcastle upon Tyne, UK
Dr Alan Moore, Knoxville, Tennessee, USA
Professor D.M. Moore, University of Reading, UK
Dr Barry Munslow, University of Liverpool, UK
Dr Ian Neary, University of Newcastle upon Tyne, UK
Dr Oriol Nel.lo, Autonomous University of Barcelona, Spain
Professor J Gordon Nelson, Wilfred Laurier University, Waterloo, Canada
Dr Peter Lewis Nowicki, Aménagement-Environnement, Lille, France
Dr Phil O'Keefe, University of Newcastle upon Tyne, UK
Professor John O'Loughlin, University of Colorado, Boulder, USA
Catherine Olver, University of Reading, UK
Dr Michael Pacione, University of Strathclyde, UK
Professor John Packham, University of Wolverhampton, UK
Dr Philip Pinch, The University of North London, UK
Dr Michael Pincombe, University of Newcastle upon Tyne, UK
Dr Lesley Potter, University of Adelaide, Australia
Dr Deborah Potts, School of Oriental and African Studies, University of London, UK

Professor Joanna Regulska, Rutgers State University of New Jersey, USA
Professor J.M. Reichholf, Munich, Germany
Dr Stewart Richards, University of British Columbia, Canada
Dr Ian B.K. Richardson, Reading, UK
Dr Jonathan Rigg, School of Oriental and African Studies, University of London, UK
Dr Guy M. Robinson, University of Edinburgh, UK
Dr Alisdair Rogers, University of Oxford, UK
Dr L.P. Ronse Decraene, Catholic University of Louvain, Belgium
Dr Andrew Ryder, University of Portsmouth, UK
Professor Marwyn Samuels, Syracuse University, New York, USA
Professor Suzane Savey, Paul Valéry University, France
Dr Ian Scargill, University of Oxford, UK
Dr Alwyn Scarth, University of Dundee, UK
Dr D. Scott Slocombe, Wilfred Laurier University, Waterloo, Canada
Dr David Seddon, University of East Anglia, UK
Professor Leonid Serebryanny, Academy of Sciences, Moscow, Russia
Richard Sexton, University of East Anglia, UK
Professor Fred Shelley, University of Southern California, USA
Professor John Rennie Short, Syracuse University, New York, USA
Dr David Simon, Royal Holloway and Bedford New College, University of London, UK
Dr Graham Smith, University of Cambridge, UK
Dr John Tarrant, University of East Anglia, UK
Dr Peter Taylor, University of Newcastle upon Tyne, UK
Professor M.F. Thomas, University of Stirling, UK
Professor Colin R. Thorne, University of Nottingham, UK
Professor John Thornes, University of Bristol, UK
Professor J. Tricart, University of Strasbourg, France
Dr A. Trilsbach, University of Durham, UK
Dr Lance Tufnell, University of Huddersfield, UK
Dr J. Tuppen, Lyon Graduate School of Business, France
Dr David Turnock, University of Leicester, UK
Dr P.T.H. Unwin, Royal Holloway and Bedford New College, University of London, UK
Professor H. van der Wusten, University of Amsterdam, The Netherlands
Professor Dr J. van Weesup, University of Utrecht, The Netherlands
Drs Wim J.M. Verheugt, Beuningen, The Netherlands
Dr Steven Vertovec, University of Oxford, UK
Dr Mary Vincent, University of Sheffield, UK
Dr Tatyana Vlasova, Academy of Sciences, Moscow, Russia
Professor D.E. Walling, University of Exeter, UK
Dr R.P.D. Walsh, University College, Swansea, UK
Martin Walters, Cambridge, UK
Dr S.M. Walters, Cambridge, UK
Dr Kenneth Warren, University of Oxford, UK
Paul D. Watson, United Nations Association International Service, UK
Dr David Watts, University of Hull, UK
Dr Peggy Wayburn, Bolinas, California, USA
Professor Egbert Wever, Buck Consultants International, The Netherlands
Dr Peter S. White, University of North Carolina, USA
Dr J.R. Whitlow, University of Zimbabwe, Harare, Zimbabwe
Dr T.C. Whitmore, University of Cambridge, UK
Dr A.J. Whitten, Cambridge, UK
Dr G.E. Wickens, Hampton Hill, UK
Dr Allan Williams, University of Exeter, UK
Professor Colin Williams, Staffordshire University, UK
Dr Michael Williams, University of Oxford, UK
Dr Michael Witherick, University of Southampton, UK
Dr John Wright, University of Birmingham, UK

シリーズの構成

1 アメリカ合衆国Ⅰ
2 アメリカ合衆国Ⅱ
3 カナダ・北極
4 中部アメリカ
5 南アメリカ
6 北ヨーロッパ
7 イギリス・アイルランド
8 フランス
9 ベネルクス
10 イベリア
11 イタリア・ギリシア
12 ドイツ・オーストリア・スイス
13 東ヨーロッパ
14 ロシア・北ユーラシア
15 西アジア
16 北アフリカ
17 西・中央・東アフリカ
18 南アフリカ
19 南アジア
20 中国・台湾・香港
21 東南アジア
22 日本・朝鮮半島
23 オセアニア・南極
24 総索引・用語解説

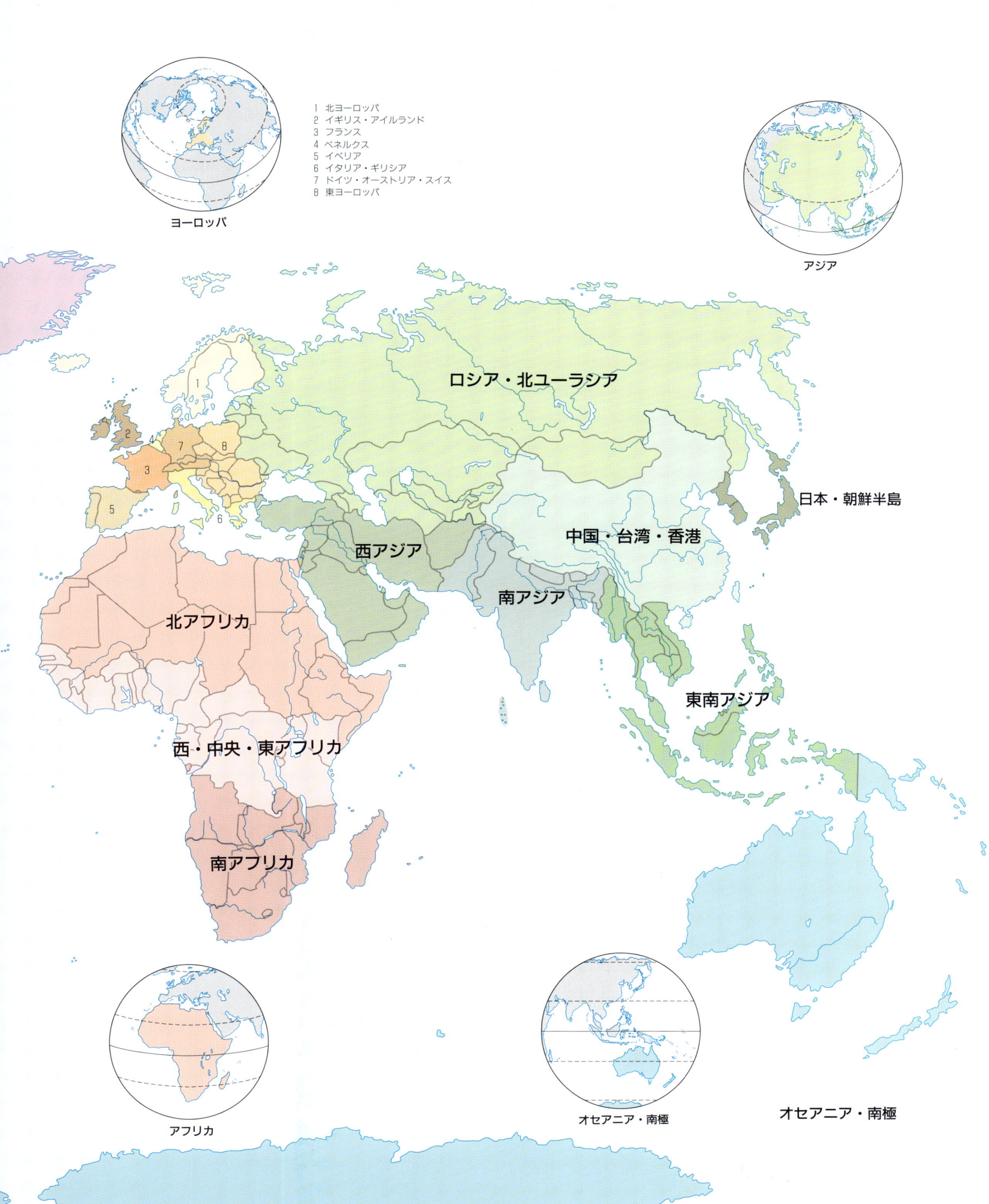

シリーズの序

地理（もとの意味"地球についての記述"）は，全地球的規模の変化をはじめ，われわれのふるさとのような局地的な大きさに至るまで，地球の多様さを理解させようとする．『世界の地理』全24巻は，世紀末に近づいている現代世界の劇的変動を描いており，われわれの惑星，すばらしく豊かな地球の地域的変化を記録している．しかしさらに重要なことは，このような変化がなぜ起きているのか，また世界がなぜ現在のように変化しつつあるのかを説明しようとしていることである．

われわれの周辺のいたるところで変化が早まっている．経済の分野では，新たな世界的中心が太平洋沿岸に形成されつつある．第1に日本（いまやアメリカ合衆国についで世界第2の経済大国），次いで"四頭の竜"：韓国，台湾，香港とシンガポールである．これらの国々の陰では，世界人口のほぼ1/5をしめる中国が来世紀の経済大国たらんとしている．

経済的変化以上に政治的変化は急速である．1990年代だけで，われわれはソ連とユーゴスラビアの崩壊をみた．前者は15の共和国に分かれ，後者は分裂していくつかの新しい国になった．西ヨーロッパは苦しみつつ，またゆっくりとその政治的境界を弱め，ヨーロッパ連合を核に新たな政治的統合に向かって結合しつつある．

もし環境変化の例が必要であれば，中央アジアのアラル海ほどさし迫ったものはない．ほんの20〜30年前まで，世界第4位の内水面だったが，1990年までに1960年当時の大きさの2/3に縮小してしまった．2000年には以前の大きさの半分に縮み，かつての漁村は海岸から数百km離れて立地することになる．ここでは地球温暖化が原因ではなく，その海に注いでいた川から灌漑用水をとってしまったからである．

人口圧力も変化をもたらした重要な力である．私が60年ほど前に生まれたとき，世界の人口はたった20億人であった．それがいまや60億人に迫ろうとしている．もしあなたがいま，高校生であるとすれば，あなたが生きている間に10億人以上が——多くは第三世界の国々において——さらに総人口に加わることになるだろう．その増加は世界の自然資源に対して膨大な需要を呼び起こし，クジラの頭数の枯渇から熱帯雨林の未曾有の伐採に至るまで，さまざまな結果を引き起こす．

つぎつぎと断片的に現れるテレビ画面や毎日の新聞の見出しによって，われわれは変動に麻痺させられ，その結果，変動がパターンも意味もない混沌のようにみえてしまうかもしれない．おまけに多くの時々刻々の変化は，比較的小さな規模のものである．人類の地表の占有はごく最近のことである．もし地球の歴史を1日に縮めてみれば，人類は，深夜，最後の数秒前に登場しているにすぎないのである．

われわれの環境全体がより大規模に変化しつつあって，セントヘレンズのような火山噴火や地球温暖化などは，その変化の小さな指標である．われわれ人類の一生の長さに比べれば，その変化はゆっくりしている．カリフォルニアから島々が断層線にそって動き離れているといっても，つまりサンディエゴ沖のサンクレメンツの島々が北に向かって徐々に遠ざかりつつある

ウルグプ村，トルコ中央部　柔らかい円錐形の岩石（堅い台地の残存部）に穴をうがって家をつくった．

が，それは年に1/4インチ（約5mm）程度の移動にすぎないと推測されている．

『世界の地理』全24巻は，世界の混沌というイメージに対して，その変化の背後にあるパターンと秩序を示すことによって，しっかりバランスをとっている．地質的にであれ政治的にであれ，国際的な"熱い地点"は，しばしば深く歴史に根をもっている．この『世界の地理』の執筆と編集には，地理学者が国際的なチームをつくって大きな注意を払ってきたので，これによって"地理知らず"を減らすことになればよいと思う．世界の地域的多様性に無知であることは，その多様性の中に閉じ込められているということである．情報がなければ，われわれは自分の環境が特殊でなくむしろ正常であるとつい思いこんでしまうかもしれない．

1930年代に少年として育った当時，私の地理的世界は自転車の範囲に限定されていた．第2次世界大戦の間，わが家の自動車にはガソリンがなかった．21歳になってやっと，はじめて"よ

その"国を訪れる機会ができた．今日，少なくとも先進国の人々にとって，旅行の機会ははるかに大きくなった．しかしながら旅行は，われわれの印象を，自分の全知識の中に置くことによってのみ価値がある（地理的素養がなければ，旅行の価値も半減する）．

世界中の若者が素養のある旅行者となるために地理に注目しはじめている．それが多くの世界的諸問題を分析するための自然な出発点であることがわかってきたのである．私としては，この『世界の地理』が学校や図書館で，読者の関心を高め，知識を深める上で，重要な役割を演じることを希望している．

外に出て世界を見聞して，その多様性に親しむ決心をしてほしい．読者のあとに続く子どもたちの世代に，世界を良好な状態で譲り渡すために，責任をもってほしい．

1994年
ブリストル大学教授（イギリス），ミネソタ大学客員教授
ピーター・ハゲット

読者のために

『世界の地理』は政治から建築，経済から自然史に至る広範囲の諸問題をもっぱら総合的に扱っている．多くの境界が変動し，政治的変化が加速している時代にあたって，世界の各地域がすぐれた地理学者・環境学者や研究者からなる国際編集委員会によって再検討された．

われわれの目的は，世界で現在何が起こっているのかに関心をもっている専門家に，また一般の読者に，ごくわかりやすく，かつ視覚的にもすばらしい書物を公刊することであった．われわれがいささか期待しているのは，これによって，世界の動いている仕組みや住民が直面している諸問題に関して，知識と理解が深まることである．

『世界の地理』の構成

この『世界の地理』は24巻からなる．第1・2巻は「アメリカ合衆国」にあてられる．第3巻から第23巻はそれぞれ，世界の異なる地域を扱い，第24巻は主索引，おもな用語解説，その他有用な参照欄を収録している．世界の諸地域は，地理学上の区分（南アメリカや北アフリカ）あるいは政治的な単位（アメリカ合衆国やフランス）によって決められた．全体の地域リストやそれに対応する巻数は，どのように地域区分をしたのかを示す世界地図とともに，8〜9ページに揚げてある．各巻は，〈国々の姿〉と〈地域の姿〉との2部に分かれている．

国々の姿

〈国々の姿〉は，2部構成の各巻の第1部である．1ページあるいはそれ以下の小さな島国から約50ページにおよぶアメリカ合衆国まで長短さまざまに，その地域にあるすべての国をそれぞれ世界地理の項目として取り上げている．すべての項目は，諸国間の相互参照を容易にするために，標準化した構造をとっている．各説明は，"環境"，"社会"そして"経済"の3節に分けられ，それぞれ説明文の副題となっている．

環境の節は自然景観を記述し，山地，砂漠や平野，および主要な河川や湖を位置づける．典型的な気候や特徴のある植物・動物も記述する．

第2の社会の節は人々をそれぞれの環境の中に置く．まず初期の有史時代から現代に至るまで，その国の歴史をまとめる．この歴史的な見方は今日の国家を理解するために重要である．したがって長い項目では，さらに項に分け，政治体制，住民を形成する民族集団，彼らの宗教，その他，言語のような文化的差異などを記述する．

最後の経済の節では，人々がいかに土地とその資源を利用して，国の支出を支える経済をつくり上げているかを記述する．農業や鉱工業の重要な特徴，そして最も広く用いられている交通通信ネットワークを示す．最後の項では，健康・福祉・教育をみている．

コラムは，〈国々の姿〉の本文中に着色パネルで表されている．これらは国々の重要な特徴，有名な歴史的事件，そして有

国々の姿
1 国々の通称，公式名は小さく後ろに付されている．
2 対象国の地図，おもな特徴を示す．
3 国独自のデータパネル，国の主要統計の一覧．
4 〈国々の姿〉の本文は主要な3つの見出し：環境，社会，経済で構成されている．
5 コラムは重要な特徴，とくに歴史的事件あるいは属島に焦点をあてる．

名な発見や発明に焦点を当て，その国の文化をいきいきと描く．ほんの少しその例をあげれば，カナダにおけるロバート・ペアリーと北極への先陣争い，アメリカ合衆国におけるゴールドラッシュ，イギリスにおけるウィリアム・シェークスピア，中国における万里の長城などである．

従属国と属領の島々は〈国々の姿〉の中で，二つの方式で別途に扱われている．それらが従属する本国と同じ地域にあれば（着色パネルの中で），コラムとして扱われる．たとえば日本の項目では小笠原諸島，火山列島や琉球諸島がそうで，イギリスの項目ではチャンネル諸島やマン島がある．

しかしながら，もし従属国が本国と異なる地域にあれば，その位置する地域の末尾で扱われる．たとえばグリーンランドは（デンマーク領であるがカナダ沖に位置しているので），第6巻「北ヨーロッパ」ではなく，第3巻「カナダ・北極」における〈国々の姿〉の最後で扱われる．

地域の姿

各巻には，〈国々の姿〉に続いて〈地域の姿〉が置かれ，11のテーマ別の各章がその地域を全体として論ずる．

第1，2巻の「アメリカ合衆国」を例外として，すべての巻において，〈地域の姿〉の諸章は8ページの長さであるが，いくつかは2ページの見開き図版（図版の項参照）が余分に入っている．「アメリカ合衆国」の2巻では，各章16ページで，いくつかにはさらに見開き図版が入っている．

〈地域の姿〉におけるテーマ別の各章は，いずれの巻も同じ順序になっている．

自然地理　自然の力は常に景観をつくりかえ，われわれの環境を変えている．自然地理は各地域の地質的背景を詳しく述べ，気候，火山，地震，氷河，浸食，海洋，河川などのような一連の諸営力が与える影響を調べる．

生息環境とその保全　熱帯雨林やサンゴ礁から砂漠やサバンナまで，隔離・保護の役割を果たしてきた山岳から存続を脅かされている湿地まで，世界最後の貴重な未開地域を踏査する．各地域の脆弱や生態系を保全しかつ守るためにとられてきた手段をも評価する．

動物の生態　各地域に生息する動物の驚くべき多様性と適応性を，希少で危機に瀕している種から都市の普通の動物に至るまでを明らかにする．生息環境を失い，汚染や狩猟，あるいは他の人間活動などによって脅かされている多くの種を取り上げるとともに，保護や法制度，広く周知されているかどうかの諸問題も調べる．

植物の生態　各地域の地方的な植物の歴史，多様性，美しさおよび重要さを指摘する．この章には，植物がいかにその環境に適応し，治療や儀式においてあるいは衣食住や装飾のために，いかに異なった社会によって利用されているのかに関して，すばらしい説明がある．

農業　世界で働いている男女の約半数が農民あるいは農業労働者であり，その状況と技術は地域ごとに劇的に異なっている．この章は農業の起源と歴史を述べ，作物栽培と古代および現代技術の利用にはじまり市場操作や食料供給政策に至るまで，世界中の農業に関する主要な諸問題をみる．

地域の姿

1　章名：11の章が各巻とも同じ順序で現れる．

2　この章で取り上げている主要な問題の要約．

3　取り上げているトピックスに関する地域的なデータパネル：見やすい統計情報．

4　対象地域の地図，重要な情報を視覚的に示す．

5　絵図を多く用い，グラフ化した情報で本文を補う．

6　コラムは特定の興味あるトピックスに焦点をあてる．

◁〈地域の姿〉の特設ページ
植物の生態（第11巻「イタリア・ギリシア」）

▷データパネル
1　国別データパネル，ブラジル（第5巻「南アメリカ」の〈国々の姿〉より）
2　地域データパネル，動物の生態（同じく第5巻の〈地域の姿〉より）
3　地域データパネル，同じ巻より．経済や（ここでは）環境問題に関する，より工夫を凝らした形式

鉱工業　〈各地域〉の人々が，エネルギー，住居，衣服，道具，武器や広範囲の消費物資および贅沢品に対する絶え間なく変わる需要に備えて，いかに自分の手に入る天然資源を利用しているのかに関して説明する．

経済　国際貿易の基本的な働きを概説し，なぜいくつかの国が富を蓄積する一方で，他の国々が負債の危機に至っているのかを調べる．ここでは，富裕あるいは貧困の意味を調べ，地域住民が享受している生活や健康，教育施設の質に注目する．

民族と文化　ナショナリズムや人種的遺伝，言語，儀礼，宗教的信条，伝統などは，人々を結びつけ，人々に文化的に同一であるという意識を与える要素である．この章は各地域の複雑な民族的かつ文化的混合と，その摩擦や独特の伝統に注目する．

都市　この章は大都市の相対的な成長と繁栄およびその農村社会に与える影響に主要な焦点を当てる．政治と経済は，バラック街のスプロールであれ計画的都市開発であれ，交通から建築に至る都市生活のすべての面の基礎である．

政治　国家の政体は何で，国家はどう組織されているのか．国家間の力の均衡が崩れる理由は何か．諸国家が同盟あるいは戦争をする際の結果は何か．政治の章はいかに国際的に重要な諸問題が各地域に影響を与えるのかを調べる．

環境問題　汚染，廃棄物，地球温暖化，そして種と生息環境の破壊，これらすべての因子が地球の未来を脅かしている．この章では各地域が当面している環境問題やそれを克服するために地域住民や産業，政府が行っている努力を検証する．

各章の構成

テーマ別のすべての章は，異なった地域の間の比較ができるよう，注意深く構成されてきた．環境問題の章を例に取り上げよう．各巻における環境問題の章の最初の2ページ（見開きの1）は，土地利用がここ数世紀にいかに変わってしまったのか，そしてその環境の意味を歴史的に説明する．つぎの2ページ（見開きの2）は地域が直面する特有の環境問題に光をあてる．たとえば「ベネルクス」における工業汚染，あるいは「オセアニア・南極」における塩害と土壌浸食である．見開きの3は環境保護の方法を扱い，そして見開きの4は常に特設ページである．

農業，政治，鉱工業のあるいは他のいずれのテーマの章もすべて，それ自身の内部構造が『世界の地理』を貫くたて糸と結びついている．

特設ページ　地域の姿における各章の第4の見開きは，一般的なテーマの中から特定のトピックスを選び，説明し展開する．特設ページは地域レベルから地方レベルに焦点をしぼる．たとえば，生息環境とその保全の章では，重要な自然保護区が取り上げられる．都市の章では都心を取り上げ，その地域の生活の一面を例示する．これは，港湾，工業都市，市場町や行政中心地のような異なった類型の集落に関する格好の断面図を含む．

コラム　さらに，テーマ別の各章の見開きの2と3にはコラムがある．これはしばしば各巻の間を関連づける小さな囲みで，主要テーマ以外のいくつかのトピックスを扱っている．たとえばチリの銅山あるいはインドの薬草がそれである．

参考データ

データパネル　参考データは『世界の地理』全体にわたって本文や地図，表，挿絵と結びついている．さらに特別なデータパネルが重要な事実を容易に理解できるよう編集された．〈国々の姿〉では，各国ごとにデータパネルがあり，他方，〈地域の姿〉では，各地域のテーマ別データパネルが各章の最初の見開きに出てくる．つまり事実や数字が詰め込まれたパネルが400以上もあるということである．一連のデータパネルのための情報は，権威のある国際的情報源から求められた．この取り付きやすい形で表すことによって，データパネルは研究者にも学生にもユニークな情報源となっている．

各巻の〈国々の姿〉におけるデータパネルは，本文に十分に対応した関連情報となるように構成されている．細部の要約や最新の数字情報は，土地利用，気候，主要な自然的特徴，人口，政治体制，軍事力の構成，最大の都市や首都，公用語や宗教，

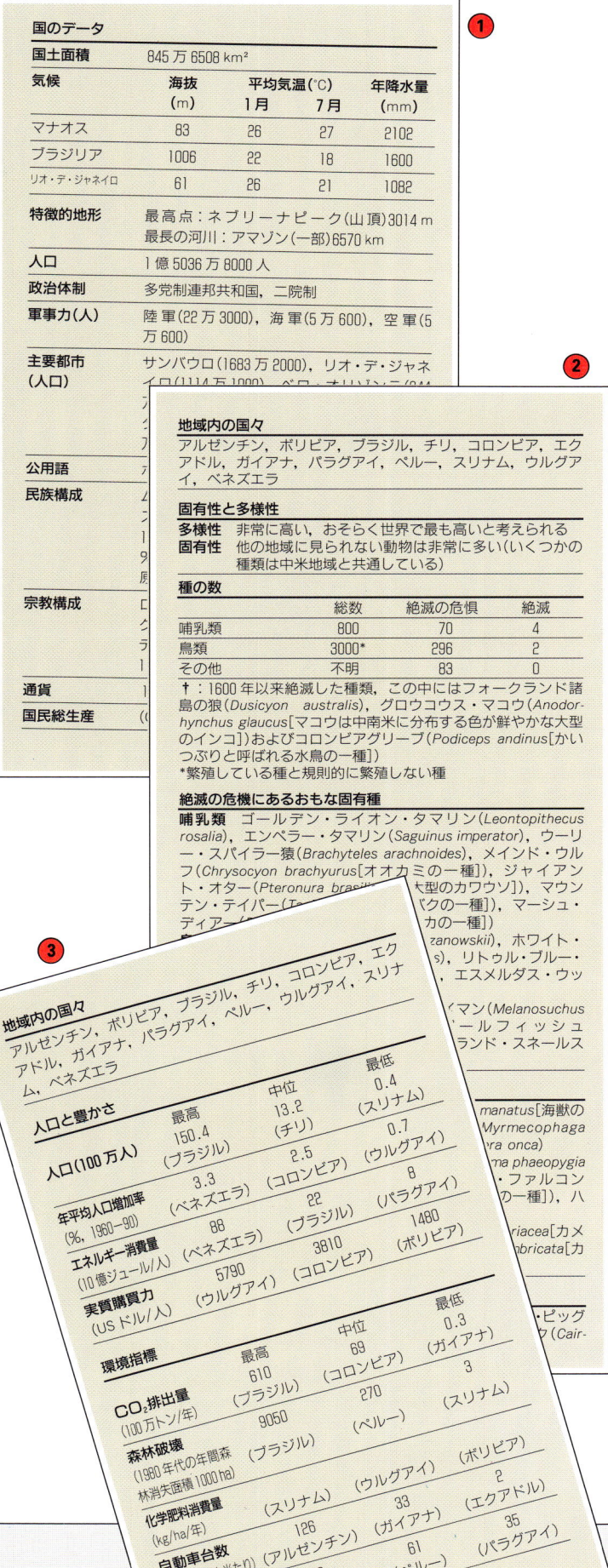

『世界の地理』をどう使うか

- 個別の国に関する簡便な情報や統計に関しては，当該の巻の〈国々の姿〉を参照のこと．〈国々の姿〉では，国別の地図，データパネルや写真が取り込まれて，世界の多様な国々，その地形，歴史や伝統が，色彩の美しい，情報のゆたかな絵図となっている．

- 主要な国際問題（政治，経済，宗教，文化，野生生物や保全）に関して分析的啓発的に調べるには，〈地域の姿〉が最善の情報源である．各巻の 11 のテーマ別の章には，地球規模の鋭い洞察ができるよう，総合的な地域の地図とデータパネルおよび地域を全体としてみる映像が取り込まれている．

- 2つの部は互いに補完しあっている．たとえば，もしアフガニスタンやモンゴルに関して，〈地域の姿〉の各章で用意された以上に知る必要があれば，個別の簡潔な情報に関して，〈国々の姿〉の当該の国の項を参照のこと．

  もし特定の国に関して読んだあと，さらに広い範囲を見渡したいのであれば，同じ巻の〈地域の姿〉を参照のこと．

民族構成や宗教構成，通貨，国の国民総生産や 1 人当たり国内総生産，主要産業，人々の平均寿命にわたっている．

〈地域の姿〉におけるデータパネルはすべて主題別である．最初の部分では必ずその地域の国々を一覧表とし，続いて，ほかになければその地域を全体として扱った情報をあげる．『世界の地理』全体を通じて，たとえば生息環境とその保全の章のデータパネルでは，その地域における主要な保護区とその地位を一覧表で示す．動物の生態の章のデータパネルでは，その地域に特有の動物，主要な分類（哺乳類，鳥類など）別の種の数，とくに絶滅に瀕している地方特有のあるいは特有でない種，そして家畜化された動物に関する情報を与える．

環境問題や経済の章にあるデータパネルは，より複雑な情報を盛り込めるよう，さらに工夫を凝らした構造となっている．1カ国だけからなる地域（たとえば第 1・2 巻の「アメリカ合衆国」）では，各種類のデータパネルの中にはひと組だけ数字が入っているが，2 カ国以上，3 あるいは 4 カ国以下（たとえば第 10 巻「イベリア」，あるいは第 12 巻「ドイツ・オーストリア・スイス」）の巻ではすべての国の数字が表されている．

しかし 5 カ国以上の国を含む地域は，いささか異なったやり方で扱わねばならない．南アメリカの環境問題に関するデータパネルが典型的な例である．各種類の数字について，その地域で最高，中間，最低の数値を示す国の数字を，その名前とともにあげている．経済のデータパネルも同じ原則でつくられ，多数の国々からなる地域の数字は，その地域で典型的な高収入，中間的収入，低収入の経済から選ばれている．

『世界の地理』における地図

　地理書は，地図がなくては完全ではない．それによって即座に視覚的に情報をとらえ，繰り返し参照することができる．『世界の地理』には 400 以上の地図があり，とくにこの書物のために作成され，多くは小さな地球儀あるいは切り図を付して，世界的あるいは地域的な位置を示している．

　各 23 巻の導入には 2 ページ大の世界地図があり，その巻で取り上げられる地域の位置が示されている．〈国々の姿〉の最初の見開きには，地域全体の地形図があり，主要な自然の特徴（山や川，湖），国境や国名，主要な都市が示されている．これらの地図は，以後の情報に対して必要な，広い視野を与えてくれる．

　位置図　〈国々の姿〉には国ごとに分けられた地図があり，主要な都市，河川や湖，隣接の国々が示されている．隅の切り図はその国の世界における位置や国旗が表されている．〈国々の姿〉のほかの地図は，必要な場合（たとえばカナダ，アメリカ合衆国，中国）に主要な州の区分図が掲げられている．

　地域図　各巻の〈地域の姿〉のはじめの見開きにあり，問題となるトピックスの生々しい姿を，視覚的にみせる．自然地理の地図は各地域の自然の諸地帯（山岳，森林，草原など）を，生息環境と保全の地図は地域のビオーム（動植物の主要生態単位）を，植物の生態の地図は植生図，農業の地図は土地利用図，鉱工業の地図は地域の主要な資源と工業地帯，経済は 1 人当たり国内総生産や主要な経済中心地，都市は人口密度，政治の地図は紛争やかつての植民勢力，そして環境問題の地図は地域の主要な環境問題を取り上げている．

　標準の記号と凡例　一連の地図にはそれぞれ基本的な標準の記号が描かれているが（下図をみるように），個別に決められてはいない．地図の隣に添えられた凡例は，その地図だけのために用いられている色や追加の記号である．これらはその章の情報の内容にあわせて手直しされている．

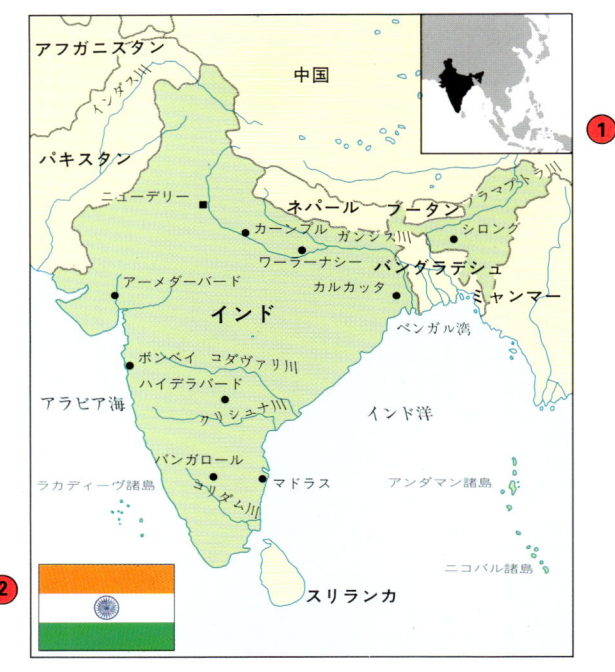

〈国々の姿〉の位置図（インド）

1. 切り図は当該の国の国際的位置関係を示している．
2. 〈国々の姿〉の地図にはその国の国旗が掲げられている．

　追加地図　この豊かな参照地図類に加えて，いくつかの章や特設ページでは，取り上げられている問題を明確にするために，追加の地図が用意されていることがある．補助的な情報は，地図形式で表現されると，関連する事項との参照が容易になり，読者が連続性と対照性をそのページで視覚的なパターンとしてみることができるようになる．各巻の都市の章の特設ページには，特定の都市を深く取り上げ，市街図を入れる．たとえば第 9 巻の「ベネルクス」ではロッテルダムの市街図がある．

　ヴォルガ河谷工業地域に関する工業の特設ページ（第 14 巻「ロシア・北ユーラシア」，1962～63 ページ）は，細心の研究による地図が，数千の言葉よりはるかにまさって問題の理解を深めることができるかを示す好例である．

市街図　第 9 巻「ベネルクス」の都市の章からとったロッテルダムのもの．都市の章には，全巻を通して，主要な土地利用を示す特色のある市街図がある．

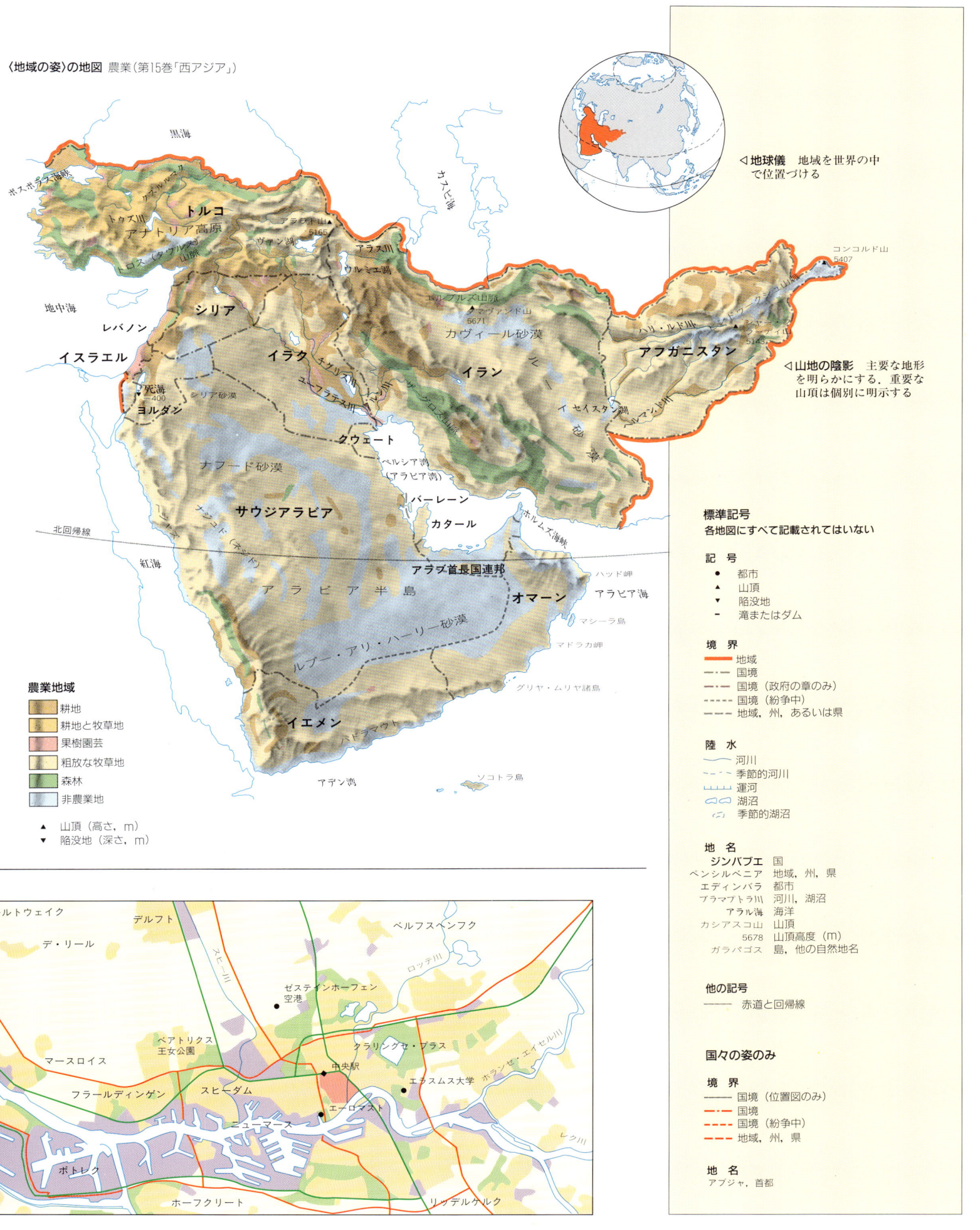

図版

『世界の地理』は，参照事項を豊富に取り入れているだけでなく，この地球に住む人々と大地の多様さを視覚的に周知させている．地方の雰囲気を喚起するような，あるいは世界で最も驚嘆すべき眺望を思い起こすような，すてきなパノラマを表現するために，数千の写真がとくに選ばれた．映像は詳細な説明を加えたキャプションによって補われ，絵や写真の視覚的印象を強めている．爆発している火山，踊っているような起重機やベルリンの壁の破壊は，まさに劇的な映像の万華鏡ともいえる例である．

写真類 各巻のいくつかの章には，見開き写真がある．個別の問題を明示する機会となるすてきな写真で，キャプションによってさらに展開されている．たとえば動物の生態の章では，多くの写真が，とくに驚嘆すべき容貌の動物，あるいは異常な方法で環境に適応している動物，に焦点をあてている．

絵図 物事の仕組みを細部にわたって説明するために，ある

写真類 動物の生態（第12巻「ドイツ・オーストリア・スイス」）

いは統計情報を表現するために，全巻を通じて広く用いられている．各巻の自然地理や環境問題の章には説明図がとりわけ豊富である．多くの自然地理の絵図は，東アフリカの地溝帯のような重要な地形がどのように形成されたのか，あるいはモンス

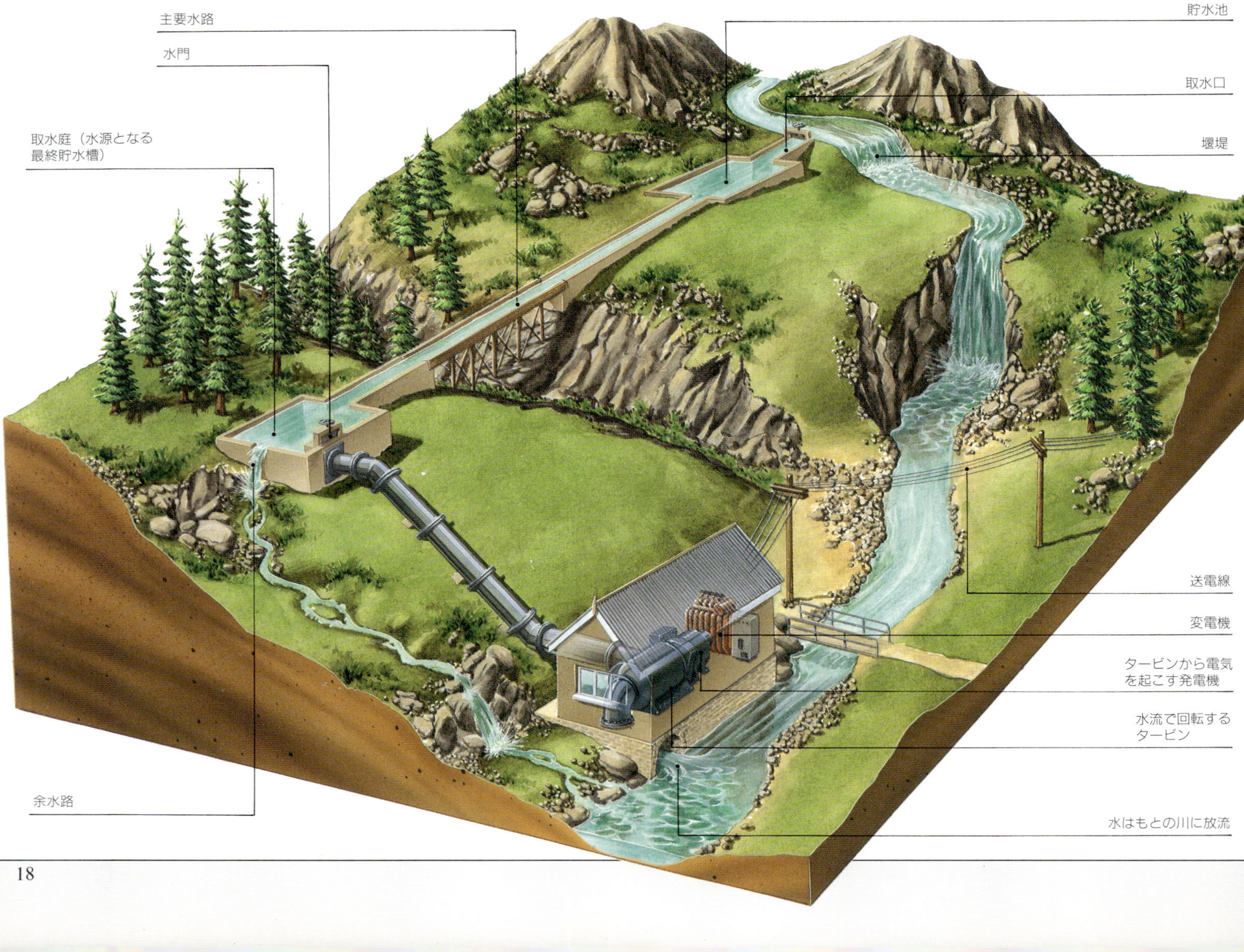

索引と用語解説

　第 24 巻は，総合的な参照の道具として，地域編 23 巻を案内し，特定の情報をできるだけ効率的に位置づける手助けをする．この巻の大部分は主索引で，これによって読者はどのようなトピックスでも地球的視野で探すことができる．主索引にはいくつかの主題別索引が続き，課題学習のために，繰り返し現れる特定のトピックスに関する情報をより引き出しやすくしてある．

　第 24 巻には全巻にわたる用語解説や専門用語が網羅されている．各巻の用語解説と同様に，読者が関連する追加的情報を相互参照できるような構造をとっている．用語解説と索引を併せて利用すれば，どのような特定のトピックスに関する事実や事例も地域別の諸巻にわたってすばやくしかも簡単に取り出すことができるであろう．

　参考文献と情報の出典　どの主題であれ，『世界の地理』が扱っている範囲で不充分ならば，第 24 巻が，主題別にまとめられた参考文献によって，新しい参考書に案内する．（訳注：原本を参照する便宜のため，訳出なしのまま掲出した）．この部分にはデータパネルや絵図をつくる際に用いた出典文献への謝辞がある．

　第 24 巻にある索引，用語解説，その他の参考情報に加えて，1～23 巻にはすべて，すばやく参照できるように独自の索引と簡便な用語解説がある．その巻が扱う地域に読者の関心をもっているトピックスがある場合には，この索引と用語解説が最初にみるべきところである．もしそのトピックスがより広範囲に及んでいるのであれば，第 24 巻の主索引を参照する必要がある．各巻の末尾の地域別索引と簡便な用語解説に続いて，巻別の文献はより広い研究のための参考書を示している．

主題別索引

1　地形
2　自然植生地帯
3　国立公園と保護区
4　動物名
5　植物名
6　作物と家畜の種
7　天然資源
8　民族，宗教と言語
9　首都と主要都市
10　政党，政治的集団，その他
11　政体の類型
12　環境問題
13　主要図版

◁**カラー図版**　自然現象や人工工作物の仕組みを詳しく示す．——ここでは中国の小規模水力発電計画の場合

▽**定型絵図**　第 17 巻「西・中央・東アフリカ」における経済の章より．特定国の平均寿命および人口構造

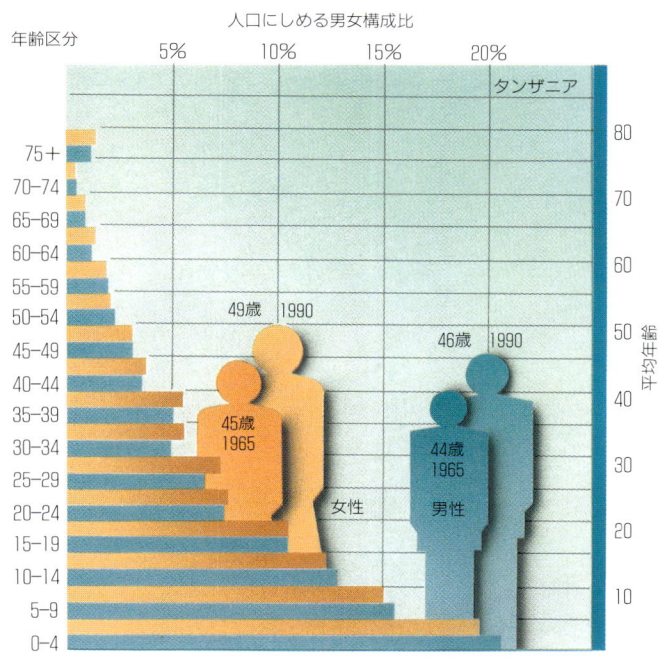

ーンのような気候条件がどのように景観を形成しているのかを示している．環境問題の絵図は，自然と人工の環境のなかでどのように汚染が起こるのか，あるいは汚染の過程をどのように逆転できるのかを示している．鉱工業の章でも絵図は広く用いられ，主要な採掘，精錬，あるいは製造の過程がどのような仕組みであるかを示している．

　さらに，各巻を通じて同じ様式で示すよう，しばしば定型絵図を繰り返し使うことによって，地域間の比較を可能にしている．たとえば各〈地域の姿〉においては，政治の章が標準的組織図をもうけ，特定国の権力構造がどのような仕組みであるのかを示している．

　鉱工業と経済の章でも定型絵図を用いて，統計を比較の容易な形式で表している．鉱工業の章には，地域全体に関するエネルギーの生産と消費を示すダイヤグラムがある．経済の章には，その地域の特定国について，1980～90 年のインフレ，輸出入と相手国，そして平均寿命と年齢構成を示す 3 つの定型絵図がある．

　『世界の地理』を執筆し，付加的情報を確認したのは国際的に指導的な地理学者のチームである．加えて各巻は，世界における各国および各地域の地理，植物，野生生物，文化および経済に関して，徹底的に研究され，手間をかけて絵図化した総合的な参考書に仕上げられている．

ワイオミング州，イエローストーン国立公園内にある
マンモス・ホット・スプリングのミネルヴァテラス

目　次

はじめに	22-23

国々の姿
アメリカ合衆国	24-49
アメリカ合衆国の諸州	50-75

地域の姿
自然地理	78-95
生息環境とその保全	96-111
動物の生態	112-123
植物の生態	124-137

用語解説	138-140
訳者あとがき	141
索　引	142-144
編集・執筆者と参考文献	145

はじめに

アメリカ合衆国I

アメリカ合衆国*には合計50の州がある．そのうち48州が北アメリカ中央部にある．しかし，最大の面積をもつアラスカ州はカナダに接した北西部にあり，50番目の州，ハワイは中部太平洋に位置する．この国は気候的にも地形的にも大きな広がりをもっている．アラスカ北岸は北極圏にある凍ったツンドラであり，フロリダの先端は亜熱帯気候であり，他方，ハワイは典型的な熱帯島嶼の自然地理的特徴をすべてそなえている．

この国に広がる自然環境は多様な地質的特徴によって形成されている．東岸は沈降した谷や湾をもつ低地で，魚類の豊かな広い大陸棚をもっている．東部には古いすっかり浸食されたアパラチア山脈がそびえている．この山地には，ヨーロッパ全域がもっている以上に多くの種の樹木がある．この国の反対側，西岸では，山が急激に海中に落ち込んでいる．深海に多いラッコやクジラなどがすぐ海岸近くにいる．海岸山脈では世界で最も高い樹木，ジャイアント=セコイアがみられ，他方，内陸のカリフォルニアやネヴァダのホワイト・マウンテンでは，世界で最も古い生きている樹木，トゲゴヨウマツがみられる．西部にはより若くて高いロッキー山地や太平洋側の山々がそびえている．この部分は，東部ほど安定しておらず，活動的な火山が特徴であり，地震に脅かされている．

東西の山地の間には大平原があり，ロッキーにさえぎられて雨の少ない西側はより乾燥しており，東側は巨大なミシシッピー=ミズーリ水系が潤している．ここでは温帯の草地が広大な面積に広く繁茂していて，かつては数百万頭のバッファロー，プレリードッグやエダツノカモシカを養っていた．しかしこのプレリーでは生物種が事実上絶滅してしまい，さらに西へと人類の居住地が侵入するおそれがせまってきた．このような要因を背景として，世界で最初の最も洗練された自然公園や保護区がつくられた．今日では，350万 km² 以上が自然保護区に指定されている．こうしてこの国は最も壮観な自然をいくつか保護してきた．たとえば，グランド・キャニオン，ヨセミテ渓谷，フロリダ沼沢地である．しかし，それでもこれらの手段では，カリフォルニアコンドルや灰色熊の減少を止めることができなかった．

北アメリカ

中部・南アメリカ

* アメリカ合衆国は，以後，原則として「アメリカ」と表記するが，必要に応じて「合衆国」あるいは「アメリカ合衆国」とすることもある．

国々の姿
アメリカ合衆国

地域内の国々
アメリカ合衆国

自由の灯火 「自由に呼吸したいと切望しながら，疲れきって，貧しく，ちぢこまっている人々を私によこしなさい」ニューヨーク港の自由の女神像に記された有名な一節である．1886年に，フランス人がアメリカ合衆国との友好の証として費用の一部を負担して建立された女神像は，ヨーロッパ系の移民たちがアメリカで見た最初の景色であり，成功の機会にあふれた大地へ無事に到着できたことを知らせる灯火でもあった．

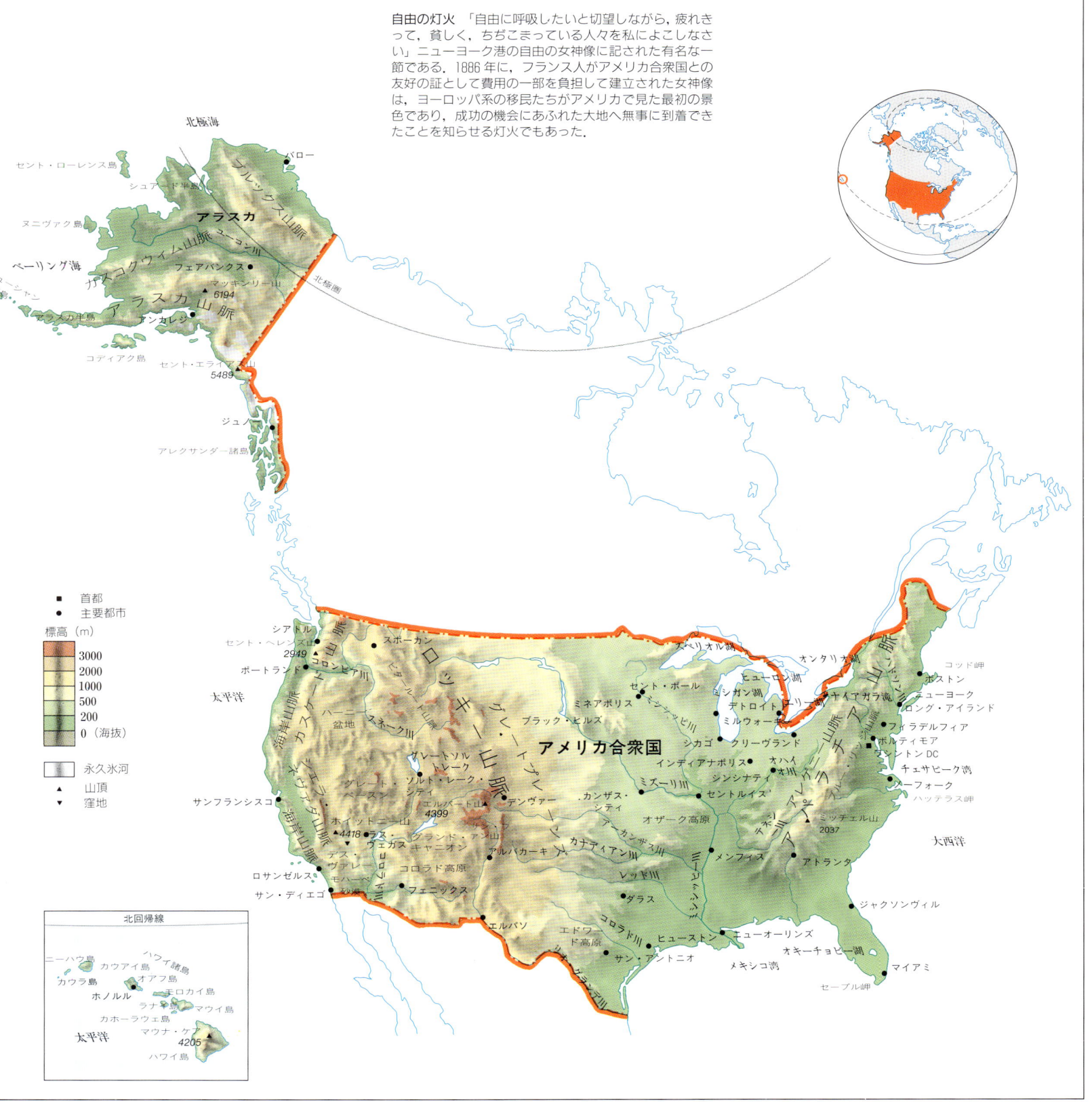

アメリカ

アメリカ合衆国

　アメリカ合衆国は北アメリカ大陸に位置し，北はカナダ，南はメキシコと国境を接し，東は大西洋，南はメキシコ湾，西は太平洋に面している．この地域がアメリカの本土ともいうべき地域で，50ある州のうち，48州がここに含まれる．ほかの2州は北アメリカ大陸の北西端にあるアラスカ州と太平洋中央部に浮かぶハワイ州である．それ以外にプエルトリコ，カリブ海のアメリカ領ヴァージン諸島，グアム，アメリカ領サモア，そして太平洋諸島の信託統治領などを海外領土として有している．

　国土の面積や人口ではアメリカを凌ぐ国がいくつもある．アメリカの国土の面積は中国，ソ連，カナダについで世界で4番目，人口でも中国，インド，ソ連に続く4番目である．しかし，経済，政治，そして文化的な影響力に関していえば世界第一の国といえよう．アメリカの成功は豊富な天然資源と豊かな文化，そして強い愛国心によるところが大きい．

環　境

　アメリカの景観の特徴を一言でいえば，多様さであるといっても過言ではない．西部の高くそびえたった山頂が突然，中央低地の大草原にとってかわられ，さらに東部のより変化に富んだ風景の中に徐々に溶け込んでいくかのようである．同様に気候も変化に富んでおり，北アラスカの寒帯気候から南東部の亜熱帯気候にわたっている．しかも，最も暖かい地域といえば乾いた暑さのアリゾナ砂漠とさわやかで湿ったフロリダの両方があげられるほど，多様な気候をみることができるのである．

国　土

　アメリカの本土は，地形の上で5つの主要な地域に分けられる．東部および南東部では大西洋とメキシコ湾の海岸から内陸のアパラチア山脈まで広大な海岸平野が広がっている．アパラチア山脈の西側には広大な低地が広がっている．この低地は西にいくと急に高度を増し，カナダロッキー山脈からのびるコルディエラ山系へと続く．コルディエラ山系の2つの主山脈のうち，東側の山脈は中央低地の側面までのび，西側の山脈は太平洋岸に平行して走っている．2つの山脈の間には山間盆地の変化に富む景観が展開している．

　東部および南東部の海岸平野は広大で，かつ全体的に低く，湿地が多くみられる．北部では海岸平野は大部分が大西洋に沈んでしまっているが，一連の島々や半島にその名残りをみることができる．有名なところではニューヨーク州のロング・アイランドやマサチューセッツ州のコッド岬の半島などがある．低地の面積はロングアイランドから南にいくほど広くなって，南部の海岸沿いの州で最も広くなる．沖合いに目をやると東の海岸に沿って沿岸州・堤州が伸びており，その長さは1700kmにも及んでいる．

カリフォルニア州モントレー岬のビッグ・サー(上) 細い谷とサンフランシスコーロサンゼルス間を結ぶ鉄道によってサンタルチア山脈が海岸山脈から切り離されている.

秋のヴァーモント(左) ニューイングランドでは広大な面積の森林が初期の入植者によって切り開かれ,1850年代までには約50%が農地として開墾された.しかし,今日では耕作地は12%にすぎない.

海岸近くでは多くの流入河川の河口に海が入り込み,ヴァージニア州のチェサピーク湾のように大きなエスチュアリー[三角江]を形成している.こうした景観は南部のニューオーリンズ周辺の海岸でみられるような,河成のシルトの堆積によって形成されたミシシッピ河口の三角州とは対照的である.フロリダ半島は大陸棚の一部が隆起してできたもので,細長く,平坦で湿地の多い地形である.

大西洋岸の海岸平野の内側には,それと平行してアパラチア山脈がカナダからアラバマ北東部まで南西方向に走っている.アパラチア山脈は全体的に低いが,落葉樹の森林に覆われた山並はほとんど途切れることなく続いている.南東方向に向かって,かつては生産性の高い農業地帯であったピードモント台地の波状の起伏をみおろすようにブルー・リッジ山脈の急傾斜がそびえている.ブルー・リッジ山脈の中ではノース・カロライナ州のミッチェル山が最高峰である.地質学的に古いブルー・リッジの北西側には,尾根によって分断されながらも山脈と平行して走る一連の谷[縦谷]をみることができる.中でも最も大きい谷がカンバーランド・ヴァレーで,アパラチア山脈の主要部を横切ってヴァージニア州のシェナンドア・ヴァレーと合流し,ペンシルヴェニア州,ニューヨーク州をぬけてニューイングランドのヴァーモント・ヴァレーまで続く長大な縦谷の一部を成している.

アパラチア山脈を越えた西側には,幅2500km以上にも及ぶ内陸平野が広がっている.北はカナダ国境と五大湖から,南はメキシコ湾岸の海岸平野に接している.

国のデータ

国土面積	937万1786 km²			
気候	海抜(m)	平均気温(℃)1月	7月	年降水量(mm)
バロー	42	-27	4	110
サンフランシスコ	5	9	17	475
ニューオーリンズ	9	12	27	1369
シカゴ	190	-3	24	843
ワシントンDC	22	1	25	1064

特徴的地形	最高点:マッキンリー山,最長河川:ミシシッピ-ミズーリ川,最大湖:スペリオル湖(一部)
人口	2億4922万4000人(1990)
政治体制	2院からなる国会をもつ連邦共和制
軍事力(人)	陸軍76万,海軍59万1000,空軍57万2000,海兵隊19万5000
主要都市(人口)	ニューヨーク(1812万),ロサンゼルス(1377万),シカゴ(818万),サンフランシスコ(604万2000),フィラデルフィア(596万3000),デトロイト(462万),ダラス(376万6000),ボストン(373万6000),ワシントンDC(首都)(373万4000),ヒューストン(364万2000)
公用語	英語
民族構成	ヨーロッパ系84.3%,アフリカ系12.4%
国教	なし
宗教構成	プロテスタント55%,カトリック29%,ユダヤ教3.2%,東方(正)教会2.3%,ムスリム1.9%,ヒンドゥー0.2%,無宗教6.8%,その他1.6%
通貨	1アメリカドル=100セント
国民総生産	5兆2377億700万ドル(1989)
国内総生産	1人当たり21,360ドル(1990)
産業構成(GNP比)	農/漁業2.1%,鉱業1.9%,工業18.9%,商業16.5%,金融業17.2%,サービス業17.6%
平均寿命	男73.0歳,女80.0歳

アメリカ合衆国

　この広大な地域はすべて，ミシシッピ-ミズーリ，そしてオハイオ川水系の流域である．北はスペリオル湖岸のカナダ楯状地からのびた高地まで含んでいる．平野の東側部分が中央低地である．中央低地は南をケンタッキー，テネシーの低い台地，西をオザーク高原の孤立した高地によってさえぎられている．平野の西側部分が半乾燥地域のグレート・プレーンズで，西に向かって徐々に高度を増し，西コルディエラにぶつかっている．

　西コルディエラ山系は北アメリカ大陸のおよそ1/3を占め，アメリカ本土においてはカナダ国境から南にのびる2つの主要な山脈を形成している．東側，すなわちグレート・プレーンズと接する山脈がロッキー山脈で，北はカナディアン・ロッキーから連続している．南下していくとワイオミング盆地がロッキー山脈をぬける回廊となっている．かつての開拓者の交易ルートは，今日では州間高速道路に利用されている．グランド・ティートンやイエローストーン国立公園の周辺では壮観な景色を楽しむことができる．さらに南に下って，コロラドやニューメキシコではロッキー山脈は急激に高度を増し，息をのむような景色が目を楽しませる．

　ロッキー山脈の西側をみていくと，北西部にはコロンビア盆地が広がっている．この盆地では現在まで継続している溶岩の噴出によって形成された岩石が，古い景観の特徴を覆いかくしている．盆地を形成する岩石は深い河谷と氷河の融水によって削られている．南下していくと低い山並の景観が広がり，そこここに堆積物で覆われた砂漠盆地が点在するようになる．そうした盆地のひとつがユタ州のグレート・ソルト・レークになっている．この地域の南部や東部にはコロラド高原が南のアリゾナ州まで広がっており，メサ，ビュートや渓谷などの珍しい景観をみることができる．コロラド川流域の有名なグランド・キャニオンはこの地域にたくさんある国立公園のひとつにすぎない．

　西コルディエラの西側の山脈はさらに東西2つの系統に分かれる．そのうち西側には海にせまって海岸山脈が走り，東側の系統はカスケード山脈とシエラ・ネヴァダ山脈から構成されている．2つの系統の間には，南北アメリカ大陸の太平洋岸全域でみられる不連続な地溝が通っている．たとえばワシントン州のピュジェット湾，オレゴン州のウィラメット・ヴァレーやカリフォルニア州のセントラル・ヴァレーなどがそれである．

　カスケード山脈はワシントン州からオレゴン州を通ってカリフォルニア州のラッセンピークに続く山脈で，標高の高い火山の山々が連続している．その1つに1980年の噴火で壊滅的な被害をもたらしたセント・ヘレンズ山がある．カリフォルニアのシエラ・ネヴァダ山脈にはアメリカ本土の最高峰ホイットニー山が属してお

アメリカ合衆国

り，壮大な氷河谷によって削られた地形を目のあたりにできる．西側の斜面はカリフォルニアのセントラル・ヴァレーに向かって緩やかに続いているのに対して，東側は急傾斜の断崖を形成している．ワシントン州西部では，海岸山脈の北部に孤立しているオリンピック山の氷河に覆われた姿をみることができる．オレゴン州の西部では山脈のより低い部分が，カリフォルニアとの州境上では高いところで見事な露頭をつくっている．ここから南カリフォルニア海岸のポイントコンセプションまでは，山脈は低く，直線状になり，これと並行して主要な断層線が走っている．1989年のサンフランシスコ大地震は，サンフランシスコに壊滅的な被害をもたらした1906年のサン・アンドレアス断層の大地震よりも小さな規模であったにもかかわらず，その恐ろしさを思い出させる結果となった．海岸山脈は南カリフォルニアでは再び高度を増すが，途切れがちになる．

アメリカハクトウワシ（上）　アメリカの国鳥であり，大切に保護されている．人工繁殖したワシはニューヨーク州へ再移入された．

雪をかぶったマウント・トム（左）　カリフォルニア州にあるシエラ・ネヴァダ山脈のひとつ．荒削りに刻まれ，ギザギザの姿をした比較的若い山である．

ユタの名勝地（下）　縞状に形成された堆積岩がパウエル湖の周りを囲んでいる．ビュートやメサは西部劇でおなじみの風景である．

気候

アメリカ本土の48州は偏西風が卓越する地域に位置しており，北はカナダ陸塊，南は暖かい浅海，そして東西は広大な大洋に面している．とはいえ，北アメリカ大陸の巨大さゆえ，国土のほとんどは，冬は寒く，夏は暑く，気温の格差が大きいことで特徴づけられる大陸性気候に属している．

西海岸は海に近いため，ほかの地域と比較して冬が暖かい．太平洋からの冷たく湿った風が海岸山脈を越えるときにたくさんの雨を降らせるため，オレゴン州やワシントン州は国内で最も降水量が多い地域になっており，とくに秋によく雨が降る．それよりも南のカリフォルニアは夏が暑く非常に乾燥するため，降水量は少ない．とくにカリフォルニアのセントラル・ヴァレーでは降水量は少なく，ここでの農業は灌漑にたよっている．さらに南にいくと雨はほとんど降らなくなる．内陸部では，残った湿気がカスケード山脈やシエラ・ネヴァダ山脈に雨や雪をもたらしている．また，偏西風が東斜面を吹き降りる際に温度が上がって乾燥するために，ネヴァダやアリゾナ州に砂漠が形成された．

ロッキー山脈の東側のグレート・プレーンズは半乾燥地域であるが，それより東の中央低地には，南のメキシコ湾から熱く湿潤な風が吹くおかげで夏の降水量が多い．とはいえ，この南からの湿った空気が西コルディエラからの冷たい空気とぶつかる際に生じる壮大な気象状態は，ありがたいものではない．アメリカ中央部の至るところに，雷雨，竜巻，ひょう，ブリザードなどをもたらすのである．国中を比較して，季節ごとの，場合によっては1日のうちの1時間の気温の変動が最も激しいのはこの地域であるといっても驚くにあたらないだろう．春秋は快適だがとても短くて，北にいくほど冬が長くなる．

メキシコ湾周辺の地域は，冬が短い代わりに晩夏や初秋にかけてハリケーンが起こりやすい．フロリダに隣接する南東部の地域も，1年中温暖湿潤な気候ではあるが，ハリケーンの被害を受けやすい点では同様である．その北方のアパラチア山脈には1年を通じて多量の雨が降る．一方，北東部の気候をみると，海に近いもののほとんどその影響を受けてはおらず，大陸性気候である．これはこの地域の卓越風である偏西風が沖合いに吹いているためである．冬の低温は不安定な大気の状態と結びついて，とくに山の上や海岸沿いの地域に大量の降雪をもたらしている．

植生

初めてアメリカ東部に足をふみいれた入植者たちが目にしたものは，ヒッコリー[クルミ科の木]，オーク[ナラ，カシなどブナ科ナラ属の総称]やクルミなどの落葉広葉樹からなる豊かな森林であった．今日では東部の森林の多くは2次遷移であり，それらの木はほとんど残っていないが，わずかにニレ，カエデやブナの木などはみることができる．北部の寒冷地や高地には針葉樹が生育している．

中央低地の中程まで進むと，しだいに樹木が少なくなり，草地に代るが，現在では農用地として利用されている地域がほとんどである．西にいくほど降水量は減少し，背の高いプレーリーの草原から背が低く細いステップの草原へと変化する．

西部の山系は高山性の植生によって覆われており，その間の乾燥地域では砂漠の植生をみることができる．乾燥地域の植生は意外なほど豊かで，たとえばサボテンなどの多肉多汁植物は種類が豊富である．さらに西側のオレゴン州や

ゴールドラッシュ

ミネソタからやってきた探鉱のパイオニア　ジョージ・ノースロップが，1860年頃にピストルと商売道具，そしてその報酬を抱えた格好で銀板写真――初期の写真技術――にポーズをとっている．彼が抱えている袋にはその当時で9万ドルという，途方もない額の砂金がつまっている．

ハリウッドの映画産業のおかげで，ゴールドラッシュという単語を聞くと，つぎのようなイメージが鮮烈にわき起こる．頬ひげをはやした採掘者たちが北部の雪の中を歩き回って，砂金を求めて凍れるアラスカの川の砂を洗い，砂金を探す．彼らを待ちうける運命は孤独な小屋で野垂れ死ぬか，それとも一山当てて，羽目板を打ちつけただけの間に合わせの家が立ち並ぶ即席の街で派手に遊び回るか．けれども，実際のところゴールドラッシュという現象は世界各地で起きたものであり，その様相はどこも似たものであった．アメリカにとって重要だったことは，歴史の真相としても，神話の上でも，いくつものゴールドラッシュがきわめて短期間のうちに，しかも西部へのフロンティア街道に沿って存在したことである．

最初のゴールドラッシュ，いわゆるフォーティナインはシエラ・ネヴァダ山脈を越えたカリフォルニアの中央部で起こった．今日のサクラメントは，スイス出身のジョン・アウグストス・サターによって創設された交易居留地ニューヘルベシア（ニュースイス）が基になっている．ヘルベシアとは古代ローマ時代のスイスの名である．1848年に彼の作業員の一人が，ソーミルの樋の中に金の粒をみつけた．サターはこの発見を秘密にしておこうとしたがむだであった．「サターのミル」はすっかり有名になり，翌年には少なくとも8万人の採掘者たちが大挙してやってきて，気が狂ったかのように「マザーロード」すなわち最も豊かな金鉱脈の本流を探そうとしたのであった．

しかし，ニューヘルベシアには，8万人もの居住者の生活を支えることはできず，多くのフォーティナイナーたちは困窮をきわめ，みじめに死んでいった．サター自身も，商売はつぶれ，土地は荒廃し，財産も家畜も盗まれてしまい，再び破産の憂き目にあって，1851年には東部にもどっている．その後，彼は死ぬまで何十年もの間，政府による賠償を請求し続けたが決して実ることはなかった．とはいえ，ゴールドラッシュがきっかけとなってこの地域の居住地が膨張し，繁栄する都市サクラメントが生まれたという点では，サターの功績を認めざるをえないだろう．

続いてコロラド（1858年），サウス・ダコタ（1876年）でゴールドラッシュが起こった．にわかじたての町は周辺の金が採りつくされるやいなや放棄されたため，あちこちにゴーストタウンが残された．これらは後に有名になり，中にはサウス・ダコタ州西部のブラック・ヒル山地のふもとにあるデッドウッド峡谷のように観光客のためのアトラクションとして復活したものもある．

以上のようにアメリカではいくつものゴールドラッシュが起きたが，世界中の注目を集めたのはアラスカのゴールドラッシュにほかならない．それは1886年にユーコン川のフォーティマイル・クリークで金が掘り当てられたことによってはじまり，1896年にはユーコン川沿いとアラスカの西のはて，すなわち今日のノームでも金が発見されたことによって拍車がかかった．この頃になるともはや西部にも新しく切り開くことができる土地が少なくなり，新たなルートの開発も難しくなっていたため，西部開拓は下火になっていた．そのため，土地を獲得できないままに西部をさまよっていた人々や，東部から不満を抱いてやってきた人々にとって，アラ

勇壮なバッファロー ワイオミング州のイエローストーン国立公園でみることができる。かつてこの地域は、バッファローの大群で地表が覆いつくされるほどであったが、いまはみる影もない。現在は小さな群れをつくってバラバラに暮らしており、近親交配の危険がある。

スカは最後のチャンスとなったのである。

アラスカへは陸路をとる人が大半を占め、南アメリカの船旅をまかなえる人はまれだった。さて、この陸路であるが、東部の楽観的な出版者によってつくられた魅力的ではあるが、ほとんどはフィクションというマニュアル本にはまったくといってよいほど触れられていないような危険に満ちた道のりであった。数千の人々が旅立ったものの、多くの人が道半ばにして雪山で亡くなってしまい、やっとアラスカにたどりつくことができても、そこに待ち受けていた状況は大してかわらなかった。すなわち、多くの人が餓死し、生き残ったとしても生きてもどることができただけで儲けもの、というありさまだった。そのような中にロバート・ウィリアム・サービス (1874-1958) という銀行員がいた。彼のバラードはアラスカのゴールドラッシュに身を投じた人たちによって醸成された時代の雰囲気をよくつかんでおり、一世を風靡した。

1900年までは毎年約2200万ドル分の金が産出されていたが、コストも高かった。実質的なもうけはわずかにすぎず、1911年になると産出量は減少した。とはいえ、ゴールドラッシュはほかの何をもってしてもなしえなかったであろう不毛のアラスカの開拓へと人々を駆り立て、その結果が今日、アラスカにおける多くの価値ある天然資源の発見へと結びついたのである。ゴールドラッシュがなければ、フロンティアの到達までにもっと多くの時間を要したかもしれない。

カリフォルニア州の海岸では、ダグラスモミや絶滅に瀕したレッドウッド [セコイヤメスギ] をみることができる。レッドウッドは世界で最も高い木で 90 m にも達し、中には樹齢数千年に及ぶ木もある。

カリフォルニアの中央部から南部にかけては、低木のしげみが特徴的で、密度の高い灌木のしげみが長い夏の日照りにじっと耐えている。ヤシの木は南カリフォルニアやフロリダ原産であるが、今ではほかの場所でも育てられている。

野生動物

アメリカに人間が居住するようになったことは、そこに住む動物たちに劇的な変化をもたらした。最初のヨーロッパ人入植者たちは、馬、牛、羊や、それ以外にもスズメ、ホシムクドリといったヨーロッパ種をアメリカに連れてきた。開拓が西に進むに従い、かつてはグレート・プレーンズのあちこちでみることのできたバッファローやビッグホーンの群れは駆逐され、19世紀にはほとんど絶えてしまった。現在ではごくわずかな生き残りが種を絶やさないように保護されている。また、アメリカの象徴であるハクトウワシでさえ、アメリカオオツノヒツジやアメリカライオンと同様、絶滅の危機に瀕している。

一般的にみることができる哺乳類には、オジロジカ、アメリカクロクマ、ボブキャット [オオヤマネコ]、アライグマ、スカンク、オポッサム [南北アメリカ産の有袋類]、ビーバー、マスクラットなどがいる。北部の針葉樹帯にはアメリカヘラジカ、アカキツネ、カワウソ、クズリなどが生息している。東部や南東部の森林を流れる河川は無数の種の魚類を育み、アパラチアには7種もの異なる種のサンショウウオが生息している。南カリフォルニア、ネヴァダ、アリゾナなどの砂漠地帯は爬虫類の宝庫で、中にはアメリカドクトカゲのような有毒性のものもいる。また、グレート・プレーンズはプレーリードッグ (群居性のげっ歯類) の、そしてロッキー山脈はマーモット、山ヤギやナキウサギのふるさとである。

海の哺乳類の中では、アザラシやオットセイは南北両方の海岸でみることができる。けれども、アシカは太平洋にしか生息しておらず、フロリダマナティーをみることができるのは南東部の大河川に限られている。

保全と管理

アメリカでは広大な面積に及ぶ自然が、つぎの世代のために注意深く保全されている。

攻撃のための武器(上)　シカの鋭くて鍵状の枝角は，発情期にライバルと闘うときの武器となる．かつては約3500万頭ものシカが平原を往来していたが，バッファローと同様，ヨーロッパからの入植者によってほとんど絶滅に追いやられてしまった．

フロリダストリームで餌をあさるマナティー(上)　大きな体でゆっくりと動くマナティーは，彼らの生息地である淡水の汚染や，スピードボートのプロペラによる怪我が原因となって絶滅の危機にある．

フロリダの海上道路(右)　フロリダ・キーズは海上高速道路で結ばれた鎖状に連なった島しょ群(沿岸州)の総称である．1938年に完成した道路は，本土からカード・サウンドを抜けて，有名なキー・ラーゴ，キー・ウェストに向けて南西に延びている．

　最初の国立公園がカリフォルニアにつくられたのは1890年のことである．セコイア国立公園は，300あまりの湖とシエラ・ネヴァダ山脈の最高峰を擁し，レッドウッドの美しい立ち木をみることができる．ヨセミテ国立公園では，氷河の作用によって山頂の半分が削られてできたハーフドームが目を楽しませる．これら以外にもワシントン州のレーニア山国立公園，ワイオミング州北西部のイエローストーン国立公園，そしてアパラチア山脈南部にはテネシー州とノースカロライナ州にまたがってグレート・スモーキー山脈国立公園がある．

　国立公園以外にも同じように大切に保全され

ている地域は多いが，それらの多くは何百万人もの観光客が訪れることによって引き起こされるさまざまな問題に直面している．自然に恵まれていたはずの秘境でさえ，大気汚染や化学肥料，殺虫剤による汚染に脅かされているのである．その結果，セコイヤメスギの数が年々減少しているが，それは一例にすぎない．こうした状況を少しでも改善しようと，オレゴン州では汚染に対する規制を強化している．だが，高度産業化社会においては，外部の影響から自然を完全に保護することは国立公園でさえ難しいといわざるをえない．

アラスカ

アラスカ州は北アメリカ大陸の北西端に位置し，東はカナダに接し，西はベーリング海峡をはさんで旧ソ連と向かい合っている．

アラスカの最南部は北太平洋沿いに細長くカナダ国内に伸びており，その形からパンハンドル［フライパンの柄］と呼ばれている．この地域は山がちで沖合いにはいくつもの島が浮かんでいる．アラスカ湾は，氷河と火山と大地震によって特徴づけられている山脈によって，ほとんど切れ目なく縁どられている．この山並はパンハンドルの国境の山脈からランゲル山脈，アラスカ山脈を経てアリューシャン列島の南西部に続いている．

アラスカ山脈の北側には雄大なユーコン川とその支流に削られてできた広大な中央高原が広がっている．その北方にはカナダ国境からベーリング海峡にかけてブルックス山脈が州を横断するように走っている．さらに北上すると北極海に面してツンドラに覆われた海岸平野が広がっている．

アラスカの気候は全般的に冷涼であるが，緯度と高度によって差がみられる．内陸の乾燥地域と北部が酷寒の地域である．一方，南部の海岸地域では冬の寒さはそれほど酷ではないが，その代りに大量の雪や雨に襲われる．

ハワイ

ハワイ諸島は，太平洋の中央部の海中を弧を描くように走っている火山帯の山頂が海から突き出てできたものである．主だった8つの島のうち，最も大きいのがハワイ島とマウイ島で，小さな島は124にものぼる．気候は温暖湿潤であるが，降水量は場所によって異なる．ほとんど雨が降らないところがあるかと思えば，北西の貿易風がぶつかる斜面には大量の雨が降り，豊かな植物を育んでいる．ハワイ諸島に固有の爬虫類や哺乳類はいないが，鳥類の種類は多く，土着の種のほとんどはハワイでしかみられないもので，注目に値する．

社会

20世紀の道のりは，アメリカの文化が世界を制覇した歴史でもある．マスメディアによってアメリカのポピュラー文化が世界中に広まり，人々を魅了した結果，英語が世界の共通言語となるに至った．世界でも最高水準の生活の豊かさを誇るだけでなく，個人の自由を尊重する国民性は広く賞賛されるところである．

けれども，社会的，経済的な面で少なからず問題を抱えていることもまた事実である．組織犯罪，政治腐敗，そして資源の浪費は，月面着陸，医療の研究，フィラデルフィアオーケストラ，ハリウッドやミッキーマウスなどと同じように，アメリカ社会を特徴づけているのである．

歴史

考古学的には，アメリカ大陸に初めて人が住むことになったのは，いまから1万〜3万年前の氷河期の間とされており，シベリア大陸からベーリング海峡を経由してアラスカに渡ってきて，またたくまに大陸中に広がったと考えられている．その後，彼らの子孫であるアメリカ先住民の文化や社会は多様な展開をみせた．たとえば住居を例にみても，アメリカ南西部のプエブロ族の岩窟集落から北東部のイロコイ族の樹皮を利用した小屋，そして洗練された北西海岸のインディアンの途方もなく飾りたてた木製のホールと実に多彩である．

初めてアメリカ大陸に到達したヨーロッパ人はどの民族か，という謎は多くの論争を引き起こしてきた．中でも，グリーンランド出身のヴァイキングのレイフ・エリクソン（紀元後1000年頃）であるという説がかなり有力である．彼とその仲間はラブラドル（カナダ）からニュージャージーにかけての北東部の海岸に上陸し，ヴィンランドと呼ばれる拠点を各地に設けていたようである．イタリアの探検家クリストファー・コロンブス（1451-1506）がアメリカ大陸に到達したのはそれから約500年後の1492年である．彼の目的は西まわりのインド航路の発見であったため，カリブ諸島を西インド諸島，その居住者をインディアンと名づけた．しかし，すぐにそこがアジアではなく，新大陸であることが明らかになり，コロンブスに続いて西に乗り出した航海士アメリゴ・ヴェスプッチ（1454-1512）にちなんでアメリカと名づけられた．彼が出版した探検記は広く流布した．

アメリカ大陸に最初に植民地を建設したのはスペインとポルトガルである．イギリスはサー・ウォルター・ローリーによるヴァージニアのロアノーク島の植民をはじめ幾多の失敗を重ねたため，出遅れた．イギリス初の植民地ジェームスタウンがヴァージニア会社によって建設されたのはようやく1607年のことである．ニューイングランド最初の植民地であるプリマスは，1620年に建設された．ピルグリム・ファーザーズ［巡礼始祖］と呼ばれる入植者たちは厳格な新教徒で，政治的迫害から逃れ，理想の共同体をつくろうとした．あとにプリマスを併合した巨大なマサチューセッツ湾植民地は，より権威主義的な新教徒によって建設された．メインやニューハンプシャーはその分家筋にあたる．一方，ニューヘブンやロードアイランドの植民地は彼らの厳格な統治形態への反対勢力によって建設された．こうした動きとは対照的に，メリーランドは1630年代にカトリック勢力によ

クリストファー・コロンブス（上） 冒険家にして夢想家．彼の旗艦サンタマリア号は1492年にイスパニョラ島沖で沈没したが，その残骸が1968年に確認された．

ウィリアム・ペンがアメリカ先住民との間に盟約を結んでいる図（左） ペンは彼らに対して公正かつ友好的に接したことで知られている．

って建設された．

他方，1624年にオランダはマンハッタン島を中心にニューアムステルダム植民地を建設した．ニューアムステルダムは大いに繁栄したが，1664年にイギリス領となり，ニューヨークと改名され，1665年には一部が分かれてニュージャージーとなった．多くの点からみて，初期の植民地の中で最も成功したのは，1682年にイギリス出身の穏健派クエーカー教徒ウィリアム・ペン(1644-1718)によって建設されたペンシルヴェニアであろう．ペンシルヴェニアは，植民地の中では珍しくアメリカ先住民との間に比較的良好な関係を保っていたが，ペンの息子の時代になると彼らが所有する土地に対して白人の圧力が高まり，結局，デラウェア・インディアンをだまして彼らの土地から追い出した．のちにペンシルヴェニアの一部がデラウェア植民地となった．1663年にはイギリスの投資家によって南北カロライナ植民地が建設され，1732年には本国で負債のために投獄されている人々を移住させる目的でジョージアが建設された．

18世紀の間，これらの植民地は生き残りと勢力拡大のためにイギリスに従属したままでいた．イギリス植民地はフランスやアメリカ先住民の領土を侵略しており，両者に対する防衛の必要性をイギリス本国と植民地は共有していたためである．しかし，1763年にフランスが撤退する頃には，イギリス植民地は自治共和国に近づいており，本国への納税に抵抗するようになった．イギリス政府がアパラチア以西のアメリカ先住民の土地への拡大を禁止したことは，経済的な衰退とあいまって，増大する不安を刺激した．また，本国における非難がイギリス政府による統制をさらに厳しいものにした．このような動きは少数派の急進的分離主義者を助長させるだけだった．1770年にはイギリスの駐屯軍によって5人が殺されるというボストン大虐殺が起こったが，このような事件は格好の宣伝材料となった．1776年の第2回大陸会議で13植民地の独立が正式に宣言され，彼らの同盟が新しい国家——合衆国であることが誇らしく宣言されたのである．

その後に続く独立戦争で，邦民兵に支えられたアメリカ大陸軍は，はじめはイギリス駐屯兵と，のちにはドイツの傭兵と戦った．装備に劣る大陸軍がしばしば陥った窮地から脱出できたのは，ひとえにジョージ・ワシントン(1732-99)をはじめとした有能な指揮官の戦略のおかげであった．戦況の転機となったのは革命フランスの参入である．フランスは大陸軍に対して軍事的，経済的な援助を送るだけでなく，イギリスの大陸間供給ラインを攻撃し，イギリス本国を脅かした．戦争そのものは1783年まで続けられたが，1781年にコンウォーリス将軍(1738-1805)指揮下のイギリス軍がヨークタウンで降伏したことで，イギリスのアメリカ支配は事実上の終りをむかえた．王党派に対する残酷な報復はアメリカの勝利に汚点を残し，王党派の多くはカナダに逃れた．

アメリカの領土拡張は，すでに独立戦争のさなかから始まっていた．戦争の終結もそこそこにヴァーモント，ケンタッキー，テネシーそしてオハイオが連邦に加入した．1803年のルイジアナ購入によって，西部と南部の広大だが人口の希薄な旧フランス領が加わり，現代アメリカの心臓部を形成していった．第3代大統領トマス・ジェファソン(1743-1826)は翌年，メリウェザー・ルイス(1774-1809)とウィリアム・クラーク(1770-1838)の2人のアメリカ人探検家を新しい領土に派遣し，探検させた．彼らはミズーリ河を源流までさかのぼり，ロッキー山脈を越え，ヨーロッパ人として初めて大陸を横断し，太平洋に到達したのである．2人は1806年にミシシッピ河畔のセント・ルイスにもどってきたが，彼らが記した旅の記録は，「神によって与えられたこの大陸にわれわれが拡大することは」"明白な天命"であるという意識を確立し，西部移住を刺激したのであった．

1812年，反英感情が背景となって連邦議会は

ジョージ・ワシントン　アメリカ合衆国初代大統領．彼の肖像画はどれをみても口元がぎゅっと引き締められているが，これは彼がつけていた原始的な義歯が原因で歯肉が腫れていたためである．木製あるいは象牙でつくられた彼の義歯は今日でも保存されている．

波止場の労働者，ヴァージニア(上)　1865年に南北戦争が終結すると，アメリカ合衆国憲法第13，14，15修正によって奴隷制度が廃止され，かつての奴隷にも市民権が与えられた．

ケネソー・マウンテンの戦い，ジョージア(左)　1864年6月　南北戦争における主要な戦場の1つで，犠牲者は北軍3000人，南軍600人にのぼった．

アブラハム・リンカーン
──コモンセンスの守護神

「現今の戦争において，どちらか一方の側の目的は，神の意志とは異なることは明らかである．そして，人間にとって，自ら働くことこそが神の意志にかなう最高の方法である．」アブラハム・リンカーン（1809-65）は大統領2期目の1862年，このように書き残している．この言葉は偉大なる解放者として歴史に残る彼の本当の姿を現している．

アブラハム・リンカーンの人生は数々の伝説で彩られているが，伝説はしばしば事実を覆いかくしている．1809年2月12日にケンタッキーの丸太小屋で生まれた彼は，6歳のとき家族とともにインディアナに移った．3年後，彼の母親が亡くなり，まもなく父親は再婚した．1930年に，家族はイリノイに移住，そこでアブラハムはいくつもの職を転々としたのであった．1932年にはソーク族とフォックス族のインディアンが土地をめぐってイリノイの市民兵と戦ったブラックホーク戦争に志願した．初めて州議会議員に当選した1934年，彼は法律の勉強を始め，2年後には弁護士試験に合格した．彼はすぐに開業して成功をおさめ，正直さ，良識で評判を確立した．1942年には結婚し，4人の子供をもうけた．

アブラハム・リンカーン（1860年）　この頃から歴史上の人物の姿が，肖像画ではなく写真によって正確に伝えられるようになった．

連邦下院議員の任期中（1847-49）から，彼は限定された形ではあるが奴隷の解放を提唱していたが，当時は実現しなかった．その後，1854年にステファン・アーノルド・ダグラス（1813-61）が，カンザスとネブラスカの住民自身に奴隷制の可否を決定させるというカンザス-ネブラスカ法を議会で通した．リンカーンと彼が属する共和党は，国土は黒人であれ，白人であれ，自分自身の手で改善していくことのできる自由な土地であるべきだと考えていた．1858年にリンカーンはダグラスの上院議員のいすを争って数回に及ぶはげしい公開討論を行った．彼はこの選挙で破れたものの，1860年5月には大統領候補に指名され，11月6日に大統領に当選した．サウス・カロライナが連邦から離脱したのはその直後である．

リンカーンは彼の信念と憲法を固守し，奴隷制との妥協を拒んだ．1861年3月4日の就任式を前に，さらに南部の6州が連邦から脱退し，サウス・カロライナを含めて南部連合を結成した．4月12日，南部連合軍がサウス・カロライナのチャールストン海岸にあるサムター要塞を砲撃したことによって南北戦争が始まった．

リンカーンは弁護士としての彼がそうだったように，良識をもって戦争に臨み，彼の思慮深い作戦が，北軍に最終的な勝利をもたらした．彼にとって戦争の最大の目的は連邦を守ることであったが，1863年には占領地における奴隷の解放を宣言した．彼は常にこの奴隷解放宣言が戦時下の措置であると主張していたが，これが奴隷制廃止の道を開いたことはいうまでもない．1864年には憲法を修正し，永久に奴隷制を廃止することを公約し，二度目の当選を果たした．各州がつぎつぎと修正を批准したが，それが承認されるのを待たずに，リンカーンは暗殺された．彼は1865年4月15日に亡くなり，同年憲法第13修正が承認された．

リンカーンが奴隷制を憎んでいたことは疑問の余地がない．が，個人的な憎悪を，不変の，建設的な偉業に変えることができたのは，彼が誠実で頭脳明晰な政治家であったからにほかならない．

再びイギリスに宣戦を布告した．アメリカは軍事的な成功はおさめたものの，1814年には戦争によって国内は崩壊寸前にまで追いつめられた．しかし，戦争の長期化を望まないイギリスは講和条約を結んだ．アメリカ東部では統合期に入り，ニューヨーク，ボストン（マサチューセッツ），フィラデルフィア（ペンシルヴェニア），そしてチャールストン（サウス・カロライナ）のような大都市が発展した．一方，西部の拡張は続き，1848年にテキサスなどをメキシコより割譲，続いて1853年にガズデン購入，そして1867年にはロシアからアラスカを購入した．

しかし，同じころ，南部は北部への権力の集中に抵抗を示し，南北間で州の権利をめぐる摩擦がはげしくなった．南部諸州のプランテーション経済は奴隷制に依拠していたが，工業化が進んだ北部諸州の理想主義者にとって奴隷制は相いれないものであった．1860年に南北の緊張は頂点に達した．ときの大統領はアブラハム・リンカーン（1809-1865）である．南部諸州は連邦から脱退し，南部連合軍を結成した．4年にわたる南北戦争（1861-1865）は南部の荒廃をもたらしたが，1865年のリンカーン暗殺によってさらなる痛手を被った．奴隷制は廃止されたものの，（旧奴隷の）打ちひしがれるような貧困が生んだ人種間の怨恨は，1世紀以上の長きにわたって消えなかった．

鉄道網の整備にも助けられ，西部の膨張は続いた．処女地の開拓のために，ヨーロッパからの大量の移民が奨励された．フロンティア生活におけるみせかけの自由や成功の機会，そして西海岸の金への期待が西漸運動の速度を早めた．現実にはそうした夢はしばしば打ち砕かれたが，それでも大西部の神話は生み出されたのである．当時，アメリカ先住民への処遇は，冷淡かつしばしば残忍であり，それが双方を残忍な行為に導いていた．ところで一方，工業が拡大した北東部では初期の産業資本家たちが登場した．たたき上げで成功したジョン・F・ロックフェラー（1839-1937），アンドリュー・カーネギー（1835-1919）らである．彼らの存在は深刻な社会問題にもつながった．

1823年のモンロー主義宣言によってアメリカはヨーロッパ諸国が新世界へ介入することを拒否し，この地域における支配権を確立した．アメリカはラテンアメリカの植民地の独立を支援し，キューバ独立に対しては武力介入した．これが1898年の米西戦争である．アメリカはこれに勝利し，その結果，旧スペイン領プエルトリコとフィリピンを獲得した．また，ハワイ諸島もこの時期にアメリカに併合された．

ヨーロッパで第1次世界大戦が勃発すると，ウッドロー・ウィルソン（1856-1924）大統領は中立を宣言した．しかし，1917年，ドイツのUボート作戦によってアメリカ船舶に被害が及ぶに至って，参戦に踏み切った．その後，戦争が終

アメリカ合衆国

ゴールデンスパイク［鉄道用犬くぎ］を打ちつける瞬間
（チャールズ・マクバロン作）1869年5月に，ユタ州プロモントリーで，ユニオンパシフィック鉄道とセントラルパシフィック鉄道が結ばれた開通式を記念して描かれた．

結し，勝利を手にすると，国内では孤立主義的な反動が強まった．そのため，国際連盟への加盟がついに承認されなかった．国際連盟が加盟国の植民地を温存するための国際組織であると判断されたためである．

1920年のボルステッド法によってアルコールが禁止された．この法律は非現実的であり，結果として組織犯罪が激増し，アメリカのもうひとつの神話――禁酒法時代――を生みだしたのだった．禁酒法時代は凶悪な犯罪の多発とはうらはらに一見，華やかな時代でもあった．しかし，みせかけの繁栄は1929年，株式市場の崩壊によって突然，終りをつげ，これが発端となって大恐慌に突入する．さらに，1931年のヨーロッパの金融危機が，経済の悪化の悪循環に追いうちをかけた．1932年にフランクリン・ルーズベルト（1882-1945）が大統領に選出されると，ニューディールと呼ばれる一連の景気回復策が打ち出された．ニューディール政策はある程度まで成功したが，経済成長の回復は，来るべき戦争の特需によって生産が息をふきかえすまで待たなくてはならなかった．

この時期，ヨーロッパにおける政治不安に感応して，アメリカでは孤立主義の感情が強まった．第2次世界大戦が勃発した当初は，アメリカは英仏に対する兵器の供給以上の介入は行わなかった．しかし，1941年末にドイツと同盟を結んだ日本軍がハワイの真珠湾を攻撃すると，参戦に踏み切った．アメリカの勝利はその工業力によるところが大きく，最後には日本の降伏をもたらした原子爆弾を使用するに至った．

アメリカは第2次世界大戦後，西側諸国における主導権を確立し，ソ連に対峙した．西ヨーロッパや日本の復興のためにマーシャルプランをはじめとする金融援助を行い，共産主義に対する盾とした．米ソの間に冷戦の緊張が高まると，共産主義の広がりがアメリカ社会の最大の脅威となった．1950年代前半のジョセフ・マッカーシー上院議員（1909-57）の赤狩［レッドパージ］は，こうした不安心理が導いたといえる．また，国連の賛助のもと，アメリカは朝鮮戦争を主導し，南朝鮮に侵入した共産勢力を撃退した．

続いて繁栄の時代が到来し，ジョン・F・ケネディ大統領（1917-1963）のリベラルな方向への道を開いた．しかし，彼は外交政策ではキューバの反革命援助に失敗し，キューバでのソ連のミサイル施設設置に対しては武力対決の姿勢をとった［キューバ危機］．さらに彼は南ベトナムを北の共産勢力の侵攻から守るための軍事介入を決定した．1963年のケネディ暗殺のあと，事態はエスカレートしてベトナム戦争が本格化するが，結局は1974年，アメリカの政治的敗北とアメリカ軍の撤退という結果に終わった．

続いて起きたウォーターゲート事件によって暴かれた政治腐敗は，アメリカ国民に政治的挫折感や無力感をもたらした．この事件によって1974年，リチャード・ニクソン大統領（1913-）が辞任した．しかし，こうした政治的混迷の間も，1969年の初の月面着陸をはじめとした宇宙計画でも明らかなように，アメリカは科学技術の面で世界をリードし続けた．一方，マーティン・ルーサー・キング・ジュニア（1929-68）らはアメリカの黒人に対する社会的，政治的不平等をなくすための公民権運動を展開した．

1970年代に入って，中東の石油危機などが原因となって景気が後退したことは国際社会にお

大恐慌の犠牲者（上）　手書きのプラカードは職を求める切実な訴えを示している。この写真が撮影された1932年は大恐慌が頂点に達した時期で、アメリカの労働者の4人に1人が失業した。

禁酒法の実施（上）　密輸ウィスキーを下水に廃棄しているところ。禁酒法の当然の結果として、密造酒の闇取引が横行し、組織犯罪とギャングの抗争が激増した。

下町の様子（左）　鉄製の非常階段で飾られたニューヨークのロウワーイーストサイド地区、ディランセ通りの安アパート、バー、ホテル、そして古色蒼然たる商売など荒廃した界隈は都市社会における民族の混在を映しだしている。

けるアメリカの立場に影響を及ぼした。1980年代には好景気を迎えたものの、中東における動揺がまたもや、より深刻な経済問題をもたらした。1990年、イラクがクウェートに侵攻したことに対して、アメリカは再び海外派兵を決定した。時を同じくして、東欧では共産主義の壁が崩れ落ち、長期にわたる冷戦が終結した。湾岸戦争は1991年にイラクがクウェートから撤退したことで短期間で決着がついた。

アメリカ合衆国

政　治

アメリカの行政制度は18世紀のイギリスに範をとっており，創案者たちはイギリスにおける民主主義の長所を再現する一方で，その欠点を訂正しようと試みた．両者の違いは連邦制度にあり，連邦と各州の権限は区別され，それぞれの政府が固有の権限を行使している．Capitol（国会議事堂）や Senate（上院）といった名称は，彼らが理想としたギリシア・ローマの民主主義の概念を具体化しようとする意図から名づけられたものである．

成文憲法は権利を保障することに優れた伝統的なイギリスのモデルに依拠するところが大きい．憲法を修正する場合は，各党の全国大会，あるいは立法機関である連邦議会の2/3以上の賛成をうけて発議されたのち，州議会の3/4以上，あるいは各州党大会において承認をうけなくてはならない．現在まで全部で26の修正が行われている．最初の10項目は権利章典と呼ばれる，信仰の自由や裁判の権利など，今日，アメリカ人が基本的な権利・自由とみなしている基本的人権の保障を実現している部分である．修正第13,14,15条によって奴隷制は廃止され，かつての奴隷に公民権および選挙権が授与された．19条は女性の選挙権を保障している．

憲法の草案者たちが最も気を配ったことは，連邦の権力を制限し，できる限り州に権力を留保することであった．彼らの思考の中心にあったのは権力の分立の概念であり，立法・行政・司法の三権は完全に分立している．したがって独裁者，世襲的君主は排斥され，大統領は選挙によって選出されることになった．大統領の選出は，国民によって選ばれた大統領選挙人が，ふさわしいと思う人物を自由に選ぶ方法に定められた．なぜなら，単に民衆の好みに委ねては，政治腐敗や扇動者を選ぶことにつながりやすいことが危惧されたからである．しかし，現実には選挙人制度はすぐに形骸化し，草案者たちの最悪の心配が現実になってしまったといわれている．

大統領の被選挙権は35歳以上で，アメリカ国民として生まれ，選挙に先だって少なくとも14年以上アメリカ本土に居住している市民に与えられている．とはいえ，実際には，かなりの資産と政治的なコネのある人物が選ばれることが普通である．理論上は，大統領は行政部門の長でしかないが，現実にはその権限は外交政策や[政党の長として]議会の立法プログラムにまで及んでいる．しかし，権力が分立しているため，大統領が属する政党が議会において少数派である場合は，彼の決定を押し通すだけの直接的な権威を欠くこともしばしばある．そうした状況のもとでは，大統領の制限された拒否権がもたらす相互不利益によって，妥協が成立することもあれば，行き詰まることもある．

立法，徴税，宣戦布告，議会運営の権限は連

アメリカ合衆国

マイアミ警察（上） アメリカでは，法の執行はおもに市もしくは村の警察に委ねられ，地方税で賄われている．テレビドラマによって魅力的なイメージがうえつけられているため，警官の求人には全社会階層からの応募が集まる．

国会議事堂，ワシントン DC（左） 合衆国の上・下院が集まっているこの場所は，国内で最も有名な名所の1つにもなっている．1793年から1863年にかけての建設にあたっては，少なくとも5人の建築家が関与している．ドームはローマのサン・ピエトロ寺院を模している．

邦議会にのみ，属している．非常事態には，大統領を弾劾する権限も与えられている．連邦議会は下院と上院の2院からなる．下院は各州から人口に比例して2年の任期で選出される議員によって構成され，総数は435名となっている．下院議員の被選挙権は，その州に在住し，7年以上アメリカ市民権をもつ25歳以上の市民に与えられる．上院議員は30歳以上で，その州に在住し，9年以上アメリカ市民権をもっていることが資格である．各州から2人ずつ選出され，任期は6年で定員の1/3ずつが2年ごとに改選される．上院の権限および地位は下院のそれよりも強大であり，16の上院常任委員会は政府の強力な機関となっている．

司法の頂点はアメリカ合衆国最高裁判所である．ここは法律と憲法の解釈に関する最終的な権限をもち，また，細かく専門化した連邦裁判所と州の最高裁判所における判決に対する最高の控訴裁判所でもある．9人の裁判官は，上院の承認をもって大統領によって任命される．過半数による判決は決定的なものとなるが，同点の場合は下級裁判所の決定を支持することになる．裁判官の任命にあたっては，政治的な立場が影響を及ぼすことが多い．

連邦政府の下に各州の政府が位置づけられ，その構成は連邦政府を模倣している場合が一般的である．各州は州憲法をもち，州知事を頂点に（ネブラスカ州を除いて）2つの議会が置かれ

アメリカ合衆国

アメリカ先住民の文化 ニューメキシコのプエブロ族はコロンブス以前の先祖と同じような日干しレンガづくりの家に住んでいる．彼らは自分達の伝統的なライフスタイルを数多く残しているが，テレビのような現代生活の必需品もいくつかは取り入れられている．

ている．州知事，州の要職および裁判官は選挙によって選出される．地方政治機構は，大都市では選挙で選ばれた市長と議会を頂点とするタイプが多いが，公選の委員[ふつうは5人]を頂点とする委員会型や，ほかに委員会によって任命される市支配人を置くタイプもある．

アメリカには全国規模の大政党は2つしか存在しない．有権者の膨大さが第3政党に全国規模の地盤を獲得させることを困難にしているからである．概して共和党は保守的，民主党はリベラルといえるが，どちらの政党も大衆の広範な意見を反映しようとするので，地元の利害によってこのバランスが逆転することもある．

民　族

世界中から数百万人に上る移民を受け入れてきたアメリカのエスニックの多様さは特筆すべきであり，人種あるいは文化のるつぼとみなされてきた．しかし，こうした表現はある意味で誤解である．というのは，大量の移民が押しよせた時代にはアメリカ社会に同化することが就職口をみつけ，"アメリカン・ドリーム"を実現するための早道だと考えられ，そのために多くの努力がはらわれたからである．

しかし，社会がより均質化するにしたがって，そのような考え方は逆転した．今日では，とくにわきへ押しやられた少数民族にとって，自分のエスニックに対する誇りは理にかなった自己主張の方法となっている．

かつてアメリカ先住民は部族ごとに異なった言語や文化を有していたが，ヨーロッパ人の侵略の衝撃は大きく，今日では文化的なアイデンティティを残すものはわずかである．初期の旧世界からの移民は，イギリス，アイルランド，オランダ，ドイツ，フランス，スペインなど北西ヨーロッパからの移住者が多く，また，おも

アーミッシュの知恵

"ウィットネス(知恵)"(1985)というすばらしい映画がある．この映画は冒頭，巨大なトラックが牧歌的な農場を走るうちに，小さな黒い馬が引くアーミッシュの馬車に行く手をさえぎられる場面から始まる．おそらくこの瞬間が，アメリカ人を含めて多くの人々にとって，ペンシルヴェニアの中央に存在する知られざる異文化圏を眼にした最初の機会だったに違いない．彼らは現代アメリカの生活様式から隔絶し，第1次世界大戦以前そのままの服装，言語，生活様式を守っているのである．アーミッシュとはどのような人々なのか．伝統的な生活様式はどのように守られてきたのか，そしてこれからも守っていけるのだろうか．

アーミッシュ派はプロテスタントのメノー派から分かれた1宗派で，ルーツはヨーロッパのドイツ語圏である．メノー派の長老でスイス人のヨセフ・アマンがメノー派の信仰をより極端に解釈し，厳格で質素な生活への服従を説いたのが始めである．信者はみな，同じような服を着て，教会の礼拝を拒否し，外部との接触を避け，とくにグループから追放された人とはかかわりを絶って暮らさなくてはならない．

そのためアーミッシュ派は，社会からはもちろん，ほかのメノー派からさえ断絶し，アマンの考え方にはヨーロッパ中に信奉者がいたにもかかわらず，彼らのコミュニティは小さく孤立したままであった．多くが農業者であった彼らは，じきに新しいアメリカ植民地に彼らのコミュニティづくりの可能性を見出した．アマンにちなんでアーミッシュと呼ばれた彼らは，初めペンシルヴェニア東部に移住した．1720年頃のことである．その後150年の間に，彼らは中西部からカナダにまで広がった．今日まで代々その地に住み続けている人がほとんどであるが，最も大きなコミュニティが残っているのはペンシルヴェニアである．とはいえ，実際のところペンシルヴェニアでも，よりゆるやかな教義のメノー派に転向したり，メノー派の集会そのものから抜けてしまう者も少なくないが，大部分の人が昔ながらの教えに従って生活を続けている．

アーミッシュ派の信仰は，浸礼主義(幼児洗礼ではなく成人になって信仰を告白した人が洗礼を受ける)などメノー派の教義に沿っているが，礼拝の際に足を洗う儀礼を取り込んでいる点で特徴的である．今日ではほとんどの人が英語を話すことができるが，第1言語は古い形のドイツ語に英語をちりばめた独特の言語である．

日常生活ではいまだにアマンの時代と変わらぬ，ボタンの代わりにフックを用いたシンプルな自家製の服を着ている．ボタンは装飾とされているために使えないのである．男性はつばの広い黒い帽子をかぶり，黒いフロックコートを着用し，口ひげは剃るが，あごひげは伸ばしたままでいる．女性は黒く長いドレス，ボンネットとショール，黒いストッキングに靴を身につけている．その姿は実に，眼を見張るほどいかめしい．

アーミッシュの子どもたちが州立の学校に通うのは小学校の間だけである．そのため，親は義務教育を定めた法律と衝突を繰り返している．

電気，電話，自動車，その他，近代的発明品のいっさいを利用していない．移動はおもに馬車を利用しているが，必要とあらば鉄道や航空機を利用することもあり，近代的な医療を受けることもある．

　アーミッシュのことを風変りな時代錯誤の人々と考えるのは誤りであろう．かつて，近代的な農業機械や化学肥料などを利用しない農業のやり方は笑い者にされたが，実はアーミッシュは彼ら自身が選択した方法や経験の中から学ぶことによって，農業知識の進歩からとり残されることはなかった．それどころか，今日では有機栽培については世界的な専門家となっている．また，住んでいるのは木で枠どられた丈夫な家である．

　現在，多くのアーミッシュの人たちが現代社会の圧力に脅威をおぼえているが，ほとんどの人が今後も自分たちの特徴的なアイデンティティを守っていこうと考えている．彼らの存在の継続それ自体が，寛容と自由というアメリカの伝統への計り知れない知恵となる．また，天然資源が無尽蔵ではないということが，ようやく認識されるようになったのであるから，アーミッシュの知恵に学ぶべきところは多いに違いない．

アーミッシュの農場　背景にある近代的な納屋とサイロが，アーミッシュの馬引き種まき機と劇的なまでの対照をなしている．アーミッシュは，機械化に背を向けているにもかかわらず，成功し，革新性に富んだ農業者である．

太陽のもとの生活（上）　カリフォルニア州のサンタ・バーバラの海岸で行われるバレーボールの試合に若者が大挙して集まっている様子である．今日でも西海岸のリラックスした，豊かな生活に憧れてやってくる移住者は若者を中心に後をたたない．

ファーストフード（左）　都心で働く人に昼食を提供するニューヨークの街頭販売の店．プリッツェル，ホットドッグ，クニッシュ［ユダヤ料理，肉・ジャガイモ・チーズの包み焼きまんじゅう］といった食べ物がドイツや東ヨーロッパからのユダヤ系移民によって紹介された．今日では典型的なアメリカの食べ物として数えられるほど一般的なものになっている．

にアフリカ西海岸から奴隷が連れてこられた．しかし，南北戦争後は，イタリア，スカンジナビア，そしてロシアを含む混乱した東ヨーロッパから大量の移民を計画的に受け入れた．彼らの多くは貧困と虐殺から逃れようとするユダヤ人であった．彼らの居住パターンは多様で，たとえばイタリア人やユダヤ人は大都市に住み，ニューヨークのリトルイタリーのような，独自の特色ある居住地区を形成した．スカンジナビアやバルカン出身の移民は，ミネソタなどに農場をもった．文化の受容や同化の程度には大きな幅がみられる．

　南北戦争に続く南部の経済崩壊は，“プア・ホワイト”と呼ばれる，解放された黒人奴隷と同じような状況で生活する貧しい白人層を膨張させ，人種的な憎悪の潜在的な土壌を生み出した．農業地域である南部と工業が発達した北部双方において貧しい黒人のコミュニティが増大し，低学歴で，安い労働力として搾取された．とくに南部では基本的な公民権さえ認められないことが普通であった．しかし事態は徐々に変化し，とくに第2次世界大戦後，法律のあと押しを受けて，こうした差別のいくつかが是正された．社会のさまざまな分野で黒人（アフリカン）に対して，ある程度の"肯定的区別"が奨励されるようになった．とはいえ，アフリカ系アメリカ人の多くは，今日でも住みわけの進んだインナーシティの居住地区やゲットーに住んでいる．

　19世紀後半以降，年季契約の中国人労働者が西海岸を中心に流入し，強力なアジアコミュニ

ティを形成した．彼らのコミュニティは，たとえばカリフォルニア州サンフランシスコのチャイナタウンのような地域を越えて拡大し，近年ではそこにフィリピンや韓国など東南アジアからの移民も加わっている．中南米からの移民によって形成されるヒスパニック人口は東西の大都市で大きな割合を占める．彼らの多くは不法滞在者で，深刻な社会問題をもたらしている．現在，移民の受け入れは法律によって規制されているものの，今日でもアメリカは世界有数の移民受け入れ国である．亡命者や，キューバやベトナムのような国からの移民を迎え入れている．

これらの民族すべてが，ひとつの要因，すなわち英語によって統合されている．高齢者や少数の孤立したアメリカ先住民のコミュニティを除くすべての人にとって，英語が第1言語である．英語を使いこなせることが仕事や出世だけでなく，スポーツ，音楽，映画，テレビなどのポピュラー文化を楽しむ門戸を開くのである．

信仰の自由は憲法によって保障されている．すでに述べてきたように多様な民族が集まっている以上，当然，宗教もまた多様である．最も多いのはプロテスタントのキリスト教徒である．バプティスト，メソジスト，ルター派，イギリス国教会派など，宗派に分かれており，ヨーロッパのプロテスタントと比較して教会に礼拝にいく信者（単に名目上の信者に対して）の割合が高い．

つぎにカトリック教徒が多い．彼らの多くはアイルランド，イタリア，ヒスパニック系住民である．ユダヤ教徒は全人口における比率をみると少数派であるが，大都市に限っていうと，とくにニューヨークでは非常に高い比率を占めている．このほかにも世界中の主要な信仰はすべて揃っているということができ，ブラック・ムスリムからサイエントロジスト，アメリカインディアン教会まで，無数の宗派や教団がある．これらの中にはユタ州のモルモン教のように，教徒が居住する特定の地域と結びついて識別されているものもある．

テレビ説教者ジミー・サガート（上）　ファミリー礼拝中央教会にて．彼は近年，私生活における不行跡を公に告白した有名な伝導師のひとりである．しかし，"生まれ変わった"キリスト教は今日でも多くの信者を集めている．

演奏の合間（下）　シカゴのブルース・フェスティバルに集まったファンが芝生の上でリラックスしている様子．繁栄するシカゴの商業中心地にそびえ立つガラスとコンクリートでできたビルに囲まれて人間は小さくみえる．

経済

アメリカの経済規模は世界最大であり，国民は日本にはかなわないが世界最高の生活水準を享受している．しかし，すべてのアメリカ人が巨額の富の恩恵を受けることのできる立場にあるわけではない．

国家経済は工業とビジネス部門によって支配されており，農業もまた重要ではあるが，富の創造において果たしている役割は小さい．近年，伝統的な工業部門に変わってサービス産業の成長がみられる．その結果，伝統的な工業地域である北東部の諸州が衰退し，そのぶん，南部および南西部において新しい産業や技術の成長がみられる．

アメリカは計り知れないほど豊富な天然資源を有しているものの，莫大な工業生産高と冒険好きな対外政策が必要とするエネルギーおよび原材料はそれを上回っている．その結果として，近年の経済停滞は，経済成長を続けているにもかかわらず，貿易および国内の財政赤字が増加し続けるという特徴を示している．

農業

アメリカの約半分の土地は農業に利用されている．生産高は国内需要を上回り，代表的な農産物輸出国となっている．機械の導入と科学的な栽培方法により，実際に農地で働く労働力はわずかである．

農業的土地利用に占める耕地の割合は半分に満たないが，膨大な面積の利用可能な土地がアメリカを世界の主要な農業生産国にしている．しかし，穀物の生産高の増加にともなって，肥料・殺虫剤・除草剤などの利用も増えていることは問題である．既存の政府補助金や奨励金を修正することによってこのような傾向をくいとめようとする計画が策定されたが，1980年代後半の干ばつに対処するために，計画の実施は遅れている．いくつかの地域では土壌侵食が深刻な問題となっている．

栽培される穀物は気候や地形の多様さを反映して，場所によって変化に富んでいる．耕作地域の中心はアパラチア山脈とロッキー山脈の間に位置するグレート・セントラル・ベースンで，西プレーリーの小麦地帯と，現在でもトウモロコシ（アメリカの一般的呼称はコーン）を主要産品とする中央低地のトウモロコシ地帯がそこに含まれる．ほかにもダイズ，ヒマワリ，テンサイなどさまざまな穀物をみることができる．ミシシッピ・デルタでは綿花が栽培されている．その西方では灌漑設備を利用した綿花栽培が行われている．南部ではこのほかにピーナッツ，サトウキビ，タバコなどが栽培されている．

果物や野菜は全国的に栽培されているが，中でも主要な産地はカリフォルニアで，とくに冬季にその傾向が顕著である．カリフォルニアの温暖で乾燥した気候は，順調に拡大を続けているワイン産業の中心地としても理想的である．

同様に飼料生産も地域によって異なる．北部ならびに工業地域である北東部では酪農が重要である．北東部では家禽も重要な位置を占めている．南部では混合農業地域が広がるが，西部では再び酪農が重要になる．南ネヴァダからロッキー山脈にかけての地域では，牧場と灌漑農地が卓越している．現在は大量の余剰酪農製品の一部は輸出され，残りについては，政府から補助金を受けて保管している．しかし，この政策については改正の動きが進行中である．

広大なオレンジ畑 地中海性気候のカリフォルニアはトラックファーミング（市場向け野菜づくり）の拠点となっている．灌漑設備のおかげでほとんど1年中生産されている果物，野菜やサラダ用作物は，国内の各都市に向けて空路や陸路で運ばれている．

林業と漁業

アメリカの国土の1/3は森林地帯であるが，そのうち約2/3までが，すでに販売用に開発されているか，開発可能である．販売用の森林はおもに私有林であるが，かなりの部分が地方，州あるいは連邦のコントロール下にある．アメリカは旧ソ連につぐ，世界第2の木材生産国であるが，国内需要の急増が生産を上回っているため，木材製品の輸入国となっている．

アメリカの漁業は世界で5本の指にはいるほ

原油の採掘（上） アメリカの石油産業は，石油や天然ガス資源の発見，開発のための技術開発の分野で主導的な役割を担ってきた．

巨大なダム，フーバーダム（下） フーバーダムはアリゾナ，ネヴァダの州境に位置するコロラド川のダムで，ボールダーダムとしても知られている．アリゾナ，ネヴァダ，カリフォルニアの3州に電力を供給している．

ど盛んである．その漁獲高の多くは太平洋，大西洋，メキシコ湾に出漁する船団が水揚げしている．1970年代の乱獲がもたらした資源の減少からは回復しつつあるが，汚染問題は相変わらず深刻である．1989年にはエクソン社のタンカー事故によって流出した大量の原油が，南アラスカの海岸線の一部を荒廃させた．

鉱工業と資源

アメリカは鉱物資源に恵まれ，銅，鉛，銀，金，亜鉛など価値の高い金属の主要生産国である．スペリオル湖を中心に五大湖周辺は鉄鉱石の産出が大きい．西部の山岳諸州では銅の採掘が大規模に行われている．鉛の採掘はおもにミズーリ州南部に集中しているが，亜鉛鉱山は散在している．金や銀の産出は限られているが，その他の鉱物資源の採掘量は大きく，とりわけウランは多い．

世界中の採掘可能な高品質の石炭の1/3，亜（褐）炭の1/8はアメリカに埋蔵されている．炭田はウエスト・ヴァージニア，ケンタッキー，ペンシルヴェニアなどのアパラチア地方に集中しているが，イリノイ，オハイオ両州にもかなり大きな炭田がある．天然ガスと原油の埋蔵量も豊かである．主要な油田，ガス田はアラスカ，テキサス，ルイジアナにあるが，カリフォルニアやロッキー山脈沿いの州でもみられる．

エネルギーはおもに火力発電に依存しているが，かくも豊かな資源も国内需要を満たすには至らない．選択肢は限られている．水力発電はすでに開発の限界にあり，1979年のスリーマイル島（ペンシルヴェニア）の事故以来，原子力発電は下火になっている．それから10年後の1989年には，カリフォルニアの有権者が核施設の閉鎖の先鞭をきった．放射性廃棄物の処分もまた，大きな問題を呈している．太陽熱，潮力，風力は別として，地熱は大きな可能性を秘めた唯一の未開発資源といえよう．

国民総生産の大きな部分を占めているのは工業である．最近10年ほどの傾向としては，アルミニウムや鉄鋼，機械，セメント，建設材料など伝統的な重工業にかわって，新しいエレクト

スペースプログラム

「私は，わが国が今後10年たたないうちに，人間が月に着陸し，無事に地球へ生還するという目標を達成することを確信する．それはこの10年間に行われるすべての宇宙プログラム中でも，最も強い興奮をわれわれに与え，最も強く印象に残ることになるだろうし，長距離宇宙探索にとっても重大な意味をもつだろう．一方で，それは最も困難な実験であり，莫大な費用が必要となるだろう．」

1961年5月，ジョン・フィッツジェラルド・ケネディ大統領のドラマティックな演説は，"宇宙競争"時代の幕開けを公式に告げるものとなった．しかし，実際には，1957年にソ連がスプートニク1号を打ち上げたことで，宇宙競争の火ぶたはすでに切られていたのである．この世界初の人工衛星は，単純な電気信号を発する球体の容器に過ぎなかった．しかし，ソ連が宇宙空間において優位を占めるのではないかという脅威は，アメリカの月着陸計画を駆り立てるのに十分であった．莫大な予算と巨大な打ち上げロケットサターンVによって，計画は急速に進展し，地球軌道と月着陸のテストを経て，あの1969年のアポロ11号の劇的な成功へと実を結んだのである．その年の7月には全世界の人々がテレビの前に釘づけになって，アームストロング(1930-)が人類初の足跡を月面にしるす瞬間をみつめた．

その後，6回にわたって同様の打ち上げが行われたが，人々の注目を集めたのはアポロ13号の悲惨な失敗のみである．月面着陸には莫大な費用がかかり，しかも，科学的，軍事的な価値は限られたものでしかなかった．一方，ソ連は月面着陸からは撤退し，代わって地球軌道上の宇宙ステーションの建設と調査に乗り出した．アメリカでも1973年5月に，唯一の宇宙ステーションとなったスカイラブが打ち上げられている．スカイラブの一部には，月着陸計画の中止によって残った機材が利用された．しかし，スカイラブはソ連の宇宙ステーションのように熱心に利用されることもなく，5年間放置されたのち，1979年に地球にもどされている．

これ以降，アメリカの有人宇宙計画の焦点は再使用可能な機体へと移っていく．しかし，予算は削減され，計画のテンポは鈍った．1981年4月12日，最初のスペースシャトルがようやく発射される運びとなった．その後，4回のテストフライトの成功を経て，スペースシャトルは衛星ランチ，惑星探査機のデッキ，実験用基地そして軍用宇宙船としての本領を発揮できるようになった．しかし，1986年1月28日，チャレンジャーは25回目の離陸からわずか75秒後に爆発した．この事故による生存者はおらず，シャトルの飛行は1988年9月まで中断された．

皮肉なことに，アメリカの宇宙計画の中で最も重要な成功のいくつかは，コスト的に安上がりなものとなった．無人探査用ロケットレンジャームーンの成果は，アポロ計画において着陸に適した位置を選択する際に生かされている．今日の通信および調査用衛星は，地球規模のテレビネットワークに利用され，気象状況から土地・水資源，鉱物資源，農業，山林管理，軍事作戦まで，さまざまな種類の最新情報を提供している．それ以外にも衛星のデータは都市計画，地震の予知や測定，地図化や調査，天文観測などさまざまな分野で利用されている

一方，太陽系全体を視野においた調査も進んでいる．すでに内側の惑星に関してはマリナー宇宙船によって調査が行われており，ヴァイキング1号，2号計画では火星の表面に宇宙船を着陸させることに成功した．そこには生命の存在を示す明確な証拠はなかったが，地質学的，地理学的にみて新しくかつ重要な知識を得ることができた．また，ボイジャー計画では木星と天王星の輪を発見し，火星の輪を探索した結果，外側の惑星のまわりを軌道に乗って回る衛星について多くの新しい情報が明らかにされた．

これらの実験によって得られたデータは，アメリカの宇宙計画の不朽の成果ということができるだろう．しかし，もはや1国家の希望や，夢そして恐怖によって有人宇宙実験が進められる時代は終わりつつある．将来的にはより多くを国際的な技術協力や資金協力に依存することになるだろう．

夢は生き続ける スペースシャトルはアメリカの宇宙計画において最も輝かしい成果である．フロリダ州ケープカナベラルの発射台から排気ガスの柱を吹き出しながら飛び立つ瞬間．

アメリカ合衆国

ロニクス関連工業の成長が著しく，国内産業の重要な分野に発展している．いわゆるマイクロチップ革命のおかげで，エレクトロニクスとテレコミュニケーション分野は国内でも最も急成長業種となっており，カリフォルニアのシリコン・ヴァレーはハイテク産業の中心地として世界的に有名になった．しかし，1990年代初頭の不景気はこの分野にも暗い影を落としている．

近年，冷戦の終結や経済抑制にともなう宇宙計画のスローダウンによって1991年の湾岸戦争時の一時的な好景気を除いては，航空宇宙および関連産業は失速している．依然として製造業の主力は自動車，トラック，バスなどを中心とした輸送機器である．今日，これらの製品のほとんどは精油，紙，タバコ，薬品と同様，少数の大企業によって生産されている．その他，ゴム・プラスチック製造，織物・衣料なども重要である．建設業も国内全土に及ぶ膨大な州際道路網の整備および補修によって活性化しており，主要産業としての地位を守っている．

貿易と商業

アメリカは世界随一の貿易国である．近年，輸出入はヨーロッパ市場から台湾，韓国，日本を中心とした太平洋諸国に着実にシフトする傾向がみられる．いまでは，1989年に締結されたアメリカ-カナダ自由貿易協定にもかかわらず，日本がカナダをぬいて世界一のアメリカ製品の輸入国となっている．1992年には，製造部門がコスト削減を求めてメキシコに移転することになれば，アメリカにおける雇用が喪失する，という批判にもかかわらず，メキシコとの間に北米自由貿易協定（NAFTA）が締結された．

アメリカは燃料および原料の主要生産国であるが，それでも輸入量が輸出量の5倍に達している．製造業と消費者の需要が比類のないほど高いことが主な要因である．機械，輸送および通信機器の分野では輸出入ともに世界の貿易市場を支配している．

貿易の動向をみると，全体としては赤字が拡大している．これは，工業部門の貿易赤字が依然として続いていることと，近年の農産物分野での輸出不振が原因となっている．農民に対する政府補助金がこの問題への対応の足を引っ張っている．

アメリカ経済の大黒柱はビジネスおよび金融業であり，ますますその重要性を増している．この分野においてアメリカは，資本投資の主要国として，世界各国に影響力を行使している．とくにカナダや中南米ではアメリカの投資に依存している．

観光業も貴重な収入源である．海山のリゾートや主要都市，国立公園やモニュメントに観光客が集まっている．また，ディズニーランドやハリウッドも重要な観光地である．サービス産業の重要性も増しており，ワシントンDCやデ

複雑に交差したフリーウェー（上）　アメリカは世界で最も自動車への依存が進んだ社会である．その結果，交通渋滞，公害やコストといった問題に悩まされている．

星条旗とウォール街（下）　ウォール街はアメリカの金融業界の心臓部である．星条旗が愛国心を表現しているように，ウォール街はアメリカの商業の力を物語っているのである．

ンバー，コロラドのような都市では，収入のほとんどをサービス産業が稼いでいる．郊外のスーパーストアやショッピングモールの出現は消費者行動のパターンを変化させ，都心から郊外への移動を加速した．

離陸準備 国内長距離旅客移動において，鉄道に変わって航空機が首位の座を占めるようになって久しい．

交　通

アメリカは世界で最も交通網が整備された国である．アメリカの繁栄は遠距離間における旅客と貨物の効率的な移動によるところが大きく，インフラの整備は経済的成功の主要因であった．

国道網は世界最長を誇っている．慎重に設計された州際高速道路が国内のほとんどの都市を網羅している．国中に自動車があふれ，大多数の世帯が少なくとも1台以上は自動車を所有している．ほとんどの人が通勤に自動車を利用しており，ラッシュアワーには都心から離れた郊外からの通勤者がコミューターハイウェーに押し寄せている．排気ガスによる大気汚染問題に対処すべく，多くの州がオレゴン州に続いて法的規制を打ち出している．しかしその一方で，自動車の普及にともなって公共および都市交通機関は衰退しつつある．

鉄道網もまた世界最大であるが，1920年代以降，距離の面でも旅客輸送量の面でもその地位は低下している．とはいえ，今日でも大容積の貨物，コンテナーやトレーラー貨車（ハイウェートレーラーを平型貨車で輸送すること）など，国内の貨物輸送のかなりの部分を鉄道が占めている．また，全体的な流れとは逆に，シカゴ，イリノイやニューヨークのような古い都市においては，いまだに鉄道や地下鉄が通勤の重要な足となっている．人口の過密化が進む都市では，自動車にかわる実践的な代替手段が実を結び始めている．たとえばサンフランシスコのBART (Bay Area Rapid Transit, 1972年開発の新交通システム)や，ペンシルヴェニア州ピッツバーグの"people mover" (1985年開発の地下鉄・トロリー連絡)などがそれである．

アメリカにおける長距離旅客輸送の主力は航空機であり，安くて手軽な長距離バスを凌いでいる．この分野での鉄道の競争力は低く，大陸横断鉄道は過去のものとなっている．空の輸送網の2大中枢はジョージア州アトランタとシカゴであるが，それ以外にも定期便が飛んでいる空港だけでも800以上，自家用機や会社専用機などを含むローカルな輸送のための空港は1000以上にのぼる．近年，航空業界は資金的な面では厳しさを増しているが，その重要性は低下しそうにない．

河川，運河，海上など水上輸送も盛んで，港の数は50を超え，貨物輸送のかなりの部分を担っている．中でも最も利用されているのがミシシッピ川で，ニューヨーク港とニューオーリンズ港がその中心である．五大湖はニューヨークと運河で結ばれており，カナダのセント・ローレンス水路を利用すれば，大西洋にでることができる．

情報と通信

アメリカのマスコミはすべて政府のコントロールの外にあり，論争の的となるような問題に関しては，政府の政策に反論することもしばしばである．たとえば，ベトナム戦争では，メディアによる報道がアメリカの撤退を導き，ウォーターゲート事件では，メディアの追求がニクソン政権にゆさぶりをかけたといえよう．

中でもテレビが主要なメディアであり，ほとんどの家庭にテレビの受信機が普及している．最近までテレビ番組は3大ネットワークに支配されていた．番組制作費の大部分は広告収入に依存しているため，視聴者の数で番組が決まる傾向がみられたが，近年は番組の多様化のための努力が払われている．ケーブルテレビもマイノリティ向けや地域番組などを提供し，視聴者の選択の幅を広げている．衛星放送はほとんどすべての放送局から，ネットワークの制約を受けずに，全世界に向けて発信することを可能にした．

一方，新聞が主要な情報源としての地位をテレビに奪われてから久しい．とはいえ，新聞は伝統的に地域や地元の読者に向けて提供されており，新しく形成された衛星都市では郊外新聞が発行部数を伸ばしている．全国レベルで発行され，読まれているのは3大主要紙だけである．ラジオもまたローカルで，音楽，トークショーそしてニュースなどを流している．

全米の電話網は7つの地域電話会社が握っているが，一方でローカルサービスを提供している会社は独立しているもので1700にものぼる．しかし，関連産業や技術開発などのほとんどはアメリカ電話電信会社(AT&T)が牛耳っており，この会社が急速に発展しているテレコミュニケ

アメリカ合衆国

ーション産業の先駆者となっている．

健康と福祉

今日でも，貧困と人種問題が福祉の分配にさまざまな影響を与えており，ここ数年は貧富の差が拡大しているかのようである．1988年には，連邦政府は国民の1/8が貧困基準線以下の水準にあり，全黒人の1/3がそこに含まれていると判断した．

医療設備はほとんどの地域において十分に整っており，国民の健康は全般的に改善されている．連邦政府によって医療行為に対してある程度の助成が行われてはいるが，ほとんどの人にとって医療はお金を払って買う生活の便であって，このことがもたざるものは医療を受けられないという不公平を生み出している．たとえば，黒人患者の死亡率は白人の2倍近く，また，貧しき人々の多くは，いかなる健康保険にも加入する余裕がない．こうした状況に対応して，1988年にはマサチューセッツ州が州民すべてを網羅する，包括的な健康保険制度を導入した．また，翌年にはワシントン州が低所得世帯を対象としたプランを取り入れた．

近年，大きな問題となっているのがドラッグの濫用と，アフリカ以外の地域で最も高い水準に達しているエイズ/HIV感染者の発生である．この2つが医療資源の重い負担になっているが，一方で，エイズ/HIV感染者に対してほとんどの場合，健康保険は門戸を閉ざしている．

福祉給付は失業や就業中の傷害，病気や障害者，高齢，出産，寡婦をカバーしている．民間セクターのものと政府によるものの2本立てになっており，現金の支給や子どものいる低所得世帯への援助などが含まれている．けれども，受けられる援助の量は州によって格差がある．被雇用者はすべて，連邦政府の年金を受ける資格があることにはなっているが，資金調達は困難であり，将来的にも年金をあてにできるかどうかについては不安がある．雇用者は健康保険や生命保険はもちろん，それ以外にも保障制度を設けていることが多いが，一般的には被雇用者はそのような仕組みから恩恵を受けるよりも貢献している場合の方が多い．

教育

一部に私立学校や宗教団体によって経営されている学校があるものの，教育はおもに地方および州の管轄にある．ほとんどの州において教育は，無償で，義務教育は6歳から16歳までとされているが，生徒の多くは17歳か18歳で中等教育を修了するまでは学校に通っている．また，アメリカには世界でも有名な大学や高等教育機関が集まっている．これらも，おもに州立であるが，学業その他をカバーする学資ローンを保障しているのは連邦政府である．さらに，教育用具，学校給食，調査のための補助金やアメリカ先住民の子どものための教育プログラムのための資金を供給している．

連邦の法律は多くの学校に深い影響力を及ぼしてきた．たとえば，1964年の公民権法における学校統合の主張によって，事実上住み分けが残っている地域において，黒人の子どもを遠くの学校へバスで送り込むという事態が起こり，議論を呼んだ．

アメリカンフットボール　大学対抗のスポーツに起源をもつが，いまではアメリカで最も親しまれているプロ・スポーツとなっている．だが，今日でも大学リーグのスター選手がプロ・リーグの花形選手へと成長する例は少なくない．

ウォルト・ディズニーの世界

"私は，観客に日常的な生活を忘れ，まったく別の世界にいるかのように感じてほしいと願っている．"

1955年7月17日の朝，カリフォルニア州南部の街，ロサンゼルスのサンタ・アナ・フリーウェーでは，渋滞が11kmにもおよんでいた．もちろん，周辺の道路もいたるところで大渋滞となっていた．この突然の大混乱を引き起こしたのは，一人の男の想像力と決断であった．彼の名はウォルト・ディズニー(1901-66)，そして，この日は彼の新しい挑戦であるディズニーランドが開業した日であった．

1950年代の初頭，ディズニーはすでに動画漫画(animated cartoon)を高い利潤を生み出す芸術へと変えた男として世に知られていた．他の人ならばあるいはそこで満足したかもしれないが，彼は違った．ディズニーは彼がいうところの"新しい娯楽のコンセプト"を模索し，各地の遊園地，動物園，サーカス，美術館や博物館をたずねて，アイデアを集めて回ったのである．また資金的な面では，出資者がなかなか見つからなかったが，テレビのディズニー番組からの収入で十分にまかなうことができた．

1955年，ディズニーランドを訪れた最初の招待客たちは，そこに彼らが欲するものすべてが，いや，それ以上の満足が約束されていることに気づかされた．アドベンチャーランドでは，おもちゃの動物でいっぱいのジャングルをボートで周遊するようになっている．フロンティアランドには西部劇のヒーロー，アラモ砦の戦いで戦死したデビー・クロケット(1786-1836)を描いた3本のディズニー映画でおなじみの風景が広がり，観客を大西部時代へと誘っている．ファンタジーランドの中心には，ひときわ目をひく眠れる森の美女の城がそびえている．また，トゥモローランドでは月へのロケット旅行を楽しむことができる．

オープニング当日にはいくつかの手違いがあったものの，世界初のテーマパークであるディズニーランドの成功は疑うべくもなかった．ディズニーの夢はさらに広がり，数年後にはストーリーブックランドとトム・ソーヤーの島がお目見えした．また，1959年には，毎日運行するものとしてはアメリカで初めてのモノレールも開通した．モノレールからはスイスのマッターホルンや，ジュール・ヴェルヌ(1828-1905)の「海底二万里」(1864)にヒントを得て作られた海底の世界を眺望することができる．

だが，大成功を収めたディズニーランドも，さらなる挑戦への出発点に過ぎなかったことがじきに明らかになった．1966年にはウォルト・ディズニーが亡くなったが，すでに彼の新しいプロジェクトがフロリダで着々と進められていた．1971年，フロリダの中心部の都市オーランドにウォルト・ディズニー・ワールドが建設され，第4期の計画が完成したのは1975年のことであった．そこにはおびただしい数の新しい乗物やアトラクションが用意されており，たとえ

アメリカ合衆国

ウォルト・ディズニー（上）とミッキーマウス．ミッキーマウスはディズニーが生み出した最初の，そして最も有名なキャラクターであり，今日では，世界中の子どもたちに親しまれ，愛されている．

おとぎの国の魔法（右） 夜空に輝くシンデレラ城は，人々を現実の世界からディズニーランドのロマンチックな夢の世界へと導いてくれる灯台である．

ば，オーディオ・アニマトロニクスを駆使したアメリカ大統領のギャラリーなどというものもある．

1982年には，実験的な原型としての未来都市，通称EPCOTがブエナビスタ湖のほとりにつくられた．ディズニーは生前，"未来のコミュニティーは決して完成することはない．……生き生きと描かれた未来の青写真，人々が実際に生活している様子は，今日，他のどこにも探すことはできない"と予想している．彼が最終的にめざしたものこそ，娯楽と教育，そしてテクノロジーの融合であった．フューチャーワールドはいくつかのパビリオンに分かれていて，恐竜時代へのタイムトラベルを楽しんだり，移動の歴史を学ぶことができるようになっている．また，世界館では，世界各国の生活習慣が紹介されており，宇宙船地球号ではコミュニケーションの歴史を学ぶ旅が経験できる．

1983年には，世界で3番目のディズニーランドが東京に開業し，入場者数の記録をつぎつぎと塗り替えていった．また，1992-93年にはフランスはパリの近郊にユーロ・ディズニーランドが開園した．これらのプロジェクトはすべて，ディズニーが夢見た"人々が幸福と知恵を感じることができる場所，……私たちが住むこの世界の知恵と喜び，そして希望に満ちた場所"を実現するための道標となっている．

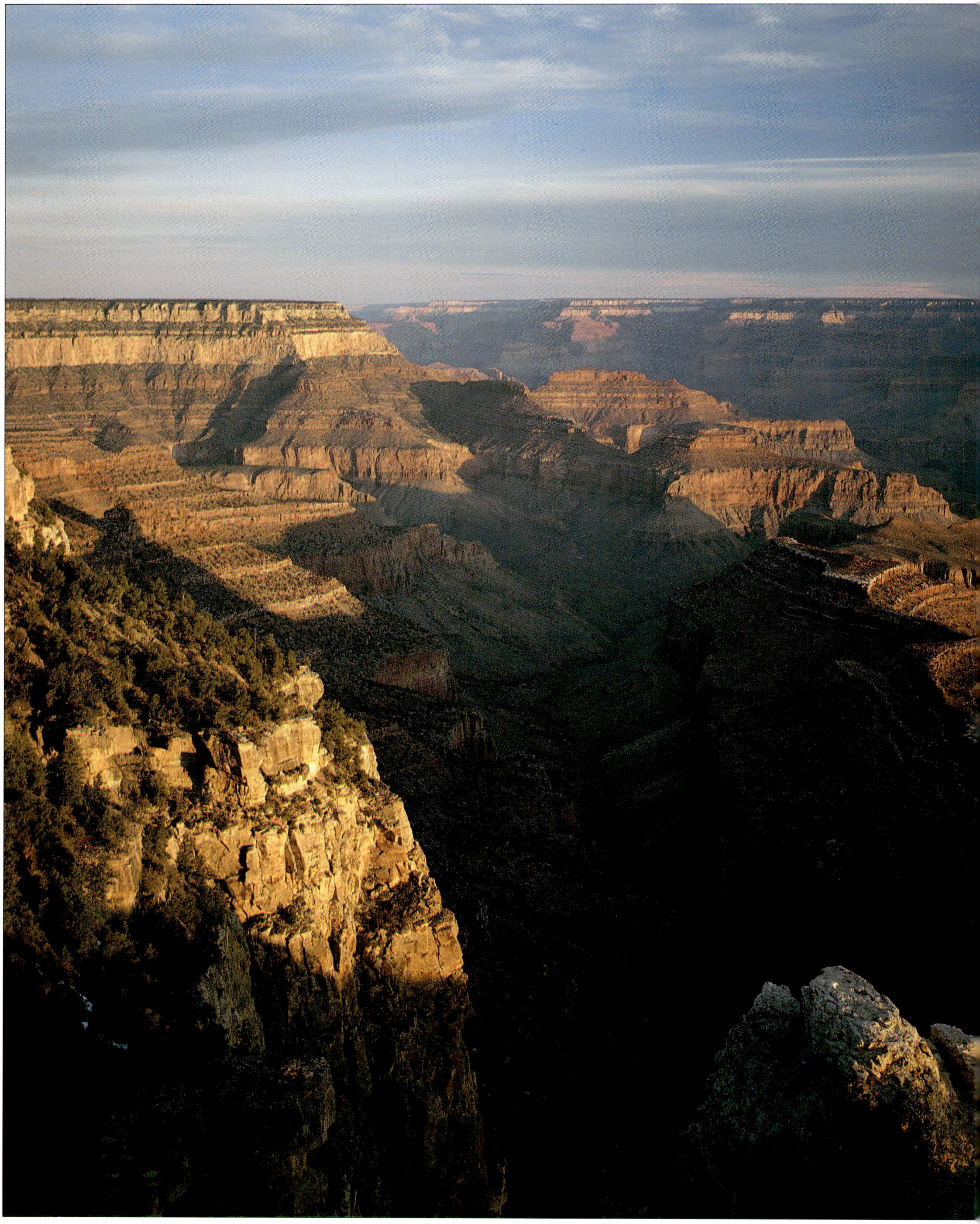

諸州の姿
アメリカ合衆国
連邦を構成する諸州

グランド・キャニオンの夕暮れ(左)
アリゾナの北西部の山地をを流れるコロラド川が浸食した壮観な峡谷である．その雄大な美しさは毎年多くの観光客をひきつける．

太平洋岸
アラスカ
ワシントン
オレゴン
カリフォルニア
ハワイ

山岳部
アイダホ
ネヴァダ
モンタナ
ワイオミング
ユタ
コロラド

南西部
アリゾナ
ニューメキシコ
オクラホマ
テキサス

中西部
ノース・ダコタ
サウス・ダコタ
ネブラスカ
カンザス
ミネソタ
アイオワ
ミズーリ
ウィスコンシン
イリノイ
ミシガン
インディアナ
オハイオ

ニューイングランド
メーン
ニューハンプシャー
ヴァーモント
マサチューセッツ
コネティカット
ロード・アイランド

中部大西洋地域
ニューヨーク
ペンシルヴェニア
ニュージャージー
デラウェア
メリーランド
コロンビア特別区

南 部
アーカンソー
ルイジアナ
ケンタッキー
テネシー
ミシシッピ
アラバマ
ウエスト・ヴァージニア
ヴァージニア
ノース・カロライナ
サウス・カロライナ
ジョージア
フロリダ

アメリカ合衆国の諸州
- ■ 首都
- ● 州都

CONN	コネティカット
DC	コロンビア特別区
DEL	デラウェア
MD	メリーランド
MASS	マサチューセッツ
MISS	ミシシッピ
NJ	ニュージャージー
RI	ロード・アイランド
W VA	ウエスト・ヴァージニア

アメリカ合衆国の諸州

アラスカ

ニックネーム	最後のフロンティア
連邦加入	1959年
州都	ジュノー
面積	153万693 km²
人口	56万5000人
著名な自然景観	マッキンリー山，グレーシャー湾国立公園
主要産業	天然ガス・原油生産，観光，漁業

アラスカはアメリカで最も大きな州であり，ハワイに次いで新しい州でもある．大陸の北西の端に位置し，ベーリング海峡をはさんでロシアと向き合う，原始の自然の広がる山の多い大地である．

3万年前にこのベーリング海峡を渡り，アメリカ大陸に最初の人間が入ってきたと考えられている．彼らの子孫であるイヌイット人やアリュート人は，現在でもアラスカの辺境に居住している．18世紀には最初のヨーロッパ人入植者がやはりロシアからやってきて，アラスカはロシアン・アメリカン会社に支配されるようになり，それは1867年，アメリカの国務長官ウィリアム・ヘンリー・シュワード(1801-72)の交渉によってこの地がロシアから買収されるまで続いた．

それ以来，莫大な鉱産資源や，トランスアラスカ石油パイプラインなどの巨大プロジェクトにより，アラスカは常に多くの移住者をひきつけ続けた．こうした中で州南部のアンカレジや中央部のフェアバンクスなどの町が都市に成長していった．しかし，州のほとんどの土地は，依然としてはてしなく壮大な原始の姿のままである．

ワシントン

ニックネーム	常緑樹の州
連邦加入	1889年
州都	オリンピア
面積	17万6479 km²
人口	461万2000人
著名な自然景観	レーニア山(カスケード山脈)，ピュージェット湾
主要産業	航空機，木材・製紙，食料品

16世紀の間，ヨーロッパの航海者はアジアに至る北西航路を探し続けていた．この試みは実らなかったが，彼らはアメリカの太平洋岸北西部の存在を発見することになった．

当初，現在のワシントン州にあたる地域は，オレゴン州の一部だった．オレゴン州はそれ1つで太平洋岸北西部の全体をなし，北の境界は1846年に設定され，現在のカナダ国境に沿っている．1830年代から1850年代にかけて，白人入植者が中西部からオレゴン・トレイルを通ってこの地域に移動してきた．カリフォルニアのゴールドラッシュは，建材の需要を大幅に増加させ，これによりワシントンは発展し，最終的に1853年に独立の州となった．1880年代の鉄道建設は急激な成長をもたらし，1890年代には，再び鉱夫や採鉱者の基地となったが，今度は彼らの目的地はカリフォルニアではなくアラスカやクロンダイクであった．20世紀には電力供給や灌漑，航路の改善のためコロンビア川のダム建設が行われた．

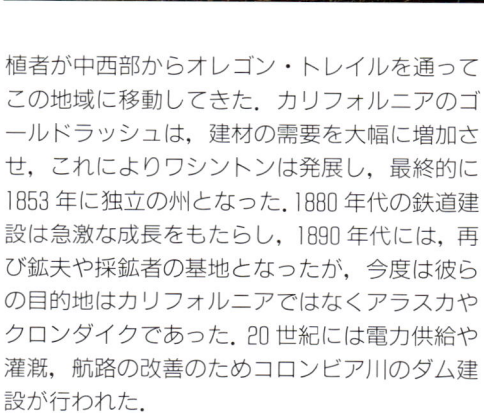

ワシントン州の今日の経済は，たとえば木材のような天然資源に大きく依存しているが，1980年のセント・ヘレンズ火山の噴火で森林の多くは深刻な被害を受けた．また，この州は合衆国の航空宇宙産業の主要な中心地でもあり，ピュージェット湾岸には数多くの軍事施設がみられる．

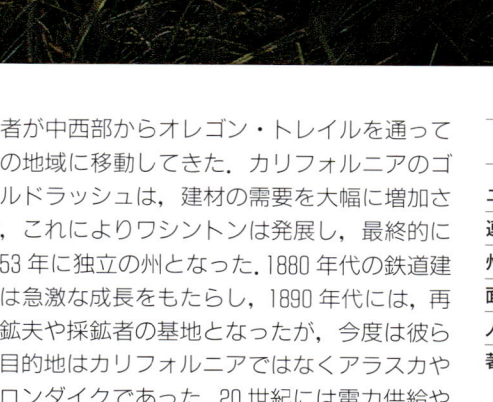

オレゴン

ニックネーム	日のしずむ州
連邦加入	1859年
州都	セーレム
面積	25万1418 km²
人口	275万人
著名な自然景観	フッド山(カスケード山脈)，クレーター・レーク国立公園，コロンビア川峡谷
主要産業	木材，機械，食料品

オレゴンは，深い森林の覆う高い山脈がそびえ，深い谷や峡谷に刻まれた高原や平野が広がるドラマチックな景観をもっている．東部には砂漠が広がる一方，西部と北東部の森林は，この地に大きな恵みをもたらしている．

この地域は16世紀にはイギリスとスペインの双方が領有を主張していた．しかし，この地域に広く居住していたアメリカ先住民諸部族は，このころはそれほど大きな影響を受けるこ

アメリカ合衆国

巨大な山脈(上) ワシントン州にあるカスケード山脈の切り立った山腹は断層の活動で盛り上がったものである．このような断層は太平洋岸のすべての州における地震や火山活動の原因となる．

北の原始の自然(左) アラスカの湖や湿地，野生動物の安息の場は，地球に残された最後の手つかずの自然のひとつである．奥に見えるマッキンリー山は北アメリカ最高峰であり，デナリ国立公園内にあり，生物圏保護区となっている．

とはなかった．彼らの生活が脅かされるようになるのは 1792 年，ロバート・グレイ (1755-1806) がコロンビア川経由で西からやってきてからのことである．しかし，まもなく毛皮商人が東からやってきて，1811 年にはジョン・ジェイコブ・アスター (1763-1848) がアストリアの交易所を設立し，白人の入植に道を開いた．続く数十年で，オレゴン・トレイルを通って開拓者として入植する人々の流れはどんどん大きくなっていき，そのほとんどがカスケード山脈と海岸山脈の間のウィリアメット・ヴァレーに定住した．1842 年にイギリスはオレゴンの領有を主張するのをやめ，この地はのちに連邦の 33 番目の州となった．

オレゴンはその繁栄を農業と林業に頼っており，早い時期に自動車排気ガスの厳しい規制を導入した州のひとつである．1980 年には隣州ワシントンのセント・ヘレンズ火山の噴火による灰により，この州の環境は甚大な被害を受けた．しかし州の経済はここ数十年で多様化していたため，予想よりは影響は小さかった．観光はしだいに州の重要な産業になりつつある．

ポートランド，オレゴン(左) 州最大の都市であり主要港，そして文化・教育の中心でもある．ゴールドラッシュの起こった西海岸に物資を供給する港として，19 世紀半ばに成長した．

カリフォルニア

ニックネーム	黄金の州
連邦加入	1850 年
州都	サクラメント
面積	41 万 1047 km²
人口	2860 万 7000 人
著名な自然景観	ヨセミテ国立公園(シエラ・ネヴァダ)，デス・ヴァレー，タホ湖
主要産業	食料品，航空機，観光，マイクロエレクトロニクス

カリフォルニアはアメリカで最も人口が多く，その経済力は世界の主要国に匹敵するものである．自動車交通が世界で最も集中し，長大な高速道路網をもち，その結果として公害問題を抱えているが，18 世紀後半までは未開の荒野であった．

1542 年にスペイン人航海士ホワン・ロドリゲス・カブリーリョ (1543 年没) がヨーロッパ人としては初めてカリフォルニアの海岸を確認した．しかし，スペイン政府の最初の探検隊が到着したのは 1769 年のことであった．これとまさに同じ年に，スペイン人のフランシスコ会修道士フニペロ・セラ (1713-84) が，カリフォルニア中部，モントレーの険しい海岸に修道院を設立した．

1821 年にメキシコはスペインから独立をかちとり，その後 20 年の間にメキシコ人の入植が増えてアメリカ先住民を追い出し，修道会の農場だった土地を手にいれた．しかしその一方で，東部の白人もこの地域への入植を始めていた．そして 1848 年に，メキシコとの短期間の戦争のあと，この領土はアメリカに譲渡された．それからわずか 1 年後，サクラメントの東に金鉱が

アメリカ合衆国の諸州

発見され，これまでとは比較にならない数の採鉱者や入植者が流入することとなった．

この州は南北戦争では連邦政府のもとにとどまった．東部からの移住の波で，内陸の谷に農民が入っていく一方で，都市の工業化も進行していった．この間，ロサンゼルス近郊のハリウッドは映画・テレビ産業の世界一の中心に成長した．1860年から1960年までの間，カリフォルニアの人口は20年ごとに倍になる勢いで急増し，その民族構成は非常に複雑である．スペイン語人口が多いのをはじめとして中国系，ベトナム系，アメリカ先住民系，アフリカ系が混住している．また，人口の90％以上が都市住民である．

今日のカリフォルニアは，単に全米で最も農業が盛んな州というだけではない．膨大な石油の埋蔵，成長産業，巨額の観光収入にも恵まれている．サンフランシスコ湾の南に位置するシリコン・ヴァレーはマイクロエレクトロニクスの分野で有名になった．また，この州の中部以南をサン・アンドレアス断層が走っており，地震が起こりやすい地域となっている．断層に沿った地核変動により，1906年にはサンフランシスコ地震に見舞われており，1989年にも大地震が起こっている．

ハワイ

ニックネーム	アロハ州
連邦加入	1959年
州都	ホノルル
面積	1万6760 km²
人口	112万1000人
著名な自然景観	マウナ・ケア(島しょ部世界最高峰)，マウナ・ロア
主要産業	観光，食料品，国防産業

ハワイはアメリカの州の中で最も遠く離れており，おそらく最も特異な州だろう．カリフォルニアの海岸から南西に約3800 km離れた太平洋上にあり，険しい火山島の連なりからなっている．州の名称は一番大きな島からとったものである．

今からおよそ1500年前，ハワイ諸島に初めて住みついたのはポリネシア人であった．ヨーロッパ人の最初の訪問者は1778年のイギリス人探検家トーマス・クック(1728-79)であり，彼はこの島々をサンドウィッチ諸島と呼んだ．1795年頃には島々は勇猛な武人君主カメハメハ1世(1758-1819)の支配のもと初めて統一された．しかしその後ヨーロッパ人の植民が進み，後継者のカメハメハ3世(1814-54)治世の1851年，これらの島々はアメリカ合衆国の保護下に入った．先住民の人口は，ほかにも理由はあるが，とりわけ外から持ち込まれた病気によって大きく減少した．新しく入ってくる入植者は多く，

サンフランシスコのゴールデン・ゲート・ブリッジ(一番上) 背景にはヨットが湾内をゆっくりと走り，街のスカイラインが輝いている．カリフォルニアののんびりした生活の背後にある激しい商業活動を思い起こさせるものである．

ハリウッド文化の肖像(上) ロサンゼルスのグローマンズ・チャイニーズ・シアター外側の歩道に残された映画スターの手形と足跡．

ハワイの美しい砂浜(右) 膨大な数の観光客をひきつけ，人々は浜辺で泳いだり，サーフィンをしたり，日光浴をしたりして過ごす．内陸の方には壮観な火山活動や熱帯の鳥類など，ほかの魅力がある．

とくに東アジアからの人々が目立った．現在ではポリネシア人の子孫よりも日系人の方が多い．

アメリカの影響はしだいに大きくなり，ついに1900年ハワイ諸島は合衆国に併合された．真珠湾には巨大な海軍基地が置かれたが，これが1941年に日本の攻撃のターゲットとなり，アメリカが第2次世界大戦に参戦するきっかけとなったのである．ハワイはすでに十分アメリカらしい性格をもち，50番目の州として統合されるのは当然の帰結であった．

ハワイには砂糖の精製をはじめいくつかの産業があるが，最大の資産はその自然美である．気候は熱帯の強い日差しと穏やかな天候の両方を合わせもっている．降雨はしばしば激しいが，緑豊かな森林が育つ源である．それは，多くはいまだに活発な活動を続けている壮観な火山の斜面を覆う．大気が澄んでおり空には雲がないため，火山の斜面上部は天体観測に理想的な場所となっている．この島々が観光客にとって大きな魅力であることはいうまでもなく，毎年何百万人ものアメリカ本土の人々がポリネシアの雰囲気を味わいにやってくる．

アイダホ

ニックネーム	宝石の州
連邦加入	1890年
州都	ボイシ
面積	21万6430 km²
人口	101万3000人
著名な自然景観	ヘルズ・キャニオン，国定記念物月のクレーター，ショション滝
主要産業	食料品，木材，化学

アイダホはアメリカの北西に位置し，北の短い境界線はカナダに接している．中央にはロッキー山脈がそびえ，南のスネーク・リヴァー平野には奇妙な溶岩地形がみられる．

ショショニ族のようなアメリカ先住民は，少なくとも1万年以上前からこの地で狩猟・採集の生活を営んでおり，彼らの子孫は現在でもこの地域に居住している．アイダホはもともとはオレゴンの一部であり，1846年の条約によってイギリスから獲得されたものである．最初に住み着いたのは金の採鉱者で，のちに南北戦争に敗れた南部同盟派の人々が流入してきた．モルモン教徒も東部から迫害を逃れて多数この地に入った．彼らが州の発展に果たした役割は大きく，いまでも南東部では住民の多数派となっている．

アイダホでは，製造業が成長しているものの規模は小さく，やはり全体としては農業地域の性質が強い．ジャガイモの生産量が非常に多く，ほかには小麦，木材が有名である．

ネヴァダ

ニックネーム	銀の州
連邦加入	1864年
州都	カーソン・シティ
面積	28万6352 km²
人口	104万9000人
著名な自然景観	バウンダリー山，カーソン窪地，ミード湖（ボールダー・キャニオン）
主要産業	観光，金・鉱物採掘，エレクトロニクス，化学

ネヴァダはシエラ・ネヴァダ山脈（州名はこれにちなむ）の東に位置する．この州はきわめて対照的な2つの側面をもっている．土地のほとんどが乾燥した不毛の地であり，人口希薄であるという側面と，それにもかかわらず全米でも最も裕福な州のひとつであるという側面である．この富を生み出しているのは，しばしば非難的となるこの州特有の事情である．

先住民は2万年以上も昔からこの地域に住んでいる．ヨーロッパ人の初期の入植は，18世紀から19世紀初頭におけるスペインの修道士とカナダの毛皮商人であった．それに続いてジョン・チャールズ・フレモン(1813-56)のようなアメリカ人探検家が入り，開拓者や採鉱者に西部への道を開いた．1848年にはこの地域はメキシコからアメリカに譲渡された．1859年のコムストック・ロードの発見はシルバーラッシュを引き起こし，多くの移住者が流入した．しかし1870年代の通貨改革で銀の産出は劇的に落込み，牛の放牧がそれにとって代わったが，それもまもなく衰退し，あとに残ったのはたくさんの空っぽのゴーストタウンであった．鉱業と牧畜は20世紀はじめには復興したが，結局1929年の大恐慌によって空しく消え去ってしまった．

1930年代初めに州議会を通過した法律は，賭博と売春を合法化し，結婚と離婚に関する法的手続きを最小限にするものであり，これをきっかけにアメリカ各地からの投資が集中するようになった．南のラス・ヴェガスや東のリーノには豪華なホテル，夜遊び用の産業，カジノが立地し，その周囲の景色のよい地域は大きなリゾート地として成長した．このように法律制定の結果観光ブームが生じ，この地域に急激に富をもたらした．他方ではコロラド川のフーバー（ボールダー）ダムから安価な電力が得られるようになったこと，さらに鉱床が発見されたことによって，ほかの産業も発展した．人口のほとんどはラス・ヴェガス，リーノの両地域に集中しており，残りの広大な土地は，核実験場を含め，軍事施設や民間防衛施設に理想的な環境を提供してきた．

ギャンブラーの天国　ラス・ヴェガスは1850年代にモルモン教徒の定住地として始まり，その後砂漠の中で農業を行う小さな町となった．現在は，賭博を自由化する州の法律により，毎年カジノに大勢の人が訪れる．

モンタナ

ニックネーム	宝の州
連邦加入	1889年
州都	ヘレナ
面積	38万847 km²
人口	80万8000人
著名な自然景観	グラニット山（ロッキー山脈），グレーシャー国立公園
主要産業	食料品，銅，石油，製材

1862年，ロッキー山脈北部のバナックで金鉱が発見され，採鉱者や一獲千金を狙う人々の群れをひきつけた．2年後，モンタナ地方が成立し，最初の放牧業者が入って，東部の緩やかな起伏のある広大な土地で大規模な牧畜を始めた．

アメリカ合衆国の諸州

過去に対する誇り（上）　モンタナにおいては西部のフロンティアの町がこのように再建されており，孤立した開拓の町の自給自足精神が保たれている．バーや公衆浴場が立ち並んでいる．

湖面に映える美しい景観（右）　針葉樹の黒い森と金色に輝くポプラの森が，雪を被った壮大なマルーン・ベルズの峰に迫る．この山はコロラドの有名なスキーリゾート，アスペンの近くにあるマルーン湖の上にそびえる．

　アメリカ先住民は彼らの狩猟地を守るため激しく戦った．スー族やシャイアン族の名は伝説となり，彼らが最後に勝利した戦場であるモンタナ南東部のビッグホーン（1876）や南西部のビッグホール・ベースン（1877）といった地名とともに語り継がれている．しかしまもなく，彼らはアメリカの軍隊に敗れ，これによって白人の植民に道が開かれた．

　合衆国は1803年にルイジアナ購入の一部としてこの地方を手にいれたが，1862年のゴールドラッシュまでほとんど開発は行われなかった．先住民の人口が大幅に減少するにつれ，入植者は金よりも，巨大な銅の鉱床に目を向けるようになった．1909年以降，土地を求めて北ヨーロッパから大量の移民ホームステッダー［自作農1戸当たり160エーカーを与える入植者法（1862年制定）による入植者］が流入したが，1920年代の深刻な干ばつにより，このような新しい農民の多くが生活の糧を失った．

　農業と鉱業が2つの大きな柱としてこの州の経済を支えている．主要な作物は小麦，大麦，テンサイで，銅をはじめとして，鉛，銀，リンなど，さまざまな鉱物が産出されている．ドラマチックな景観や，歴史的な古戦場に魅せられてこの州を訪れる観光客も増加している．

ワイオミング

ニックネーム	平等の州
連邦加入	1890年
州都	シャイアン
面積	25万3324 km²
人口	50万3000人
著名な自然景観	イエローストーン国立公園，グランドティートン国立公園
主要産業	石油，ガス，石炭，観光，食料品

　合衆国が，1803年ルイジアナ購入の一部としてこの地域をフランスから手に入れたとき，ここはまだアラパホ族やショショニ族が住む，山の連なる荒野であった．何年もの間，ワイオミングの乾燥した大平原や山々は入植を妨げ，ここはオレゴンやオーバーランド・トレイルを通って西へ向かう際，人々が一時的に立ち寄るところでしかなかった．しかし，電信と鉄道が到来してから，アラパホ族やショショニ族は土地を失い，狩猟場を侵されるようになり，彼らは報復のため攻撃的になった．だが1869年には，こうしたアメリカ先住民のほとんどがロッキーの東斜面にあるウィンド川保留地に追いやられてしまった．

　鉄道が開通してまっ先に移住してきたのは放牧業者で，現在でも州の中で牧草地の占める面積は大きい．しかし，主力産業は鉱業と石油生産であり，豊富なウランと水力発電によって，主要な電力供給地となっている．また，ワイオミングは国立公園を初めて指定した州であり，観光によって恩恵を受けてきた．さらに婦人参政権が最初に認められたため，この州は平等の州というニックネームで呼ばれている．

年代までには，モルモン教徒は強固で安定したコミュニティを確立した．それは農業を基礎とするものだが，小規模な協同組合事業も行っていた．モルモン教を非難する合衆国議会は，州昇格をめざす再三の要求を退けたが，ついに1896年，一夫多妻制が廃止され，モルモン教会と政治権力が切りはなされたことで州に昇格した．しかし依然としてその社会的影響力は大きく，勤労を重んじる道徳と相互扶助の伝統は，この州の商工業発展の大きな原動力となっている．

今日でもモルモン教の影響は続いているが，黒人が教徒になることを許されるなど，実際的な"啓示"によって自由主義的になっている．ユタの有名な観光地や，財政・商業の中心地である首都ソルト・レーク・シティの繁栄は，モルモン教徒の現世における成功を証明している

コロラド

ニックネーム	100年祭の州
連邦加入	1876年
州都	デンヴァー
面積	26万9594 km²
人口	339万3000人
著名な自然景観	エルバート山（ロッキー山脈），ブラック・キャニオン，ガーデン・オブ・ザ・ゴッド
主要産業	マイクロエレクトロニクス，食料品，機械

のである．

コロラドはロッキー山脈にまたがって広がっており，典型的な西部の州である．メサバードの岩窟居住民からシャイアン族やアラパホ族といった平原の民に至るまで，さまざまなアメリカ先住民のふるさとである．のちに彼らの土地はスペインの侵入で荒され，スペイン人はこの地域を，赤みがかった岩石にちなんでコロラド（赤いという意味）と名づけた．

フランスに併合された東部は，1803年のルイジアナ購入の際に買い取ったもので，西部は1848年にメキシコから割譲されたものである．1859年のゴールドラッシュの際には大量の入植者が流入し，フロンティアの町が多数形成された．このため食料の需要が増え，それが刺激となって灌漑農業が発展し，バッファローが絶滅したのちの土地には牛や羊の放牧地が広がった．19世紀後半には豊かな鉱産資源が発見され，この新しい州は重要な工業地域となった．

近年では，コロラドの従来の工業は衰退傾向にあり，先端的なコンピューターや航空宇宙産業にある程度転換してきている．また，この州はロッキーの壮大な景観美や，アスペンのようなスキーに理想的なリゾート地に恵まれており，観光業が急速に成長している．

ユタ

ニックネーム	蜜蜂の巣の州
連邦加入	1896年
州都	ソルト・レーク・シティ
面積	21万9887 km²
人口	175万人
著名な自然景観	グレート・ソルト湖，キャニオンランズ国立公園，パウエル湖
主要産業	兵器，エレクトロニクス，食料品，観光

ユタは全体として乾燥した不毛で厳しい土地であるが，その風土は忍耐強い人々を育て，独特の文化を生み出した．その最も早いものは400年頃のアナサジ族，すなわち，いわゆるプエブロである．彼らの社会は18世紀にスペイン人探検家が到来するはるか以前に衰えたが，険しい崖上の集落は，陶器や壁画の文化とともに，いまも細々と息づいている．彼らの土地に代わって入り込んだのはナバホ族とユテ族で，その子孫の多くは現在でも州内に居住している．

1848年，アメリカはメキシコからこの地域を獲得し，併合した．この頃，末日聖徒教会の人々，いわゆるモルモン教徒が型破りの教義──その中で最もよく知られているのは一夫多妻制である──を興し，迫害を受けていた．そこで1847年に，ブリガム・ヤング（1801-77）が砂漠を楽園に変える使命を唱え，彼に導かれて教徒たちの幌馬車隊はグレート・ソルト・レーク・ヴァレーにやってきた．彼らは情熱的な使命感をもって絶え間ない労働を働きぬき，広大な土地が灌漑され，ヤングの計画は15年も経たずに達成された．

アメリカ先住民は直接迫害されることはほとんどなかったが，食料が不足したため衝突が起こり，結局保留地に移り住むことになった．1890

アメリカ合衆国の諸州

アリゾナ

ニックネーム	グランド・キャニオンの州
連邦加入	1912 年
州都	フェニックス
面積	29 万 5259 km²
人口	364 万 9000 人
著名な自然景観	グランド・キャニオン，ペインテッド砂漠，ペトリファイド・フォレスト国立公園
主要産業	エレクトロニクス，観光，銅

アリゾナはアメリカの州の中でも最も新しいもののひとつであるが，その居住の歴史は古い．アナサジ族やホノカム族といった先住民は，この乾燥した，しかし美しい土地に 2 万 5000 年以上も昔から生活している．彼らに代わって，アパッチ族とナバホ族がスペイン人が到来する少し前にやってきた．この地域は 1848 年まではスペイン領で，その後アメリカに併合された．そしてさらに 1853 年のガズデン購入により辺境の領土が加わった．アリゾナは西部における数多くの伝説の舞台となった．たとえば，トゥームストーンはあの悪名高い OK 牧場の決闘の地である．

1970 年代には，アリゾナの人口はアメリカのほかの地域からやってくる人々によって倍増した．彼らは温暖な気候や，ツーソンやフェニックスといった都市での雇用機会を求めて移住してきたのである．しかしほとんどの地域は依然として人口希薄である．アメリカ先住民の人口はほかの多くの州より多いものの，それでもスペイン語人口の方がはるかに優っている．

巨大な山々が平野から一気にそそり立つ壮大な景観は，アリゾナの貴重な財産である．いくつもの国立公園は，この州における観光業の繁栄の基礎となっている．

ニューメキシコ

ニックネーム	魅惑の土地
連邦加入	1912 年
州都	サンタ・フェ
面積	31 万 4924 km²
人口	159 万 5000 人
著名な自然景観	ホイーラー山(ロッキー山脈)，カールスバード・キャバーンズ
主要産業	鉱産資源，観光，食料品

ニューメキシコの居住の歴史は古い．岩窟居住民の遺跡は，プエブロに農耕文化があったことを証明している．遊牧民のナバホ族とアパッチ族がこの地に入ってきたのは，スペインが入ってくる数世紀前でしかない．1540 年には，フランシスコ・バスケス・デ・コロナド(1510-54)が伝説の"七つのエルドラド"を探してやってきたが，発見できずに立ち去った．17 世紀初め，ホワン・デ・オナテ(1550-1630)により，初めてのヨーロッパ人居住地が建設され，その中には 1610 年にできたサンタ・フェが含まれている．この入植地は，のちに白人移住者から生活を守ろうとしたアメリカ先住民によって破壊された．18 世紀にスペインがこの地を再び統治するようになり，1821 年にはメキシコの一部となった．

東部は 1845 年にアメリカに併合された．それに続くメキシコ戦争の間に地域全体がアメリカ西部軍に占領されたが，正式にメキシコがこの地域をアメリカに譲渡したのは 1848 年のことであった．ナバホ族やアパッチ族との紛争は西部の伝説をさらに盛りたてた．しかし 1880 年には鉄道が到達し，白人移住者の大波が押し寄せるようになった．

第 2 次世界大戦中，サンタ・フェの北東にあるロスアラモスで原子爆弾が開発された．科学的な研究開発はいまでもこの地域の重要な活動である．農業は降水量が少ないため限界があるが，放牧は大きな地位を占める．人口の 1/3 以上がスペイン系で，その半数はメキシコ系アメリカ人となっており，スペイン語は州の第 2 の公用語である．この州を訪れる観光客は多く，陶器類やブランケット，銀細工などアメリカ先住民やメキシコの工芸品を扱うマーケットが賑わっている．

オクラホマ

ニックネーム	抜けがけ屋の州
連邦加入	1907 年
州都	オクラホマ・シティ
面積	18 万 1185 km²
人口	328 万 5000 人
著名な自然景観	ブラック・メサ(パンハンドル)，フィチタ山地
主要産業	機械，石油，金属

オクラホマの範囲は，1803 年にアメリカがフランスから買収したルイジアナの一部である．1828 年にアメリカ議会は，ここを 5 つの共和国

アメリカ合衆国

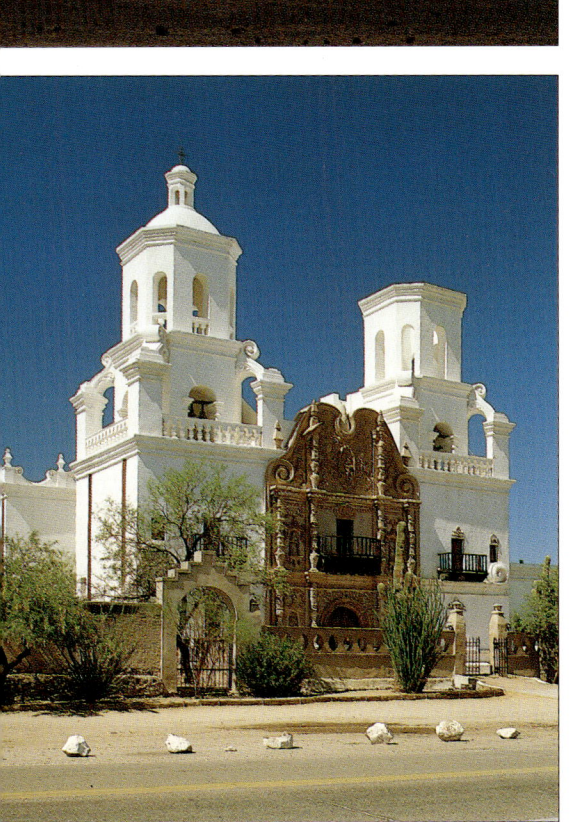

モニュメント・ヴァレー,アリゾナ(左) ビュートとメサは,赤い砂岩でできた自然の彫刻である.この荒涼とした,しかし美しい土地は,ナバホ族の祖先のふるさとであり,現在では彼らの指定居住地がある.

アラモ砦(右) テキサスのサン・アントニオにある,大きな伝説の舞台となった小さな寺院である.ここはまさに,1836年に,小さな義勇軍部隊——とくにその中のデビー・クロケット(1786-1836)の名が知られている——がテキサスの独立を守るために命を捧げた場所である.

華やかなファサード(左下) アリゾナのツーソンにある,サン・ザビエル・デル・バク仏道教会にあるものである.1700年にスペイン人のイエズス会信徒によって設立され,今日までアメリカ先住民のパガゴ族に布教を行ってきた.

からなるインディアン地方とし,先住民だけに居住を許す地域とした.これが,チャクトー語で"赤い人"を意味するオクラホマという名でしだいに知られるようになった.南北戦争中,アメリカ先住民は北軍とは結ばず,南軍側についたが,このことは不幸な結果を呼んだ.1889年,議会はホームステッダーたちがインディアン地方を開拓して農業を営むことを認め,オクラホマには土地を求める人々の洪水が押し寄せたのである.今日ではアメリカ先住民は人口の中のほんの少数派であるが,おそらくここはアメリカの中で最も彼らが社会にとけこんでいるところであろう.

鉱山開発ブームによってやってきた移住者もあるが,この新しい州の一番重要な産業はやはり農業であった.しかし1930年代の干ばつで多くの農民が土地と仕事を失い,農業に代わって大きな油田の発見が新たな富をもたらすことになった.現在のオクラホマは,豊富な地下資源をそのまま供給するのではなく,工業化が進んでいる州である.

テキサス

ニックネーム	一つ星の州
連邦加入	1845年
州都	オースティン
面積	69万1027 km²
人口	1745万1000人
著名な自然景観	リヴァーモア山地,グアダループ山,ビッグ・ベント国立公園
主要産業	石油,機械,食料品,衣類

テキサスは本土の48州の中では最大の面積をもつ州である.その大きさと独特の性格は,外国人が抱く典型的なイメージを形づくるのに大きな役割を果たしている.広大な沖積平野が内陸からメキシコ湾岸にかけて広がっており,それは北に向かって徐々に高度を上げてグレート・プレーンズに至っている.メキシコに接する南西の国境はリオ・グランデ川で,西部の乾燥した丘陵地を流れ下っている.

最初のスペイン人探検家が到着したとき,この地はアメリカ先住民が疎らに住んでいるだけであった.アメリカは1803年のルイジアナ購入に続いて領有を主張したが,その後もスペインは支配を続けた.1833年には,メキシコでクーデターが起こったのを契機に,テキサスの人々はイギリス系アメリカ人の入植者に導かれて反乱を起こし,独立を宣言した.1836年,テキサス中南部サン・アントニオにおける有名なアラモ砦包囲のあと,テキサスは東部のサン・ジャチントでメキシコ軍に壊滅的打撃を与えた.9年後,テキサス共和国はアメリカに併合され,メキシコの抵抗は最終的に1847年に終息した.

テキサスは1861年に合衆国を脱退し,その再建時代の間は軍政下におかれた.続く1870年代から1880年代にかけてアメリカ先住民は強制的にこの地域を追われた.鉄道の建設によってこの地域への入植は容易になり,その結果,牧畜業ブームが起こって,典型的な"西部"というテキサスのイメージが形づくられた.

1901年の石油の発見はさらに大きなブームを呼び,この中で東部のヒューストンとダラスは世界的にみても最も繁栄している都市となった.これに続いて,他にも幅広い業種の産業が起こり,テキサスは製造業の一大中心地となっていった.しかし,綿花栽培と牧畜を中心に,農業の重要性は依然として高い.テキサスの経済はこれまで何回も不況を経験しつつも,そのたびに回復してきた.近年はエレクトロニクスや消費財生産という重要な業種が成長してきている.

アメリカ合衆国の諸州

ノース・ダコタ

ニックネーム	ハタリスの州
連邦加入	1889 年
州都	ビスマーク
面積	18 万 3117 km²
人口	66 万 4000 人
著名な自然景観	ノース・ダコタ・バッドランズ，ミズーリ川，サカカウェア湖
主要産業	食料品，石油，農業機械

ノース・ダコタは農産物の主産地である．北に位置するため冷涼，半乾燥の気候であり，春小麦栽培と牧畜に理想的な自然条件となっている．

この地域に到着した最初のヨーロッパ人は，1740 年頃のフランス領カナダ人，ラ・ヴェランドリの人ピエール・ゴルチエ・ド・ヴァレンヌ(1685-1749)であった．そしてまもなくカナダ人商人が定期的に訪れるようになった．フランスは 1803 年にはこの地域に関する権利をルイジアナ購入の一部として合衆国に売却した．アメリカ先住民は白人商人の供給する品物に依存するようになったばかりか，天然痘のような白人が持ち込んだ病気にきわめてかかりやすかった．金採鉱者はミズーリ川に沿って北西に進み，アメリカ先住民の土地に侵入したため深刻な衝突が起こるようになった．

1871 年の鉄道開通により，膨大な入植者の波が押し寄せ農業ブームがわき起こった．1889 年にダコタ地方は分割され，南北両方のダコタが同時に連邦に加わることになった．農業はつねに重視され，当初は政策により，そしてのちには協同組合運動によって保護された．

農業はいまでも経済を支配しており，産業の多くは農業関連のものである．しかしその一方で，現在のノース・ダコタは石油の生産と水力発電量が非常に多い州でもある．

サウス・ダコタ

ニックネーム	コヨーテの州
連邦加入	1889 年
州都	ピーア
面積	19 万 9730 km²
人口	70 万 8000 人
著名な自然景観	ラシュモア山(ブラック・ヒルズ山地)，バッドランズ国立公園，
主要産業	食料品，機械，エレクトロニクス

サウス・ダコタは 1889 年にノースダコタと分かれ，その 15 年後に西部で金鉱が発見された．場所はティートン・ダコタ族との条約によりヨーロッパ人の入植が禁じられたブラック・ヒルズだった．しかしアメリカ先住民たちは戦いに敗れ，1877 年その地域を手放さざるを得なくなった．それからまもなく，ラピッド・シティ近くまで入った貨物と駅馬車の路線が，東部からの採鉱者や入植者を絶え間なく運んでくるようになった．1878 年から 1887 年までの間にこの地方の人口は 4 倍になり，その結果としてサウス・ダコタは独立した州になることを要求し，そして最終的にそれを達成した．

ブラック・ヒルズは金鉱があるだけでなく，牧草地にも適しており，1889 年にはさらに西の方の土地が得られるようになった．まずやってきたのは牧畜業者だったが，1900 年代初めにはホームステッダーたちが入って牧草地を分割し，この中でアメリカ先住民の土地はますます失われていった．以来干ばつと不況に苦しんできたものの，農業はいまもこの州の一番の収入源である．しかし製造業と観光を中心に，ほかの産業も成長を続けている．

カンザス

ニックネーム	ヒマワリの州
連邦加入	1861 年
州都	トピカ
面積	21 万 3096 km²
人口	248 万 5000 人
著名な自然景観	キャッスル・ロック，ホース・シーフ・キャニオン
主要産業	食料品，航空機，農業機械

カンザスはアメリカ合衆国の地理的中心に位置している．恐竜が棲息していた時代には浅い内陸湖の底だったため，大部分が平坦な土地となっている．

ヨーロッパ人がやってくるまで，この地にはアメリカ先住民が居住しており，プレーリーを走り回るバッファローを追って生活していた．しかし 1850 年代ごろにはバッファローはほとんど滅び，アメリカ先住民は食料を失い，毛皮は東部に輸出されるようになった．カンザス州は 1803 年のルイジアナ購入のときに手に入れた地域の一部であり，のちには奴隷問題をめぐって戦場となった．

最初この州は牧畜業に大きく依存していたが，ロシアからやってきたメノン派教徒の移住者が耐寒性小麦の新品種を導入し，広大な小麦畑が開かれた．しかし，1930 年代には，そうした畑の多くは，過耕作が原因で砂嵐の舞う悪名高い砂漠になってしまった．カンザスは，それでもなお小麦の主産地であり，肉の生産の多い州である．工業は重要な産業であるが，ほとんどが農業関連である．

地球の年輪(上) サウス・ダコタのバッドランズにみられる露岩の層に刻まれている．この広大な乾燥した高地にみられる壮大な岩石の造形と深い谷は，ときどき起こる激しい豪雨によって形成された．通常の降水は，浸食を防ぐ植物を育てるには不十分である．

ラシュモア山(右) サウス・ダコタのブラックヒルズにあるこの山には，4 人のアメリカ大統領の顔が刻まれた，巨大な花崗岩のレリーフがある．(左から右へ)初代大統領ジョージ・ワシントン(1732-99)，第 3 代のトマス・ジェファソン(1743-1826)，第 26 代セオドア・ルーズヴェルト(1858-1919)，そして第 16 代アブラハム・リンカーン(1809-65)である．これらの彫像はそれぞれ高さ 18 m ある．

ミネソタ

ニックネーム	ホリネズミの州
連邦加入	1858年
州都	セント・ポール
面積	22万4329 km²
人口	429万8000人
著名な自然景観	ウッズ湖, ミネハハ滝（ミネアポリス）
主要産業	食料品, 木材, 鉄鋼石, 機械

ミネソタはかつて氷河の浸食を受け，その痕跡が現在各地に点在する湖となって残っており，緩やかな起伏のある広々としたプレーリーは肥沃な土に覆われている．

この地域はもともとチペワ族とスー族の住んでいた土地で，1803年のルイジアナ購入でアメリカの領土となった．1820年代に入植が始まったが，そのほとんどは膨大な硬木林の富にひきつけられてやってきたニューイングランドの人々だった．ミシシッピ川両岸の2つの大きな入植地が成長したのが，現在のミネアポリスとセント・ポールで，双子都市として有名である．

のちの入植者の多くはスカンジナビアやドイツからの人々で，肥沃なプレーリーの耕作は彼らによって始められた．その一方で北東部の鉄山が工業発展の基礎をつくった．20世紀には，大規模耕作の新しい手法が導入されて膨大な穀物畑が開かれ，ミネソタの繁栄は確実なものとなった．

商業と製造業はセント・ポールとミネアポリスの双子都市周辺に集中している．2つの都市は公園，大学，美術館をそなえた文化と観光の中心地でもある．

アイオワ

ニックネーム	鷹の目の州
連邦加入	1846年
州都	デ・モイン
面積	14万5752 km²
人口	278万人
著名な自然景観	オコボジ湖, 国定記念物エフィジー・マウンズ
主要産業	食料品, 農業機械, エレクトロニクス

中西部の州アイオワはミシシッピ川とミズーリ川の間，北アメリカ大陸のまさに中心に位置している．氷河期に丘陵地が浸食を受けたが，その背後には肥沃な土壌が残された．

この地域に最初に住んでいたのはスー族を初めとするアメリカ先住民の人々で，グレート・プレーンズにおける彼らの文化は，ヨーロッパから馬が持ち込まれて繁栄の頂点をきわめていた．最初にこの地域の領有を宣言したのはフランスであったが，1803年にアメリカが広大なルイジアナ植民地の一部として購入した．1830年代には州の東部地域がアメリカ先住民諸部族から買収され，アメリカ東部，さらには，のちのヨーロッパ中部からの植民に道を開いた．現在でもドイツ人やチェコ人のコミュニティが伝統的な独自性をもち続けている．

今日のアイオワは毎年大量の畜産物と農作物を生産する農業州であるが，それは決して後進地域であることを意味しない．デ・モインやスー・シティといった都市は近代的であり，アイオワ・シティのアイオワ大学のような名門校もある．

ネブラスカ

ニックネーム	トウモロコシの皮むき人の州
連邦加入	1867年
州都	リンカーン
面積	20万349 km²
人口	159万人
著名な自然景観	プラット川, ミズーリ川
主要産業	食料品, 機械, エレクトロニクス

ネブラスカはプレーリーの中心に位置し，重要な農業地域であるだけでなく，東部と西部を結ぶ交通・通信の要衝でもある．

1803年にアメリカはこの地域をルイジアナの一部としてフランスから購入した．まもなくアメリカ人探検家がミズーリ川に沿ってこの地を訪れ，毛皮交易のための道を開いた．1840年代にはプラット川河谷を通って多くの開拓者たちが西部に向かうようになっていた．鉄道開発業者はやがてネブラスカが農地として有望であることに気づき，1869年にユニオン・パシフィック鉄道の全線開通をみた．

ネブラスカの人口は州に昇格してから急速に増加し，入植者が西へ進むにつれ，アメリカ先住民の抵抗を追いやっていった．農業は1890年代には不振に陥り，20世紀初頭にはもりかえしたが，結局1929年の大恐慌で再び衰退してしまった．しかし現在でもなお産業の中心であり，食品加工業や化学工業といった産業に原料を供給している．プラット川河谷は古くから交通の要衝であるが，旅客や貨物の輸送，さまざまな通信手段の幹線としてのその重要性は，今日でも変わることなく維持されている．

ミズーリ

ニックネーム	疑い深い州
連邦加入	1821年
州都	ジェファーソン・シティ
面積	18万514 km²
人口	516万3000人
著名な自然景観	オザーク台地，ミズーリ川
主要産業	食料品，航空機，自動車，観光

ミズーリはその歴史を通じて，森林地帯とプレーリー，トウモロコシ地帯と綿花地帯，奴隷制擁護論と廃止論，東部と西部など，常に異質なものの狭間にあった．

ミズーリの名はアメリカ先住民の一部族に由来している．最初の入植地は1735年頃にフランス人の狩猟者と鉛採掘者が開いたサン・ジュヌビエーブであり，ミシシッピ川西岸にあった．1803年にこの地域はルイジアナ購入の一部としてアメリカに買収された．当初は人口の大部分はフランス人だったが，まもなくアメリカ人入植者の数が優るようになった．"ミズーリの妥協"ののち，1821年にミズーリは奴隷州として連邦に加わった．この妥協は西部地方へ奴隷制が拡大するのを規制する目的で議会が行ったもので，多くの論争をまきおこしたものである．数多くの人々が，この地域を通って西部の開拓に向かった．ミズーリは南北戦争の間，公式には連邦にとどまっていたが，人々の多くは南軍側で戦った．1865年に奴隷制は廃止されたが，1960年代までは人種差別が非常に激しいところであった．

19世紀終わり頃から，鉱業，林業，農業などこの州のもつ幅広い資源を基礎にした産業が発達し，経済は順調に成長していった．ここ数十年は金融・サービス部門が伸び，航空宇宙産業がその繁栄を確立した．

ウィスコンシン

ニックネーム	アナグマの州
連邦加入	1848年
州都	マディソン
面積	17万1496 km²
人口	480万3000人
著名な自然景観	ウィネベーゴ湖，ドア半島(ミシガン湖)，アポスル諸島(スペルオル湖)
主要産業	食料品，機械，金属，木材，紙

ウィスコンシンはかつては原生林に覆われ，そこにはウィネベーゴ族のようなアメリカ先住民が居住していた．現在では都市化・工業化が顕著に進んだ州である．

1634年にフランス人探検家ジャン・ニコレ(1698-1742)がヨーロッパ人として初めてこの地を訪れたが，本格的な入植地の建設は1717年まで待たねばならない．1763年にはこの地域全体がイギリスの支配下に入ったが，1783年にはアメリカに譲渡された．それからわずか4年ののち，ここは北西地方の一部となり，1800年にインディアナ地方を構成する地域のひとつとなった．

19世紀初頭には，おもに北西・中部ヨーロッパからの移民が継続的に流入し，1832年のブラック・ホークの戦いにおいてアメリカ先住民の抵抗は打ち砕かれた．1836年には独立したウィスコンシン地方となり，州に昇格したのはそれから12年後である．

ウィスコンシンは酪製品の主産地であるが，製造業と食品加工業は同じく重要な産業である．サービス業，とくに観光も経済の重要な位置を占めている．

イリノイ

ニックネーム	プレーリーの州
連邦加入	1818年
州都	スプリングフィールド
面積	14万9885 km²
人口	1159万9000人
著名な自然景観	イリノイ川，ミシシッピ川
主要産業	電機，エレクトロニクス，化学

イリノイはあらゆる意味で2つの州を1つにしたような性質をもっている．ミシガン湖のほとりにある大都市シカゴと，南部と西部に広がるプレーリーはまったく異なっており，この違いはシカゴの歴史と深くかかわっている．

フランス人探検家が1673年に到着したとき，ここはアルゴンキン人が居住しているのみであった．まもなくイリノイ川沿いにフランス人の入植地が建設され，さらに南の地域を探検するための基地となった．1763年にこの地域はイギリスに譲渡された．イギリスの支配下でアメリカ先住民の生活は破壊され，それが衝突のきっかけとなり，現地政府がないこの地域へのヨーロッパ人の入植は減少していった．ここは独立戦争中にアメリカに譲渡され，1790年頃には黒人の開拓者で商人のジャン・バプティスト・ポワン・デュ・サブル(1750-1818)がシカゴの町を建設した．1809年にインディアナ地方から分かれてイリノイ地方となり，その後入植が盛んになった．

アメリカ先住民との紛争は1832年のブラック・ホークの戦いで終わり，1848年の憲法により奴隷制は廃止された．南部の地域では同盟派が多かったが，この州は南北戦争中連邦にとどまった．当時の大統領アブラハム・リンカーン(1809-65)はその生涯の多くをイリノイで過ごしている．

シカゴは，南北戦争後の急激な工業の発達により繁栄し，ヨーロッパからの移民が職を求めて集中して，民族ごとにはっきりした住み分けをするようになった．また，開放された奴隷もこの街にひきつけられて南部諸州から数多く流入した．20世紀に入ってもここは過激な労働運動の中心地であった．1920年代から1930年代にかけての禁酒法時代には，酒の密売を行うギャングの抗争が激しく，暴力はこの街の代名詞となり，社会や文化に暗い影を落とした．同じ頃，イリノイ南部の農業地域では，反黒人の暴力組織クー・クラックス・クランの勢力が強くなっていた．

イリノイ北部と南部の違いは，いまでも非常にはっきりしている．農業は重要な産業であるが，工業，商業，保険，運輸が州の収入の大部分を占めている．シカゴのオヘア国際空港は，世界でも有数の発着数を誇る空港である．

ミシガン

ニックネーム	クズリの州
連邦加入	1837年
州都	ランシング
面積	25万1493 km²
人口	926万6000人
著名な自然景観	ミシガン湖砂丘，ヒューロン山地
主要産業	自動車，観光，機械，金属

　ミシガン州は大部分を五大湖にかこまれた大きな2つの半島からなっている．通常この州の名はアメリカの自動車産業に関連して取り上げられることが多いが，北部には広大な原生林があり，南部には緩やかな起伏の豊かな土地が広がっていて，中西部的な穀倉地帯というの姿も合わせもっている．

　この地に最初から居住していたのは，オジブア族やオタワ族などのアメリカ先住民であった．17世紀以来，フランス人の毛皮商人や宣教師が訪れるようになった．1760年にここはイギリスに譲渡され，独立戦争の終結までアメリカにおけるイギリス勢力の基地としての役割を果たした．1812年の戦争の間，イギリスは東部への連絡の良さを重視し，一時的にではあるが，デトロイトを再び占領した．それ以降道路や鉄道網が急速に整備され，1825年にはエリー運河が完成し，デトロイトからエリー湖を経由してニューヨークに至る航路が開かれた．こうしてミシガンの南東部にあるデトロイトは，西へ向かう多くの移住者が立ち寄る場所となり，多くはこの町の西に広がる豊かな土地に入植した．

　こうして，いまや豊富な鉄鉱石が五大湖を通って輸送できるようになり，また労働力が確保しやすくなったため，工業は急速に発展した．1899年にオールズ・モービル自動車会社が，さらには1903年にフォードとゼネラル・モーターズが設立されたときには，すでにデトロイトは製造業の基地として繁栄していたのである．この繁栄は1929年の大恐慌で一旦終息したが，第2次世界大戦後には回復した．

　現在は，アメリカの自動車産業の停滞により，ミシガンの工業は長びく不景気に悩まされている．また，黒人人口の多いこの地域では，黒人のさらなる増加により社会不安が生じ，1940年代と1960年代には大きな暴動が発生した．黒人コミュニティの独自の文化に起源をもつモータウン音楽が流行したのはちょうどこの頃であり，それはアメリカ国内のみならず，世界へと広がった．工業化による環境問題，中でも五大湖の汚染は現在非常に深刻なものとなっている．湖や森林を基盤とした観光業は，州の重要な産業であるが，こうした環境問題が大きな脅威を与えている．

インディアナ

ニックネーム	フージャーの州
連邦加入	1816年
州都	インディアナポリス
面積	9万4309 km²
人口	554万2000人
著名な自然景観	インディアナ砂丘（ミシガン湖）
主要産業	金属，輸送機器，機械，エレクトロニクス

　インディアナは，この州のモットーが示すように，"アメリカの十字路"に位置している．ミシガン湖からオハイオ川にわたって広がるこの地域は，北部と南部両方の性格を多数合わせもっている．土地のほとんどは緩やかな起伏をもつ平野であり，氷河が運んできた肥沃な土壌に覆われている．

　この地域にもともと住んでいたのはアルゴンキン人で，イロコイ族の侵入から土地を守るために，マイアミ同盟と呼ばれる組織を形成していた．最初の入植者はフランス人だったが，そののち領有権はイギリスにうつり，さらに1783年には生まれたばかりのアメリカ合衆国に譲渡された．以来交通路が発達して移住が容易になるにつれ，東部からのホームステッダーが入ってきて豊かな土地を開墾した．南北戦争によって北部は工業化し，南部を脱出してきた人々が流入してきた．彼らは連邦政府への強い不信感

ウィンディ・シティ（左） シカゴはニューヨークとロサンゼルスにつぐ，アメリカ第3の都市である．

デトロイト中心部の住宅地，ミシガン（下） デトロイトは活発な工業港であるとともに，自動車産業の世界的中心であり，秩序だった拡大を急速に遂げてきた．

アメリカ合衆国の諸州

と奴隷制をもち込み，この州の社会と政治に大きな影響を与えた．

現在のインディアナは工業が発達しており，大陸を横断する交通路の中枢であるため，環境の悪化がしばしば問題となる．しかし州の大部分，とくに南部の農業地域では比較的以前のままの環境が保たれている．

オハイオ

ニックネーム	トチノキの州
連邦加入	1803 年
州都	コロンバス
面積	11 万 5998 km²
人口	1078 万 7000 人
著名な自然景観	サンダスキー湾(エリー湖)，マイアミ川
主要産業	輸送機器，機械，金属

オハイオは独立時の 13 州と中西部の架け橋となる場所に位置し，アメリカ合衆国の 17 番目の州である．

先史時代，オハイオはホープウェル族のふるさとであった．古墳や土塁の発掘により，精巧な技術でつくられた加工品が発見され，彼らが高度に洗練された文化をもっていたことが明らかになった．18 世紀にはイギリスとフランスがこの地域の領有を争った．その後，最終的に合衆国の州となり，以来急速に移住者が増加したが，とくにスコットランドやアイルランド，ドイツ語圏出身の人々が多数を占めた．この州は，元来農業地域であったが，河川や運河などの水上交通路と鉄道が発達したため，東部からの交通の便がよくなり，とりわけ南北戦争後は急速に工業化していった．これによってエリー湖畔のクリーヴランドや，南のオハイオ川沿いのシンシナティなどの主要都市が急成長した．

現在のオハイオは製造業に重きを置きつつも，やはり豊かな農業地域としての側面ももっている．デイトンの町は，飛行機を発明したオーヴィルとウィルバーのライト兄弟(1871-1948，1867-1912)の故郷であり，このためこの州は昔から航空機産業にゆかりが深かった．石炭採掘などの伝統的な産業は衰えたが，それに代って電機製造といったほかの重工業が徐々に発展してきている．

メーン

ニックネーム	松の木の州
連邦加入	1820 年
州都	オーガスタ
面積	8 万 6156 km²
人口	120 万 3000 人
著名な自然景観	カターディン山，ムースヘッド湖
主要産業	林業，漁業，紙

メーンはカナダ国境に隣接した大西洋沿岸に位置している．その険しい海岸線は，ヨーロッパ人が初めて北アメリカに上陸したのを目撃したことであろう．彼らはグリーンランドからやってきたバイキングであるが，定住することはなかった．

15 世紀以来，この地域はイギリスとフランスの間で争われ，その入植者たちはここに住んでいたペノブスコット族やパサマコディ族の激しい抵抗にあった．最終的に 1763 年にイギリスが

ポートランドヘッド灯台(上)　ニューイングランドの中では面積が最も大きいメーン州沿岸のカスコ湾の岬にある．この海岸には無数の小島や岩のごつごつした入り江があり，漁業には危険が伴う．

フランスに勝利したが，この地域は 1763 年の戦争までマサチューセッツの一部だった．1812 年の"ミズーリの妥協"の際には，ミズーリが奴隷州であることとバランスをとってこの州は自由州となった．

メーンは土地がやせていて森林に深く覆われているため，農業の発達には限界があり，現在でもジャガイモがおもな農産物である．しかし 19 世紀に交通が発達するにつれて，木材や岩石，漁場といった豊かな資源がこの地域の産業の基礎となり，また安価な水力を利用してほかの産業も立地した．今日のメーンは，ニューイングランドの水準では繁栄しているとはいえないが，美しい自然が比較的残されており，観光業がこの州に恩恵をもたらしている．

ニューハンプシャー

ニックネーム	花崗岩の州
憲法批准	1788年
州都	コンコード
面積	2万4032 km²
人口	111万6000人
著名な自然景観	ワシントン山, ウィニペソーキー湖
主要産業	機械, エレクトロニクス, プラスチック, 観光

　ニューハンプシャーはニューイングランド北部にあり，17世紀にヨーロッパ人が初めて定住したところである．ここに船で到着したイギリス人のプロテスタントが，イングランドのハンプシャー州にちなんで彼らの新天地をこのように名づけた．1620年代に建設された初期の入植地の中に，ポーツマス（海岸沿い），エクセター，ドーバーなど，やはりイギリスの地名から名づけられたものがある．1719年からは，スコットランドとアイルランドの長老派の人々からなる第2波の移住者たちがやってきて，ロンドンデリーやダブリンといった町を建設した．

　ニューハンプシャーは，1679年にイギリスの植民地として成立したが，隣接する植民地との境界をめぐっての争いはつぎの世紀までもち越された．1774年にニューハンプシャーの人々はニューカッスルにおいてイギリスに果敢に抵抗し，フォート・ウイリアム・アンド・メリーを掌握した．独立戦争に大きく貢献したニューハンプシャーは，1776年，合衆国の独立宣言に数週間先立って独立を宣言した．

ヴァーモントの秋（下）　ウィンダム郡の首府ニューフェーンでは，ブナの木立が秋の色に染まっている．紅葉はヴァーモント全域の広大な森林に広がり，アメリカ全土からの観光客をひきつける．

　現在のニューハンプシャーは，直接民主制の伝統を堅持しており，各タウンでは毎年開かれているタウンミーティングが有名である．しかし，その一方ではここ数十年で新しい産業を積極的に取り入れ，電機やエレクトロニクス，プラスチックといった工業，さらには，サービス業が立地してきている．また，歴史の古い村や，美しい森林の景観，そして冬季には，スキー場を基礎にした観光も盛んである．

ヴァーモント

ニックネーム	緑の山の州
連邦加入	1791年
州都	モントピーリア
面積	2万4900 km²
人口	55万7000人
著名な自然景観	マンスフィールド山, シャンプレーン湖
主要産業	観光, 家具, 工作機械, マイクロエレクトロニクス

　ヴァーモントはアメリカの州の中では歴史が古く，また最も美しい州のひとつであり，秋の森林の紅葉はとくに有名である．サミュエル・ドゥ・シャンプラン（1567-1635）を初めとするフランス人探検家が最初に訪れたときには，この地域ではアメリカ先住民が獲物を追って生活していた．探検家たちは険しい斜面を覆っている深い常緑樹の森林をみて，ここをベール・モン，［フランス語で］緑の山と名づけた．

　この地域に最初の植民地を設立したのはフランスであったが，それは一時的で，18世紀にはイギリスとオランダが永続的な定住を始めた．続いて起こったフレンチ・インディアン戦争（1754-63）により，コネチカットとマサチューセッツから移住者がやってきた．そして隣接するニューヨークとニューハンプシャーがこの地の領有を争った．1770年にはイーザン・アレン（1738-89）が，土地の払い下げを受けたニューヨークの人々を追い出す目的でグリーン・マウンテン・ボーイズという名の武装集団を結成した．彼らは最初は独立革命を支持したが，新しく生まれた合衆国には激しく抵抗した．そして1777年，彼らは共和国としてのヴァーモントの独立を宣言し，それは1791年まで存続した．その後，大量の入植者が流入し，広範囲にわたって森林を開拓したが，ここの土壌は石が多く耕作が困難であった．そして1830年代までにはおおかたの入植者はさらに西部へと移っていき，結局森林は自然に回復し，彼らが開拓した土地を覆った．南北戦争のときには，ヴァーモントはペンシルヴェニア以北で戦闘を経験した唯一の州で，それはカナダに本拠を置く南軍の襲撃であった．

　ヴァーモントの産業は花崗岩と大理石の採石を除けば限られている．工業は家具生産などほとんど軽工業であるが，最近では精密機械・コンピューターもみられる．こうした状況を反映して，ヴァーモントの都市の規模は小さく，非常に農村的な性質をもっている．このような資質に加えて，位置的には人口の多い地域に近接しているため，避暑や冬のスキーなど，休暇を過ごす人気の場所となっている．またこの州は，全米の中でも非常に文化的生活に恵まれている．ミドルベリー，ベニンガム，マールボロといった有名な単科大学や，バーリントンのヴァーモント大学などがあるだけでなく，芸術・文学関係の団体が数多く存在し，活発な活動を行っている．

マサチューセッツ

ニックネーム	湾の州
憲法批准	1788年
州都	ボストン
面積	2万1455 km²
人口	586万3000人
著名な自然景観	コッド岬, マーサス・ビンヤード（島）
主要産業	電機, エレクトロニクス, 精密機械

　マサチューセッツはニューイングランドの大西洋岸に位置し，その歴史は古く，はなばなしいものである．多くのヨーロッパ人が訪れるようになる何世紀も前の1003年頃，バイキングの船乗りレイフ・エリクソンがここに上陸したと考えられている．その後ごく初期にここを訪れた者としては，1602年のバーソロミュー・ゴスノルド（1572-1605）や1605年のサミュエル・ドゥ・シャプラン（1567-1635）といった航海者があげられる．そして1620年には宗教上の理由で国を脱出した人々の一団がイングランド南西部からやってきて，プロヴィンスタウンに錨を降ろした．彼らの乗ってきた船の名はメイフラワー号といい，新天地プリマスへと旅立っていった．彼らは最初はアメリカ先住民と友好的な関係を築いたが，しだいに敵対するようになり，キング・フィリップの戦い（1675-76）における大量虐殺を招いた．この戦いの名はアメリカ先住民のリーダーの息子の名前から名づけられたものである．

　その歴史の早い時期から，マサチューセッツは農業よりも貿易や工業に依存しており，イギリスが貿易に関する制限を行ったことに対してこの地域は激しく反発した．そしてボストン虐殺（1770）やボストン茶会事件（1773）といった事件が起こり，独立運動において，植民地のリーダーとしての役割を果たすことになった．続いて起こった独立戦争では，多くの重大な戦闘がこのマサチューセッツの地で戦われ，さらに，合衆国憲法制定に至るひとつのプロセスとなった1786年のシェイの反乱も，この地で起こったものである．19世紀にはこの州はますます工業

アメリカ合衆国の諸州

化が進み，アイルランド人を筆頭とする多くの移民が労働力としてこれを支えた．他のニューイングランド諸州と同様，ここでも奴隷制廃止運動は盛んで，南北戦争では連邦側の立場を堅持した．

現在のマサチューセッツには，多くの過去の遺産が残っており，それは歴史の古い家系（プロパー・ボストニアン）の人々の富と影響力といったものから，アイルランド的伝統，たくさんの史跡や記念碑など，さまざまなものにみられる．しかしその一方では，これまでに世界各地から移民が流入してきた経緯を反映して，非常にコスモポリタン的な社会が形成されてきた．最近では伝統的な繊維産業は衰えたが，代って多くのハイテク産業が立地してその穴を埋めている．こうした産業は，国際的に有名なハーバード大学，ボストン大学，マサチューセッツ工科大学(MIT)などの学術研究機関に支えられている．

ボストンの旧州会議事堂，マサチューセッツ(下) 高層ビルの林立する市の中心にあり，植民地時代をしのばせている．現在のボストンにはアイルランド系，イタリア系，アフリカ系，プエルトリコ系のコミュニティがかなりみられる．

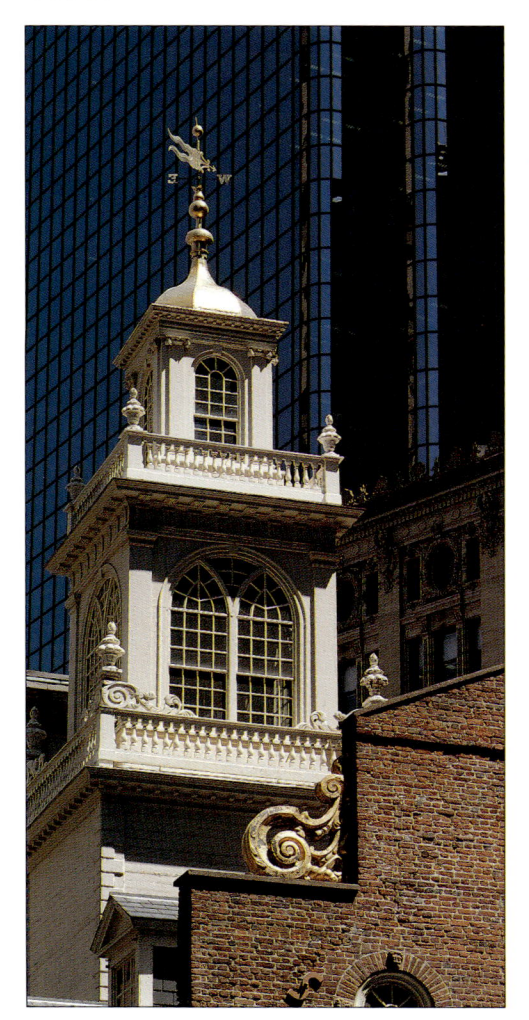

コネティカット

ニックネーム	憲法の州
憲法批准	1788 年
州都	ハートフォード
面積	1 万 2997 km²
人口	325 万 7000 人
著名な自然景観	コネティカット川，ロング・アイランド湾
主要産業	銃器類，保険，電機

コネティカットはニューヨークとボストンという2つの大都市にはさまれたニューイングランドの海岸沿いに位置し，アメリカの中でも歴史が古く，誇り高い州である．

ここの植民地は 1630 年代に，ピューリタンによって建設された．彼らはもともとはイギリスから渡ってきて，最初はマサチューセッツ湾に入植し，さらにそこから新しい土地を求めて移り住んできた人々だった．この植民地の人々は，先住のアルゴンキン人と非常によい関係を保っていた．入植者はおもに2つの地域，つまりコネティカット川河谷 (1633-35) と，セイブルックとニューヘブンの間の海岸に沿った細長い地域 (1635-38) に定住した．1662 年にイギリスの憲章により強い自治権が与えられ，以来ずっとコネティカットの市民は独立を尊重してきた．ジョージ・ワシントン (1732-99) が率いるアメリカ軍の本拠はニューヨークであったが，1776 年当時，兵士の半数以上がコネティカットの人々で構成されていた．そしてその年コネティカットの市民は 1662 年の憲章を州の憲法として採用した．1814 年から 15 年までは，コネティカットはほかのニューイングランドの4州とともに，合衆国憲法の改正をめざしてハートフォード会議に参加した．しかし南北戦争では連邦を強力に支持した．

この州は 19 世紀には急激な変化をみせた．1840 年代にアイルランド人移民の流入が始まり，さらに世紀後半にはフランス系カナダ人やヨーロッパからの移民が急増した．繊維工場が立地し，この地域の雇用の中心は農業から工業へと変わった．

今日では州の経済における農業の役割は非常に低下している．19 世紀に発達した工業のうち，銃砲類を筆頭に，時計，銀器，ミシン製造などが今でも盛んである．しかし，経済がサービス業への依存を高めるにつれて，繊維産業の多くは姿を消した．かつてはコネティカットのほぼ全域を覆い尽くしていた原始の森は，長い間に切り倒され，現在の混交林はその後成長したものである．もともとの町や村は幹線交通路が通ってしだいに連担していき，人口のほとんどは都市住民となった．しかし，ここには大きな都市はない．自治が強く尊重され，地域の歴史が歴史的建造物，史跡，記念碑といった形で熱心に守られている．

手つかずの自然美（上）　ニューヨーク州北部，アディロンダック森林保護区のローズレークの風景．

ビッグアップル（左）　マンハッタンの高層ビル群は，ニューヨーク中心部のわずか 20 km の長さの島に林立している．いわばこの都市の肺であるセントラル・パークは，ニューヨーカーにとって緑の安息の場である．

ロード・アイランド

ニックネーム	リトル・ローディ
憲法批准	1790 年
州都	プロヴィデンス
面積	3139 km²
人口	99 万 6000 人
著名な自然景観	ナラガンセット湾
主要産業	装身具，機械，繊維，エレクトロニクス

　ニューイングランドの大西洋岸にあるロード・アイランドは，アメリカで最も小さな州である．その名はナラガンセット湾にある島のひとつからとっている．最初のヨーロッパ人入植地は，1636 年に本土に建設されたプロヴィデンスであり，マサチューセッツを追放されたピューリタンの牧師，ロジャー・ウイリアムス（1603-83）が始めたものである．ウイリアムスは教義には厳格な人であったが，宗教的な忍耐の精神をもち，土着のアメリカ先住民に誠実に相対した．こうした背景により，ここは非常に独立主義的な伝統をもち，このため，新しく誕生した合衆国には批判的で，連邦に加入するのは遅れた．独立 13 州の中でロード・アイランドは，憲法を最後に批准した州であり，成人の普通選挙権を導入したのも最後だった．選挙権を求めて 1842 年に起こったのがドアの反乱である．

　経済的には，ロード・アイランドは常に一歩先を歩んできた．ここは産業革命が真っ先に到達した地であり，今日の経済はおもに高級化した軽工業とサービス業が中心となっている．しかしこの州はその歴史的なルーツを保っており，とくにプロヴィデンスやニューポートといった古い港では，地区全体がきめ細かく保存され，その中にはアメリカで最も古い建物がいくつか含まれている．

ニューヨーク

ニックネーム	帝国の州
憲法批准	1788 年
州都	オールバニー
面積	13 万 6583 km²
人口	1776 万 1000 人
著名な自然景観	マーシー山（アディロンダック山地），ロング・アイランド，ナイアガラの滝
主要産業	印刷，衣類，製薬，機械，金融

　ニューヨークは独立時の 13 州のひとつである．そしてこの州は，ニューヨーク市と同様，移民の多様性を反映している．主要な移民の出身地はイタリア，ドイツ，ロシア，ポーランド，アイルランド，プエルトリコである．

　この地にやってきた最初のヨーロッパ人はイギリス人のヘンリー・ハドソン（1565-1611）であり，彼が探検した川のちにその名が冠された．しかし，ここに最初に定住したのはオランダ人であり，マンハッタン島にニューアムステルダム植民地が建設された．1664 年にイギリスはこの植民地を武力で奪い，ニューヨークと名を改めた．その後もフランスとイギリスが領有を争う混乱の時代が続いた．その状況はアメリカ先住民諸部族の闘争も絡んでさらに複雑になっていたが，1763 年のパリ条約でおおむね解決した．独立戦争の間は，この植民地の人々の多くはイギリスに忠誠であった．ニューヨーク市は戦争終結までイギリスの手の中にあったが，その後 1789 年から 1790 年まで新しい国家の首都となった．

　この州には絶え間なく移民が流入し，多様な民族で構成される人口は，増加の一途をたどった．移民は南北戦争後も続き，1880 年から 1890 年にかけての 10 年間にニューヨーク市の人口は倍になった．この街は，今日では世界で最も人口の多い都市のひとつであり，アメリカの金融と芸術の中心地である．全米で最大の港湾を有する都市でもあり，さらには都市域内に 3 つの国際空港が存在している．

　ニューヨーク市はあまりにも突出した存在なので，州のその他の地域は忘れられがちである．しかし，ニューヨーク州北部は，西の五大湖やナイアガラの滝に始まり，中央のアパラチアの山々と湖，さらに東のハドソン河谷に至るまでバラエティに富んだ景観がみられる地域である．エリー運河が西のバッファローと東のオールバニーを結び，五大湖と大西洋の間の水運が盛んである．この州の主産業は工業であるが，ほかにもありとあらゆる経済活動が発達している．

アメリカ合衆国の諸州

ペンシルヴェニア

ニックネーム	要石の州
憲法批准	1787年
州都	ハリスバーグ
面積	11万9251 km²
人口	1184万4000人
著名な自然景観	デービス山（アレゲニー山地），サスケハナ川
主要産業	鉄鋼およびほかの金属，食料品，機械

ペンシルヴェニアは最も歴史が古く，そして人口の多い州の一つであり，その範囲は東のデラウェア川から西方はエリー湖の湖岸にまで及ぶ．正式名称はペンシルヴェニア共和国であり，この州の設立者ウィリアム・ペン（1644-1718）の理想主義を反映している．

1681年にペンは，彼の父にイギリス国王が負っていた負債の代価としてアメリカの広大な土地を与えられた．続く数年で彼はデラウェア川のほとりの今日のフィラデルフィアに植民地を建設した．それは，寛容と平等主義というクエーカー派の教義に基づいたものであった．ペンはアメリカ先住民に非常に誠実に接し，さらに，クエーカー特有の寛容と平等精神のため，さまざまな宗教的な少数派がこの植民地に住みつくようになった．とくに今日ペンシルヴェニア・ダッチとして知られるドイツ人の割合が高く，メノー派教徒やアマン派へのコミュニティも含まれている．ペンシルヴェニアは独立戦争では中心的な役割を果たしており，独立宣言はフィラデルフィアで調印されている．そして，この町は最初の首都であり政府所在地となった．さらに，この州は南北戦争でも戦場となり，1863年のゲティスバーグにおける北軍の有名な勝利をみた．

ペンシルヴェニアの豊かさは肥沃な農地が基礎となっているが，膨大な石炭やほかの鉱産資源も存在した．このためアンドリュー・カーネギー（1835-1919）といった"鉄鋼王"が巨大な工場を設立したピッツバーグ周辺を中心に，合衆国最初の工業地帯となった．このような昔からの工業はその後衰退したが，ペンシルヴェニアは依然として工業が第一産業の州である．しかし現在でも耕地は多く，農場と森林の美しい景観が広がっている．フィラデルフィアの街は美術の豊富なコレクションや，オーケストラ，博物館をもち，世界的な文化の中心である．ピッツバーグもその工業都市としての環境が美化運動によって劇的に変化し，フィラデルフィアと同じような地位を達成しつつある．

ニュージャージー

ニックネーム	庭園の州
憲法批准	1787年
州都	トレントン
面積	2万168 km²
人口	782万7000人
著名な自然景観	キタティニー山地，パイン・バレンズ（湿地）
主要産業	化学，電気機械，科学研究

ニュージャージーは大西洋岸に位置し，ニューヨークとペンシルヴェニアにはさまれている．この州は自らを庭園の州と称しているが，ハイウェイを走る旅行者の目には，過密で工業化され，公害汚染や犯罪，都市的退廃のみられる地と映るであろう．実際のところ両方の側面ともに真実なのである．最も小さく，人口密度の高い州のひとつであるニュージャージーは，さまざまな二面性を抱えている．

ヨーロッパ人探検家は，この地にレニ・レナペ族が居住していることを発見した．最初に入植地を設立したのはスウェーデンとオランダであったが，1664年にイギリスがそれに代った．ニュージャージーは1702年にイーストおよびウエスト・ジャージーから成立し，1738年に独立植民地となった．独立戦争の際は植民地内で厳しい対立が生じ，トレントン（1776）やプリンスタウン（1777）近くの戦いといった非常に激しい戦闘がこの地で起こった．

ニュージャージーは産業革命の最先端を歩んだ州であり，1791年には合衆国初の工場町ができた（成功しなかったが）．そして運河や汽船，のちには鉄道建設の中心であった．ニュージャージー中北部は東海岸の交通の要衝となり，これに対して南部は都市の市場向けの野菜などを栽培する近郊農業地域として発展した．これがこの州のニックネームの由来である．南北戦争後，自由商業法が大企業の形成を促し，急激に工業化が進んだ．1913年の連邦の法律でもこの流れはあまり変わらなかった．合衆国は両大戦において，この州の巨大な工業力に大きく依存していた．

ニュージャージー北東部は隣接するニューヨーク市からあふれでた人口の受け皿となっていった．したがって，現在人口の大多数は，ニューヨークから30マイル以内のハイウェイ沿いに放射状に居住している．これらのハイウェイは世界でも非常に交通量の多い路線となっている．この地域では農地が急速に失われているが，その他の地域，農業の盛んな南部や北西部の緑の牧草地においては，ニュージャージーはまだそのニックネーム通りの姿である．大西洋沿いに長く延びる美しい砂浜は，この地域を訪れる観光客にとって大きな魅力であり，アトランティック・シティは世界的に有名なリゾート地となっている．

エルフレス路地（上） フィラデルフィア中心部にとり残されたように存在する歴史的な町並みで，きわめてイギリス風の建築様式である．

メリーランドの穏やかな農村風景（右） ここでは時間の流れがゆったりとしており，気候は温和で，穏やかな起伏の丘陵では，酪農や養鶏がよくみられる．

デラウェア

ニックネーム	第1の州
憲法批准	1787年
州都	ドーヴァー
面積	5294 km²
人口	65万8000人
著名な自然景観	デラウェア川，デラウェア湾
主要産業	化学，繊維，衣類

今日のデラウェアは高度に工業化され，人口密度が高い．州北部は，ワシントンからボストンにかけて延びる帯状の都市域，大西洋メガロポリスの一部を形成している．1638年にフォート・クリスティーナ——現在のウィルミントン——を設立したスウェーデン人入植者の住んでいた原始的な丸太小屋を連想させるものはなにもない．

初期のオランダの植民地は土着のアメリカ先住民に破壊されたが，1655年にオランダはニューアムステルダム（のちのニューヨーク）を基地に再びこの地を領有した．しかし1664年には結局イギリスに奪われてしまった．1682年にこの地域はウィリアム・ペン（1644-1718）に譲渡され，ペンシルヴェニアの内陸にある彼の植民地から海岸へ至る通路となった．デラウェアは1704年に議会をもち，1776年に今日の名称となった．この名の起源は初期の植民地時代にさかのぼる．デラウェア湾の名は，1610年に12代のデ・ラ・ウォール男爵であったトーマス・ウェスト（1577-1617）がヴァージニアの総督に任命されたのにちなみ，名づけられたものである．

独立戦争の間，デラウェアはイギリス軍に侵攻され，海岸線はつねにイギリス海軍の攻撃の脅威にさらされた．独立後，デラウェアは1787年12月7日に憲法を承認し，第1の州の称号を得た．デラウェアは明確に奴隷州の立場をとっていたにもかかわらず，南北戦争勃発前に多くの奴隷が開放されており，連邦にとどまらざるをえない状況になっていた．

工業の発達によってこの州の人口バランスは大きく変化した．歴史がより古く，農業地域である南部のドーヴァーやジョージタウン周辺の農村コミュニティは衰退し，工業化した北部，とりわけウィルミントン周辺には郊外が広がった．この町は現在合成繊維産業の大きな中心地である．

メリーランド

ニックネーム	伝統ある州
憲法批准	1788年
州都	アナポリス
面積	2万7091 km²
人口	466万5000人
著名な自然景観	チェサピーク湾，バックボーン山
主要産業	電気，電子装置，食料品，化学

1632年，イギリスのチャールズ1世（1600-49）の勅許により，チェサピーク湾地域の土地がボルチモア男爵であったセシル・カルバート（1605-75）に与えられた．彼はその新しい植民地を国王の妻ヘンリエッタ・マリア（1609-69）にちなんでメリーランドと名づけた．彼女はカトリックであり，彼はこの地をイギリスにおいて迫害に苦しむカトリック教徒のための安息の場としたのである．しかしカルバート家は非カトリック教徒に対する制限を行わず，三身一体を信じるすべてのキリスト教徒を歓迎した．

カルバートの弟のレナード（1606-47）はセントメリー・シティを創設し，それは1634年に最初の首都となった．しかし，タバコのプランテーションが急成長して，人口の中心は北西方向に移動し，1694年に首都はアナポリスに移され，1729年には今日の大都市，ボルチモアが建設された．多くのプランテーションがアフリカ人奴隷を使っていたが，1783年から奴隷貿易はきびしく課税されるようになった．しかし奴隷制が全廃されたのは1864年のことであった．

カルバートとペンの間の争いは，メリーランドとペンシルヴェニアを分かつメーソン・アンド・ディクソン・ラインが引かれることによって1760年に決着した．メリーランドは独立戦争には積極的な役割を果たし，植民地の独立を承認したパリ条約は1783年にアナポリスで批准された．1814年にはボルチモアがイギリスに攻撃されたが，徹底的に撃退した．その後数十年の間に，アパラチア山脈を横断する初の主要道路，鉄道路線がここメリーランドで建設された．南北戦争の際にはメリーランドの人々の立場は分かれたが，州は連邦にとどまった．メリーランドは黒人の権利を侵害せず，差別のより激しい南部の州から流出した黒人を積極的に受け入れた．

ボルチモア港は，現在でもアメリカの主要な港湾のひとつで，多くの新しい産業を含む大工業地域に支えられている．サービス業も重要性を増しており，この州に存在する多くの史跡を基礎に観光業も盛んである．

アメリカン・パワーの源　ワシントンDCにある，アメリカ合衆国大統領官邸ホワイトハウスの華麗なバルコニー．イギリスとの戦争で焼かれた傷跡を隠すため，1814年に元の建物が白く塗られた．

コロンビア特別区

区の成立	1790年
合衆国の首都と同一	ワシントンDC
面積	179 km²
人口	61万5000人
著名な場所	ポトマック川
主要産業	連邦行政，観光

　コロンビア特別区は，最初の大統領であるジョージ・ワシントン(1732-99)が，欧米諸国の中では初の計画的な首都を建設する際に選ばれた地区である．

　フランスの軍人であった技師，ピエール・シャルル・ランファン(1754-1825)がこの都市の特色ある計画を設計した．それは連邦議事堂と大統領官邸(後者は1812年の戦争後の修復以来，ホワイトハウスとして知られるようになった)から街路が放射状に延びるという，フランス的な幾何学的造園の考えに基づいていた．市の中心部には，連邦議会図書館，最高裁判所，スミソニアン博物館，ワシントン記念塔，リンカーン記念堂など数多くの印象的な官公庁や博物館が存在する．

　この地区はほぼ州と同等の権限をもっているが，区域を越えて広がる大都市圏の一部であり，多くの都市問題を抱えている．大使館や官公庁といった威容を誇る建物はスラムと隣接しており，1960年代には深刻な黒人暴動が起こった．こうしたスラムのうちいくつかは都市再生計画の中でとり払われた．

アーカンソー

ニックネーム	好機の土地
連邦加入	1836年
州都	リトル・ロック
面積	13万7754 km²
人口	241万4000人
著名な自然景観	ボストン山地，ホットスプリングズ国立公園
主要産業	食料品，化学，電気機器

　アーカンソーはミシシッピ川の西岸に位置する州である．その西の境界はオザーク高原とワシタ山地に至り，森林に覆われた高地となっている．

　ここには500年頃からアメリカ先住民の文化が発達していた．最初に定住したヨーロッパ人はフランス人で，それは17世紀のことである．彼らは1803年のルイジアナ購入の際，この領土を合衆国に売却した．ミシシッピ川下流の平野は広大な綿花のプランテーション地域となり，アフリカから運ばれた黒人奴隷が使役される場となった．1820年から州に昇格した1836年までの間，アーカンソー地方は奴隷州と自由州を分かつミズーリ妥協の線の南側に入っていた．

　アーカンソーは1861年までは連邦にとどまっており，その後同盟に参加した．南北戦争によって疲弊したこの州は，綿花栽培に過度に依存するようになり，それとともに人種隔離政策は1960年代まで維持された．今日のアーカンソーは以前よりは豊かになったが，おおむねその農村的な性格を保っている．しかし，農業は多様化し，綿に代わる新しい工業が発達してきた．一方，山地の方は退職後の余生を送る移住先として有名になり，観光業が急速に発達している．

ルイジアナ

ニックネーム	ペリカンの州
連邦加入	1812年
州都	バトン・ルージュ
面積	12万3677 km²
人口	451万人
著名な自然景観	ミシシッピ川とデルタ
主要産業	原油，食料品，化学

　1682年ラ・サールの人ルネ・ロベール・カベリエ(1643-87)はミシシッピ川を下り，この世界でも有数の大河の流域をフランス国王ルイ14世(1638-1715)の領土であると宣言した．しかし，このときすでにアメリカ先住民は，16000年の長きにわたってこの地に生活していたのである．

　1718年，ビアンビル出身のジャン・バプティスト・ル・モワン(1680-1768)はミシシッピ・デルタ近くにニューオーリンズを建設し，1731年にルイジアナ植民地が成立した．多くの新しい入植者が到着し，植民地は拡大した．彼らの中にはイギリスによってノバスコシアを追われたフランス人，カジャンもいた．1762年にルイジアナはスペインの手に渡り1800年までスペイン領であったが，その年ナポレオン・ボナパルト(1769-1821)がとりもどした．こうしたフランス，スペイン統治時代の影響は，この州独特の法律や，ニューオーリンズの建築物，文化にみられる．

　二度目のフランスの領有は最初のものよりさらに短かった．1803年に合衆国がルイジアナ購入の一部としてルイジアナを獲得したのである．これは非常に大きな不動産取引であり，合衆国の領土は200万km²も増加した．しかも，その金額は，1エーカー当たり3セントに満たないという安価なものであった．

　ルイジアナでは，ほかの南部諸州と同様，多数の黒人奴隷を使った綿花やサトウキビの農園が繁栄していた．まもなく，土地利用や参政権の問題に関して，裕福な農園主と農民の間に利害の対立が生じるようになった．ルイジアナは1861年に連邦を脱退したが，これに反対する勢力も多く，1年もたたないうちに北軍がニューオーリンズを再び占領した．1868年にこの州は

アメリカ合衆国

マルディ・グラ(上) ニューオーリンズの有名なパレードに，派手な虎のマスクを被って参加する人．ジャズと同様，このようなカリブ風のカーニバルは，ルイジアナのアフリカ的な文化を顕著に示している．

エビを獲る漁船(左) ルイジアナの小さな漁港，デルカンバーの波止場にひしめく漁船．海岸線の地形はミシシッピ川が運ぶ泥により，絶えず変化している．

ケンタッキー・ダービーで競う(下) この世界的に有名なレースは，毎年5月，ルイスビルのチャーチル・ダウンズ競馬場で開催される．プリークネスとバルモントで行われるステークスとともに，三冠レースのひとつである．

ケンタッキー

ニックネーム	ブルーグラス(牧草：ナガハグサ)の州
連邦加入	1792年
州都	フランクフォート
面積	10万4659 km²
人口	374万2000人
著名な自然景観	ブラック山地，ランド・オブ・10,000・シンクス［無数のドリーネの地］
主要産業	石炭，機械，食料品

ケンタッキー共和国は，フロンティアと古い南部の伝統と，近代的な工業地域の性格を合わせもつ州である．

この地域はかつてはイロコイ族やチェロキー族といったアメリカ先住民が狩猟で暮らしていたところであった．1767年以後，開拓者のダニエル・ブーン(1734-1820)がこの地を探検し，西をめざす入植者たちに道を開いた．多くの黒人奴隷が輸入され，州政府は奴隷制廃止に反対していた．しかしケンタッキーは南部同盟には加わらず，南北戦争においては，ここの兵士のほとんどは北軍側で戦った．山地のいわゆる"ヒルビリー"の地域では，貧しくきわめて排他的であり，南北戦争時代の対立が今世紀にもち越された．

ケンタッキーは現在でも農業地域であり，タバコや馬の飼育，そしてバーボンウイスキーがよく知られている．しかし19世紀末から大規模な炭田が開発され，露天掘りで広範囲の土地が荒廃した．このため，この採炭方法は1966年から規制されている．ケンタッキーはその文化的伝統でも知られており，ケンタッキー・ダービーをはじめ，［テンポの早いカントリー音楽の］ブルーグラススタイルを含むフォーク音楽などが有名である．

連邦に復帰したが，対立の根は存続した．1898年の憲法はほとんどの黒人に投票権を認めず，この状況は1960年代の公民権運動まで続いた．

現在のルイジアナは，依然として農業地域であるが，綿花はもはや中心的な産業ではなく，大豆や米，その他の食用作物にその地位をゆずっており，肉牛飼育も重要である．海岸沿いのミシシッピ・デルタに広がる，河川の分流した特徴的な湿地帯は，亜熱帯気候となっている．ニューオーリンズとバトンルージュは大きな港湾であり，ニューオーリンズのフレンチ・クォーターには瀟洒な植民地時代の建築物や長い文化的伝統があり，多くの観光客を集めている．ここはジャズ発祥の地としても有名であり，またマルディ・グラ(懺悔の火曜日)の祭における，きわめてカラフルなカーニバルのパレードも知られている．

テネシー

ニックネーム	義勇軍の州
連邦加入	1796年
州都	ナッシュヴィル
面積	10万9152 km²
人口	493万3000人
著名な自然景観	クリングマンズ・ドーム(スモーキー山地)，グレート・アパラチアン・ヴァレー
主要産業	化学，食料品，機械

1784年，ノース・カロライナはその西部の区域を連邦議会に譲渡しようとした．これに怒った入植者たちは，自らの州フランクリンを建設したが，これは長続きしなかった．1789年にこの地方はノース・カロライナから正式に分かれ，7年後テネシー州となった．

テネシーでは，1812年の戦争で名声を得た人が多く，のちの大統領アンドリュー・ジャクソ

カントリー・アンド・ウエスタン音楽 ナッシュヴィルのオプリーランドパーク・カントリーミュージック・ショーで最高潮に達している様子．グランド・オール・オプリーは，今や伝説となったシンガーが1920年代と1930年代に数多く初登場したショーである．

ン(1767-1845)もその一人である．南北戦争以前はこの州は明確に連邦側の立場をとっていたが，戦争の直前には州の内部において深刻な対立が生じ，テネシーはヴァージニアにつぐ戦場となった．この州の再建時代における反動はそれほど大きくなかったが，それでも1865年にはプラスキー(ナッシュヴィルの南)において白人至上主義集団クー・クラックス・クランが生まれ，黒人は1870年代から1960年代に至るまで強く差別されていた．

1940年代以降，テネシー川河谷の水力発電計画によって電力が供給されるようになり，急速に工業が発展した．そしてこの州はもはや以前ほど農業に依存しないようになった．今日では，貿易やサービス業への移行がみられ，観光業も重要になってきている．多くの人々がカントリー・ウエスタンの中心地であるナッシュヴィルを訪れる．

ミシシッピ

ニックネーム	マグノリア(タイサンボク)の州
連邦加入	1817年
州都	ジャクソン
面積	12万3514 km²
人口	268万人
著名な自然景観	ミシシッピ川
主要産業	衣類，食料品，製材

ミシシッピはアメリカの綿花地帯のまさに中央に位置し，このことは州の歴史にも反映されている．最初の入植者はフランス系カナダ人であり，1699年に海岸沿いにフォート・モールパを建設している．このあとも，いくつかフランス人による入植地が建設されたが，1763年にはイギリスがこの地を支配するようになった．独立戦争の間に，スペインが南部を占領し，そこをめぐる争奪がしばらく続いたが，1795年にサンロレンゾの条約で合衆国に帰属することになった．

ミシシッピ地方は北はテネシーから南はメキシコ湾にかけて広がっており，1817年にこの地方の西部がミシシッピ州となった．アメリカ先住民は強制的にこの地を追われ，ミシシッピは綿花栽培により豊かな州となっていった．このため奴隷制度を堅持する姿勢を貫き，1861年には連邦を脱退した．奴隷制を重んじる傾向は南北戦争の間にますます強くなり，1890年に黒人は事実上公民権を奪われた．

1929年の大恐慌で農業は落ち込んだが，第2次世界大戦後にはめざましく回復した．そして長く，ゆっくりとした人種の融和と受容の道のりが始まった．しかし，この州の経済は現在でも比較的立ち遅れており，周辺諸州に比べて工業発展の恩恵を受けていない．

アラバマ

ニックネーム	木綿の州
連邦加入	1819年
州都	モントゴメリー
面積	13万3915 km²
人口	415万人
著名な自然景観	チーハ山地，モービル湾
主要産業	パルプ・紙，化学，エレクトロニクス

アラバマは，ヨーロッパ人入植者とアメリカ先住民との間の紛争や，19世紀の社会変革さらには，1960年代の公民権運動など，苦難の歴史を歩んできた．

最初にこの地を探検したのは，貴金属を求めてやってきたエルナンド・デ・ソト(1500-42)率いるスペイン人であった．彼らは何も発見することはできなかったが，この探検の中で，多くのアメリカ先住民を殺し，結果としてこの地域へのヨーロッパ人の入植を容易にすることとなった．その後3世紀にわたって，スペイン，フランス，イギリスがこの地の領有を争った．フランスはミシシッピ周辺地域を探検し，1702年にアラバマ川河口のドーフィン島に最初の永続的な入植地を創設した．17年後，黒人奴隷を乗せた最初の船がアフリカからやってきて，ポート・ドーフィンに入港した．

1763年にこの地域はほぼイギリスの支配下に入り，海岸沿いのスペインの根拠地はしだいに弱体化していった．1817年にアラバマ地方が成立し，2年後に州に昇格した．その間，アメリカ先住民は抑圧され，西のオクラホマへ移動させられた．こうしてさらにヨーロッパ人入植者が流入するようになった．

以上のような開拓の歴史を継て，アラバマは黒人奴隷の労働力に依存した，豊かな綿花栽培地域となった．1860年にはこの州の人口の半数が黒人奴隷となっており，この当然の結果としてアラバマは1861年に連邦から脱退し，南部同

盟に加わった．南北戦争で圧倒的な数の犠牲者を出したこの州は，南部同盟の崩壊後の1867年から1868年までの間，軍政下におかれた．再建時代(1868-74)は黒人と白人の間の溝を深めたにすぎず，白人至上主義のクー・クラックス・クランへの支持が増大した．ここでは，ほかの南部諸州と同様，黒人が基本的な市民権を得るのは1960年代になってからのことであった．それ以後も黒人投票者に対する差別は根強く，変革の歩みははかどらなかった．アラバマは1950年代から1960年代にかけて公民権を要求するさまざまな活動の舞台となった．その中には，1965年にマーティン・ルーサー・キング(1929-68)が先導したモントゴメリーの行進がある．

今日でも，綿花や落花生などを中心に農業は重要な位置を占めている．工業は鉄鋼や農業関連から，繊維や新しいエレクトロニクスに至るまで多様化してきている．

雄大なミシシッピ川 空からみたもので，その名を生んだ州の西端沿いの深い森林の間を蛇行している．緩やかに分流する流れは曲がりくねり，中州や三日月湖を形成する．

ウエスト・ヴァージニア

ニックネーム	山の州
連邦加入	1863年
州都	チャールストン
面積	6万2758 km²
人口	187万1000人
著名な自然景観	スプルース山(アレゲーニー山地)，オハイオ川
主要産業	鉱業，化学，機械，採石

ウエスト・ヴァージニアは東部と中西部の間，アパラチア山脈北部にまたがり，ヴァージニア州の西に位置している．ヴァージニアが完全に南部的な性格をもつのに対し，ウエスト・ヴァージニアは北部諸州との共通点の方が多い．

ウエスト・ヴァージニアのほとんどは山地であり，急流によって谷が刻まれ，深い森林に覆われている．この野生的な土地はさまざまなアメリカ先住民のふるさとであり，とくにチャールストン地区に先史時代の遺跡が残るホープウェル族は有名である．のちに，彼らに代わってこの地に居住していたのは，イロコイ族である．18世紀初頭，最初のヨーロッパ人入植者がアパラチア山脈を越えてヴァージニアからやってきたが，彼らはイロコイ族のはげしい抵抗にあった．

新しい入植者たちは，海岸近くのヴァージニアとはまったく異なる社会秩序を確立した．ヴァージニアでは奴隷を使ったプランテーションが発達していたが，山地における耕作は小規模な農園に限られ，奴隷制は事実上存在しなかった．山地に住む人々はまもなく東の支配勢力に不満をもつようになった．そして，奴隷制に反感をもつ彼らは，1859年にハーパーズ・フェリー(現在のウエスト・ヴァージニアの最東部)の連邦の弾薬庫を占拠した．これは南北戦争勃発への1つの引金となる事件であった．ヴァージニアが1861年に連邦を脱退すると，北西部の人々はこれに追随して南部同盟に加わることを拒否し，こうしてウエスト・ヴァージニア州が誕生したのである．

南北戦争後，鉄道網が延び，この山の中に工業発展をもたらした．それ以来，石炭をはじめとして岩塩や石灰石，豊かな資源が開発され，隣接する州に大量のエネルギーと原料を提供したが，それにともなって社会問題や環境問題も生じた．農業，鉱業とも今日では衰退したが，石油と天然ガスが発見され，観光業も成長を続けている．

ヴァージニア

ニックネーム	古い自治領
憲法批准	1788年
州都	リッチモンド
面積	10万5586 km²
人口	606万8000人
著名な自然景観	ロジャース山(ブルー・リッジ山地)，チェサピーク湾
主要産業	繊維，輸送機械，エレクトロニクス

ヴァージニアはデラウェアとノース・カロライナの間の大西洋岸に位置し，最も歴史の古い州の1つである．南部・北部双方と強いかかわりをもち，合衆国の歴史の中でしばしば中心的な役割を果たしてきた．

ヴァージニアの名はイギリスの女王エリザベス1世(処女王，1533-1603)にちなんで名づけられた．アメリカにおける最初のイギリス植民地であり，1607年に現在のジェームズタウン(リッチモンド)に建設された．当時の入植者は飢餓や病気，あるいは自らの土地を侵害から守ろうとしばしば攻撃してきたアメリカ先住民に苦しめられ，生き残った者はわずかであった．しかし植民地のタバコのプランテーションはしだいに成功をおさめ，しだいに文化や教育の伝統を確立し，ウイリアムスバーグ(ジェームズタウンの対岸)のウイリアム・アンド・メリー・カレッジのような名門校を生むに至った．

ヴァージニア植民地は独立のはるか以前からイギリスの支配にいらだっており，独立戦争では何人かのヴァージニア人が主導的な役割を果たした．中でもジョージ・ワシントン(1732-99)とトマス・ジェファソン(1743-1826)の存在はきわだっている．ヴァージニアは1774年に最初の

植民地時代のウイリアムスバーグ，ヴァージニア この町は1632年に創設され，再建のために一大プロジェクトが行われてきた．400以上の建物が再建され，さらに糸車のような18世紀の技術も復元され，一般公開されている．

大陸会議を開催し，1781年にはヨークタウン（ウイリアムズバーグの東）においてイギリス軍の降伏をみた．

アフリカからの奴隷の輸入は1778年に廃止されたが，奴隷制そのものは存続した．1861年にヴァージニアは南部同盟のリーダーとなり，首都がリッチモンドにおかれた．この結果，州の北西部が分裂してウエスト・ヴァージニアとなった．南部同盟軍がアポマトックス（リッチモンドの西）で降伏して間もない1865年，南北戦争は終結した．州の経済が回復するには長い年月を要した．古くからこの州はタバコを中心とする農業に依存してきたが，第1次世界大戦までにはそうした状態を克服し，さまざまな製造業が発達した．

第2次世界大戦においては，海岸沿いであるため軍事基地と造船が発達し，かなりの繁栄がみられた．今日でも連邦政府関係の仕事に就業している人が多い．しかしヴァージニアが誇るべき最大の財産はその歴史である．ウイリアムズバーグやマウント・バーノン（ワシントンDCの南）といった史跡は美しく保存され，多くの観光客をひきつけている．

ノース・カロライナ

ニックネーム 船乗りのかかとの州
憲法批准 1789年
州都 ローリー
面積 13万6412 km²
人口 660万2000人
著名な自然景観 ミッチェル山（ブルー・リッジ山地），ハッテラス岬，ルックアウト岬
主要産業 繊維，タバコ，エレクトロニクス

1663年にイギリス国王のチャールズ2世（1630-85）は，31度と36度の緯度線の間の地域を8人の領主植民地とした（これに先立つロアノーク島の植民地は跡形もなく消え去っていた）．この新しい植民地は国王に敬意を表してカロライナと名づけられ，北に拡大して1665年にはヴァージニアに含まれていた地域を領有するに至った．1712年にノース・カロライナは自らの政府をもち，独立植民地になった．1729年に王の直轄領にもどったが，それは1781年のギルフォード庁舎の戦いで終った．

1830年代には先住のチェロキー族はほとんどが強制的にミシシッピ川の西に移住させられた．ノース・カロライナは1861年に連邦を脱退したが，この結果大きな犠牲を払うことになった．1868年の憲法はほかのいくつかの南部の州よりは自由主義的なものであったが，1900年から1960年代まで，黒人は事実上市民権を拒否されていた．今日では製造業が農業に代って州の第1の収入源となったが，ノース・カロライナは依然としてアメリカのタバコ産業の中心地で

サム船長（上） 古式ゆかしい外輪船の前で．彼はジョージアのサバナで，この遊覧船を走らせている．

植民地時代の美しい建築（右） サウス・カロライナのチャールストンにはこのような農場主の邸宅が数多く残っている．この町は，1920年代に始まって全米，そして世界中で大流行した軽快なバック・キッキング・ダンスの発祥の地である．

ある．

サウス・カロライナ

ニックネーム パルメット（ヤシの一種）の州
憲法批准 1788年
州都 コロンビア
面積 8万582 km²
人口 350万7000人
著名な自然景観 サッサフラス山（ブルー・リッジ山地），シー・アイランズ
主要産業 観光，繊維，化学，機械

1670年にイギリスの入植者はアシュリー川の河口近くにチャールズタウンを建設した．イギリス国王チャールズ2世（1630-85）の名をとったこの町は，サウス・カロライナにおける最初の永続的なヨーロッパ人入植地となった．10年後，チャールストンが対岸に建設され，米や毛皮，藍の貿易で発展した．植民地の財政がイギリスに支配されていることに対して，サウス・カロライナの人々は大きな反感をもち，アメリカ独立革命を強く支持した．1780年にチャールストンはイギリス軍に占領され，多くの戦闘がサウス・カロライナの地で戦われた．

綿花のプランテーションは内陸部に新たな富をもたらしたが，奴隷制に依存するようになったため，1861年に連邦を脱退した．この年はチャールストン港のサムター砦において連邦軍との戦闘が起こり，これをきっかけに南北戦争が始まった年である．再建時代には今世紀に至る人種間の緊張が高まり，このことが1895年の憲法に影を落とした．そして黒人の公民権は1960年代まで認められなかったのである．

現在のサウス・カロライナは，以前ほど繊維産業が盛んではないが，農業よりは工業の盛んな地域である．温暖な気候と，歴史をしのばせる海岸の町の雰囲気をいかして，観光業が盛んとなっている．

ジョージア

ニックネーム 南部帝国の州
憲法批准 1788年
州都 アトランタ
面積 15万2576 km²
人口 652万4000人
著名な自然景観 ブラスタウン・ボールド（ブルー・リッジ山地），オケフェノキー湿地
主要産業 食料品，繊維，衣類，電気機器

1732年にジェームズ・エドワード・オグルソープ（1696-1785）は，イギリス国王ジョージ2世（1683-1760）から勅許状を受け取り，北アメリカの新しい植民地に移住することとなった．彼は国王に敬意を表し，その植民地をジョージアと名づけた．13植民地の最後であるこの地域は，イギリスの貧民に新しい土地でより大きな機会を与えるために建設された．しかし絹やワイン，香辛料を生産しようという試みはあまり成功せず，1752年にこの植民地は王の支配下にもどった．

ほかの入植者たちも独立戦争が始まる以前にこの地域に入り，サバナ川（東部の州界）沿いに居住地の建設が始まっていた．その後，多くの入植者が入り，元来この地に住んでいたアメリカ先住民諸部族は強制的にミシシッピ川の西に追いやられた．その後，綿花のプランテーションが急速に発達し，黒人奴隷が送り込まれるようになった．

ジョージアは奴隷制の問題について熟慮を重ねたが，1861年の1月，州議会は圧倒的多数で連邦からの脱退を決定した．1864年，アトランタは何回も包囲と侵入を受けたのち，ついにウ

イリアム・テカンサー・シャーマン(1820-91)指揮する連邦軍に壊滅させられた．彼の軍隊はさらに破壊を続けながら海岸へ侵攻した．そして1865年には南部同盟の大統領，ジェファソン・デービス(1808-89)がジョージアの地で捕らえられた．

戦争は終わったが，それに続く再建時代においても，ジョージアの政治家は黒人に参政権を与えることに抵抗した．そして，その状況はその後1世紀にわたって堅持された．1967年に至っても，黒人と白人を同じ学校に通わせるかどうかではげしい議論が展開されたほどである．しかしそれ以降，アフリカ系アメリカ人はこの地域で積極的な役割を果たすようになっていった．そして，1973年，州都のアトランタでは南部の主要都市の中では初めて黒人の市長が選出された．

綿花はもはや主産品でなく，それに代わってピーナッツやトウモロコシの栽培が盛んになっている．しかし繊維工業は，エレクトロニクスのような新しい産業と肩を並べて重要性を維持している．工業生産に加えて，国の軍事施設からの収入もある．アトランタは空の旅の重要な玄関口であり，コカコーラの本社があることでも知られている．近年めざましく発展しているこの町は，商業と金融の南東部における中心地というだけではなく，全国的にみても重要な都市になっている．

マイアミ，フロリダ さまざまな文化が混合している都市である．世界中の人々がやってきて浜辺での休暇を楽しみ，年配の人々は余生を過ごす．そしてキューバ，ハイチ，メキシコ，南アフリカからの移民が新しい人生を始めるところでもある．

フロリダ

ニックネーム	太陽の州
連邦加入	1845年
州都	タラハシー
面積	15万1939 km²
人口	1253万5000人
著名な自然景観	エヴァーグレーズ，フロリダ・キーズ
主要産業	観光，エレクトロニクス，電気機械，食料品

今日では，はるか南東の州であるフロリダに，観光客が太陽と安らぎ，娯楽を求めて集まり，また多くの年配の人たちが，北のいろいろな都市からやってきて退職後の余生を送っている．1513年のイースターにはスペインの戦士で探検家のホワン・ポンセ・デ・レオン(1460-1521)が青春の泉を探しにやってきた．しかしそれは発見できず，そのかわり，その後250年にわたる，対立と搾取の歴史の幕を開けるという役割を果たした．その歴史の中で，以前からここに居住していたアメリカ先住民は，ほぼ一掃されてしまうのである．

1565年にはペドロ・メネンデス・デ・アビレス(1519-74)率いる2つ目のスペインからの探検隊がやってた．彼らはセント・ジョン川にあったユグノーの入植地を完全に破壊し，セント・オーガスティンの近くに入植地を建設した．その後200年間，フロリダの領有はイギリス，フランス，スペインの間で争われたが，1763年にイギリスがフレンチ・インディアン戦争の結果，この地を支配下におさめた．独立戦争の間フロリダはイギリスへの忠誠を守ったが，1781年にはスペインに占領された．

1812年の戦争の間，アメリカ軍はイギリスがフロリダを軍事的拠点として利用するのをおそれ，ファーナンディアを占領した．アメリカ軍はスペインの抵抗にあって撤退し，その結果イギリスが進入し，アメリカの入植地にゲリラ戦を仕掛けた．1818年にアンドリュー・ジャクソン(1767-1845)がペンサコラを掌握し，その翌年スペインはフロリダ全域を合衆国に譲渡した．この地に残っていたアメリカ先住民との関係は急速に悪化し，7年間の闘争ののち，1842年にほとんどが追放された．南北戦争中，フロリダの海岸の町はすぐに連邦軍に占領されたが，内陸部はより長くもちこたえた．戦争後，鉄道が建設されて入植者も旅行者も流入するようになり，今日まで続く急速な人口増加の時代を迎えた．1959年のキューバ革命後，この州，とくに南東部の町マイアミにキューバからの亡命者が数多く定住した．

フロリダの土地の多くは森林，湖沼，そして軍の用地であり，農地面積は大きいが人口のほとんどは都市に居住している．観光が中心産業であり，南のエバーグレーズ国立公園や，中部のオーランド近郊にあるウォルト・ディズニー・ワールドにはたくさんの観光客がやってくる．この州では，マイアミ・オレンジ・ボウル・スタジアムのフットボールや，ゴルフのトーナメント，デイトナ・ビーチにおける自動車レースなど，多くの有名なスポーツの大会が開かれる．電気機械の製造が州の財政を豊かにしているのはもちろんであるが，ケープカナベラルのジョン・フィッツジェラルド・ケネディ宇宙センターも経済に大きく貢献している．

地域の姿

アメリカ合衆国 Ⅰ

自然地理 ……………………………………… 78-95
生息環境とその保全 ……………………………… 96-111
動物の生態 ……………………………………… 112-123
植物の生態 ……………………………………… 124-137

アメリカ西部のトゲゴヨウマツ（ブリスルコーンマツ）
世界最古の生きている植物

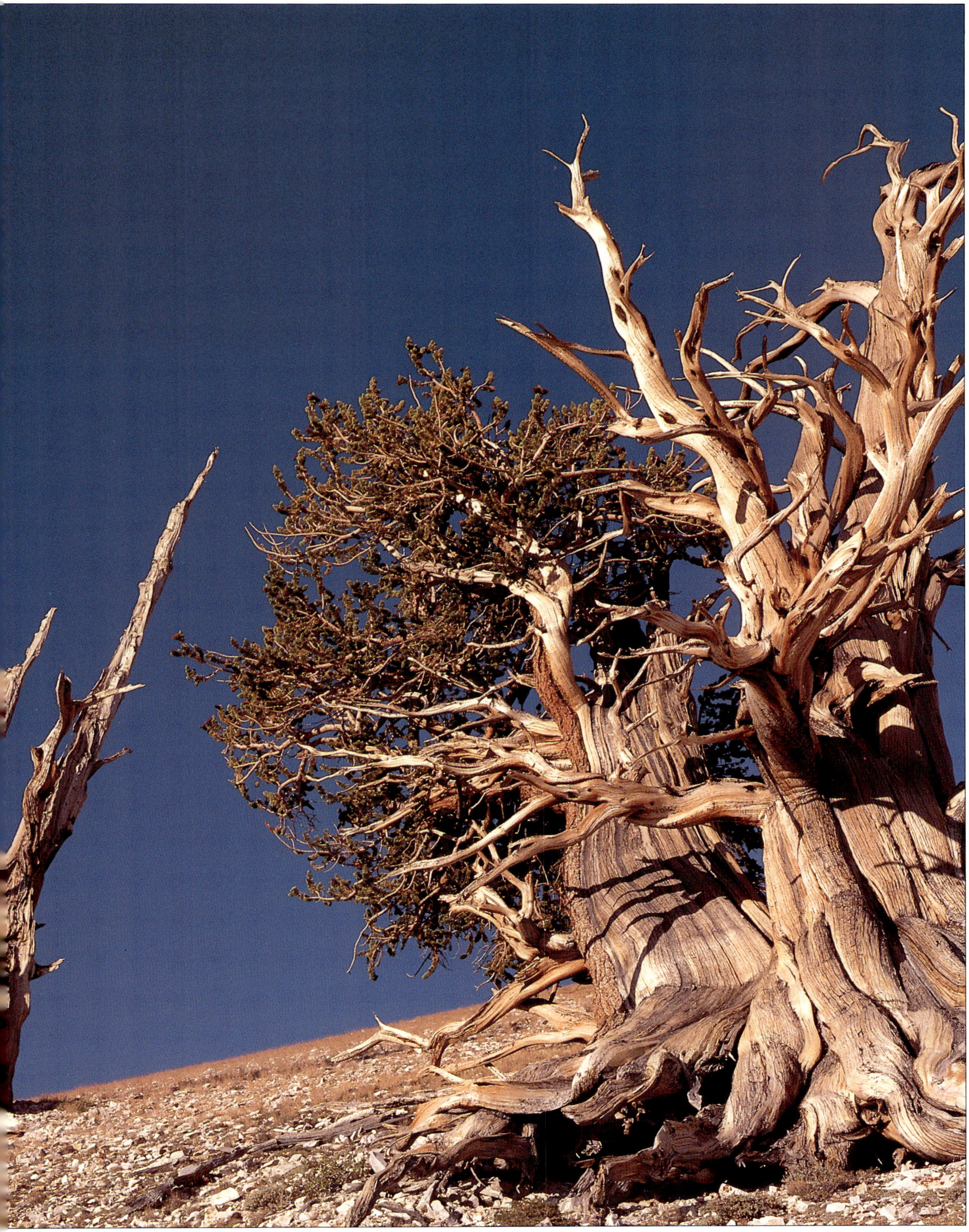

自然地理

コントラストの大陸／氷河の遺産／アメリカ合衆国の気候／アパラチア山脈と海岸平野／内陸の平野と低地／西部の山地と盆地

東西で大きな海洋に接するアメリカの特徴は，広々とした空間である．この国の中核地域，広大なグレート・プレーンズは，西ほど高くなり，南北に延びる長い山脈とぶつかっている．東部の大西洋岸には，侵食された古いアパラチア山脈がみられる．西部にあるのは，若く険しいロッキー山脈であり，太平洋岸に沿ったほかの多くの山脈では地震と火山活動がみられる．有名な地形には，グランド・キャニオンの深い峡谷，サウス・ダコタのバッドランズ，ナイアガラ滝，インディアンによって"父なる水"と名づけられた，コロラド川やミシシッピ川のようなアメリカを代表する大河が含まれる．気候の範囲は，アラスカの寒帯から南フロリダの熱帯にまで及ぶ．雨が最も多く降るのは，太平洋のハワイである．

地域内の国	
アメリカ合衆国	
土地	
面積	937万1786 km²
最高地点	マッキンリー山，6194 m
最低地点	デス・ヴァレー，-86 m
主な地形	ロッキー山脈，グレート・プレーンズと中央低地，アパラチア山脈
水域	
最長河川	ミシシッピ＝ミズーリ川，6020 km
最大流域	ミシシッピ＝ミズーリ川，332万2000 km²
最大平均流量	ミシシッピ川，1万7500 m³/秒
最大の湖	スペリオル湖，8万3270 km²

気候

	平均気温(℃)		海抜
	1月	7月	(m)
バロー	-27(-17)	4(39)	4(13)
ポートランド	4(39)	20(68)	12(39)
サンフランシスコ	9(48)	17(63)	5(16)
ニューオーリンズ	12(54)	27(81)	9(30)
シカゴ	-3(27)	24(75)	190(623)

	降水量(mm)		
	1月	7月	年間
バロー	5(0.2)	20(0.8)	110(4.3)
ポートランド	136(5.4)	10(0.4)	944(37.2)
サンフランシスコ	102(4.0)	0(0)	475(18.7)
ニューオーリンズ	98(3.9)	171(6.7)	1369(53.9)
シカゴ	47(1.9)	86(3.4)	843(33.2)

自然災害

南部ではハリケーンと竜巻，西部では地震と火山噴火，中西部では干ばつとブリザード

コントラストの大陸

アメリカには広大な平野，深い峡谷，険しい山脈がみられ，その自然の風景の壮大さは世界でも有数である．中央にあるのは，アパラチア山脈からロッキー山脈まで，カナダとの国境からメキシコ湾まで広がる巨大な平野である．

東海岸の大西洋沿いには，海岸平野がある．大地がほとんどいつも凍りついているはるか北のアラスカには，北極海沿いに低地がある．西部では，西コルディレラ山系に属する海岸山脈，カスケード山脈，シエラ・ネヴァダ山脈の間に小さな平野がみられる．南西部のベースン・アンド・レンジ[盆地と山地の交錯]地域も同様である．

高原は大陸の1/7を占めている．それにはアパラチア台地や，ユーコン川，コロンビア川，コロラド川の高原が含まれる．東部の高原は非常に古いものである．西部の高原ははるかに新しい．そこでは，コロラド川やコロンビア川のような大河が高原を侵食しながら流れ，深い峡谷を形成している．

山脈は大陸の1/5に相当する．そしてここでも，東部と西部の間には鋭いコントラストがみられる．東部には，侵食によって低くなった古いアパラチア山脈がある．西部には，新しく，高くて険しいロッキー山脈と環太平洋の山脈がある．

海岸もまた，大きく異なっている．大西洋岸では，大地が海に向かって緩やかに傾斜し，大陸棚となっている．この浅い海底は，大陸を160 km以上の幅でとりまいている．太平洋岸では，その幅ははるかに狭い．

安定した高原台地

アメリカの平野，高原，山地，海岸の配列について理解する最もよい方法は，大陸がどのように形成されてきたかを知ることである．北アメリカ・プレートは，地球の大陸を載せる大きなリソスフェア[地殻]・プレートの1つであり，かつては，巨大なローラシア大陸の一部だった．大陸そのものは，世界最古の岩石に属する先カンブリア時代の花崗岩から構成されている．その花崗岩は，アメリカ南部，スペリオル湖の西，オンタリオ湖の北東まで広がるカナダ楯状地，すなわちローレンシア台地に露出している．カナダのハドソン湾を中心とするこの太古の楯状地は，きわめて安定した台地状の平原を形成している．その南側には，ロッキー山脈とミシシッピ河谷に挟まれたグレート・プレーンズを構成する台地があり，また東のアパラチア山脈まで低地が広がっている．

断層の景観 カリフォルニア州サンフランシスコの近くのクリスタル・スプリング貯水池は，サン・アンドレアス断層によって形成された谷の中にある．1050 km以上の長さをもつこの断層は現在も活動しており，この地域の地震の危険度は高い．

これらの台地の周縁に沿って，しゅう曲作用や断層運動や火山の形成のような地殻変動――すなわちプレートの運動――がみられる．下方へのしゅう曲や沈降のあとで岩石はもち上げられ，いまもみられるような山脈を形成した．それらの代表が，2億2500万年以前に形成されたアパラチア山脈であり，6500万年以下しか経っていないロッキー山脈であり，もっと新しい西コルディレラ山系の山脈である．

北アメリカは，ほかの大陸と同様にこれまで移動してきたし，現在でも移動している．北アメリカ・プレートは西に向かって動いてきたために，太平洋の端にある隣の小さなプレートに乗り上げ，ほとんどそれを取り込んでしまっている．コースト・レンジ山脈，カスケード山脈，シエラ・ネヴァダ山脈はどれも，プレートが衝突し，岩石が押し上げられた際の大地の運動によって形成された．内陸の地殻は，玄武岩質の海洋地殻がその下に大量に押し込まれたために，水平に引っ張られている．これが，南西部のベースン・アンド・レンジ地域をつくり上げている断層地塊山地と谷の平行配列をもたらした．さらに北では，プレート運動がいまだに地震や火山活動を生み出している．セント・ヘレンズ山の1980年の噴火はその例である．西部の力強い大地の運動は，プレート境界が存在しない大陸東側の安定した状態とは対照的である．

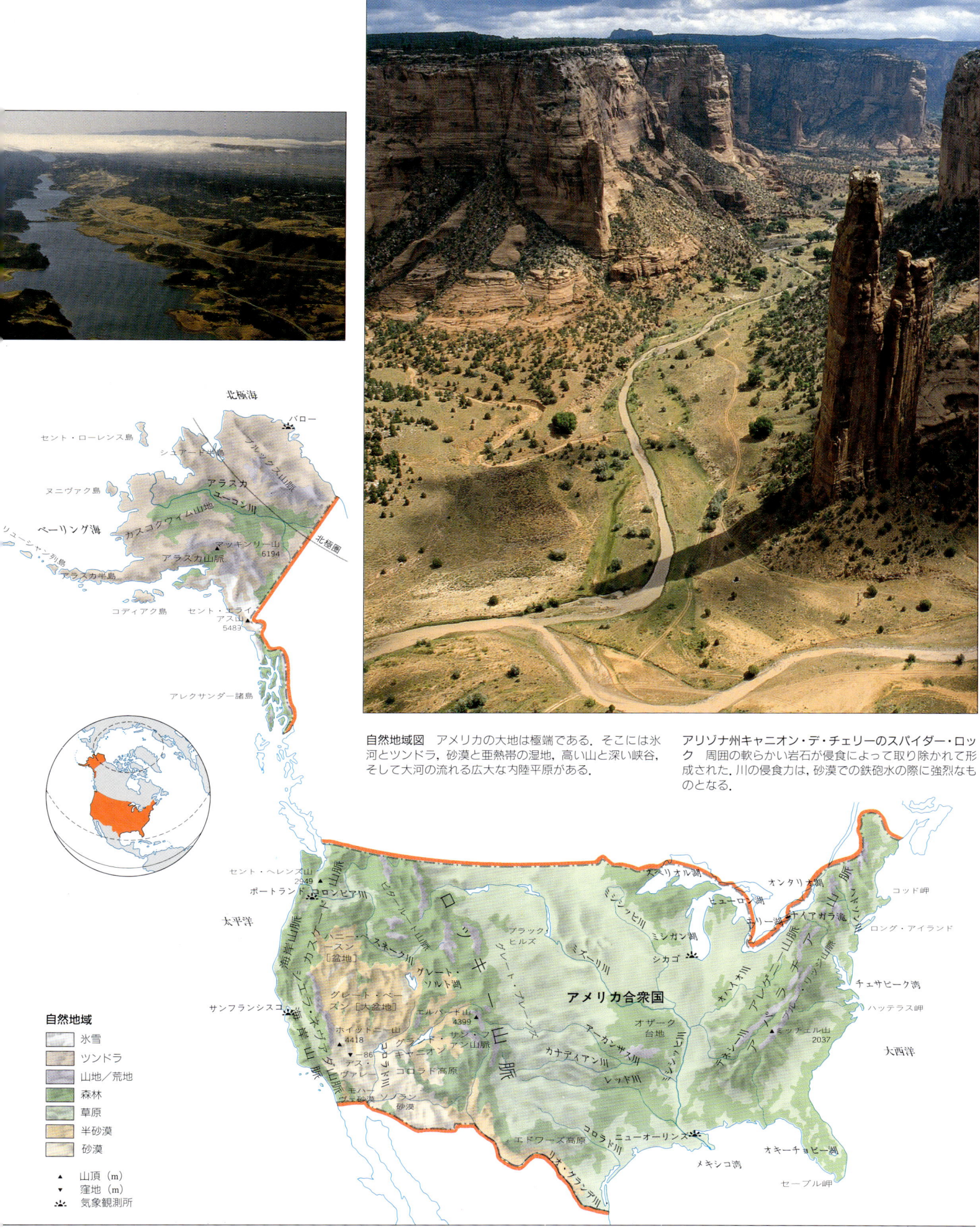

自然地域図 アメリカの大地は極端である．そこには氷河とツンドラ，砂漠と亜熱帯の湿地，高い山と深い峡谷，そして大河の流れる広大な内陸平原がある．

アリゾナ州キャニオン・デ・チェリーのスパイダー・ロック 周囲の軟らかい岩石が侵食によって取り除かれて形成された．川の侵食力は，砂漠での鉄砲水の際に強烈なものとなる．

自然地域

- 氷雪
- ツンドラ
- 山地／荒地
- 森林
- 草原
- 半砂漠
- 砂漠

- ▲ 山頂（m）
- ▼ 窪地（m）
- 気象観測所

自然地理

氷河の遺産

　地球の歴史には，氷河時代が何回かあった．およそ200万年前に始まった最も新しい氷河時代には，北極の氷床が少なくとも4回，北アメリカまで広がった．連続して起こったこれら4回の氷期は，前進してきた氷床によって最も影響を受けた州の名称をとり，ネブラスカ氷期，カンザス氷期，イリノイ氷期，ウィスコンシン氷期と名づけられている．氷床の前進と後退は，その下にあった大地の表面形態に影響を与えた．

　最も氷河が拡大したのはイリノイ氷期であり，このときには北アメリカの2/3近くが氷に覆われた．氷床は北に流れるすべての川をせき止め，巨大な氷舌が大地の流路を新たにつくり出した．イリノイ氷期には，2つの川が氷床の縁に沿って流れていた．西ではミズーリ川が南東に流れ，東では現在のオハイオ川が南西に流れていた．両者は合流してミシシッピ川となり，南に流れている．

　それぞれの氷期は，大地に痕跡を残した．しかし，最新の氷期であるウィスコンシン氷期の影響が，現在最も明瞭にみられる．その氷期は12万5000年から40万年前に始まった．氷床は，およそ1万8000年前に最も拡大し，4000年後には縮小し始めた．そして1万年前には，五大湖の北に後退していた．

氷河によって形成された特徴

　氷床が広がっていくときの巨大な圧力は，その下の大地の表面をこすりあげた．土は削りとられ，岩はすりつぶされた．丸石や砂利や粉末は，移動する氷に取り込まれ，南に運ばれた．氷河がとけるとき，運ばれてきた土や堆積物や岩石（氷河性漂礫土と呼ばれる）は，大地の上にとり残された．

　アメリカの中で，かつて氷河に覆われた地域には，漂礫土が薄く広がっている．大部分の景観は平坦である．それ以外の場所では，ところどころに小丘や凹地がみられる．小丘は，漂礫土からなる流線形の丘であり，ドラムリンと呼ばれている．凹地すなわちケトルは，埋積された氷体がとけたときに残されたものである．ケトルには水がたまっていることが多い．スペリオル湖の西にある湖の大多数は，ケトルの中にできたものである．

　はるか東では，氷床の後退は間歇的であり，その周縁部は長い間安定していた．そのため，厚い漂礫土が，氷河の前面に平行して堆積した．ターミナル・モレーン[終堆石]と呼ばれるこの細長い小丘は，氷床の融氷水をせき止め，五大湖——西から東へ，スペリオル湖，ミシガン湖，ヒューロン湖，エリー湖，オンタリオ湖——を形成した．現在でも，高さ100m，長さ数百kmに達する小丘が，ミシガン湖の南岸をとりまいている．

　氷床の融解は，膨大な量の水を生み出し，それがほかにも多数の湖を形成した．これらの湖は，融解が頂点に達したウィスコンシン氷期の終り頃に面積最大となった．それらが縮小して残った部分は，シャンプレーン湖や，オンタリオ湖南東のフィンガー・レークスの湖群にみることができる．

　堆積物を運ぶ融氷水が自由に流れる場所では，氷河から発した水流が以前の氷河周縁部に堆積物を広げ，またそれらをさらに南へと運ぶ．このような地形には，アメリカ北西部のコロンビア川とスネーク川の間にみられる，流路によって侵食された溶岩地域や，オハイオ川やミズーリ川の河床の砂礫段丘（網状砂礫堆）が含まれる．

植生と土壌

　氷河に覆われた地域の南にあるグレート・プレーンズと中央低地には，氷河の粉砕作用によってつくられ，氷河周縁から吹き飛ばされてきた砂塵が薄く広がった．このように風に飛ばされてきたレスと呼ばれる堆積物は，地球で最も肥沃な土壌を生み出している．そして，中西部では，この豊かなレス土壌が集約的な農業を支えている．

　しかし，これらの豊饒な土壌をもたらした風と水の力は，それらを再びとり去ることもできる．植生という保護膜がはぎとられると，土壌はきわめて侵食を受けやすくなり，ダスト・ボウル[黄塵地帯]が形成された1930年代のアメリカのようになるのである．

　氷河時代をもたらす気候変化は，植物や動物にも影響を与える．環境の変化に適応できない種は，絶滅という運命をたどるしかない．1万年前に始まる完新世初期においてみられた植生の変化とは，植物の遷移である．植生パターンは，過去数千年間，気候の変化とともに変動し続けてきた．たとえば，プレーリーと森林の境界は，100kmもいったりきたりしたのである．

アラスカ州ヌトゾーティン山地　氷河作用を受けた景観に典型的な，両側が急斜面の谷と，尖った尾根や峰がみられる．南のもっと標高の高い地域では，現在でも氷河が活動している．

ミシシッピ川最上流部（ミネソタ州ビミジ）　水源のアイタスカ湖から遠くないところでは，低湿地帯をゆるやかに蛇行している．

ミズーラ湖の氾濫

アメリカ北西部のコロンビア河谷とスネーク河谷の間には，土壌がきれいに洗い流され，クーリーと呼ばれる深くてはっきりとした流路によって開析された台地がある．最も大きなクーリーの1つがグランド・クーリーであり，そこには現在グランド・クーリー・ダムによって水が貯えられている．ほかのクーリーには水はみられないが，空から見ると，それらは網状パターンを示している．

この景観の起源は，長年にわたって謎だった．1920年代に地質学者J・ハーレン・ブレッツは，流路によって侵食された溶岩地域全体が，聖書にあるような洪水によって一度に形成されたことを示唆した．ブレッツの理論は，公表されたときにはばかげたものとして非難されたが，現在では基本的に正しいとみなされている．

クラーク・フォーク川は，ビタールート山脈の北の端にある狭い間隙を通ってコロンビア河谷へと流れている．ウィスコンシン氷期に，前進してきた舌状の氷河がこの間隙をふさぎ，クラーク・フォーク川をせき止めて，膨大な貯水量をもつミズーラ湖をつくり出した．

この氷のダムは結局，湖水の圧力に屈して決壊し，大洪水がコロンビア川とスポーカン川の合流点から下流を襲った．洪水はコロンビア高原の上を流れ，土壌をはぎとり，深い流路を刻んで，コロンビア川の峡谷を通り太平洋に達した．

この洪水のピーク時の最大流量は，世界のあらゆる河川の流量を合わせたよりも大きかった．数週間でミズーラ湖は完全に排水され，クラーク・フォーク川は本来の流路をとりもどした．しかし景観は永久に変わってしまったのである．

起伏のある溶岩地帯の形成

氷床と山岳氷河
レーニア山
オリンパス山
太平洋
氷のダムの崩壊

ミズーラ湖
ミズーラ湖の水をせき止めている氷のダム
ビタールート山脈
スネーク川
コロンビア川

流れ出したミズーラ湖の水は侵食によって深い流路を刻み，コロンビア川と合流して太平洋へと流出する．

ミズーラ湖の水に侵食されてできた多数の深い流路（クーリー）のひとつであるグランド・クーリー

ミズーラ湖の水によって侵食された溶岩地域

自然地理

アメリカ合衆国の気候

アメリカは2つの極端な気候の間に挟まれている．北の端では，アラスカの北極海岸が寒帯に属し，いっぽう南東の端では，フロリダ半島が熱帯まで広がっている．それらの間にある大地では，あらゆるタイプの気候がみられるのである．

寒冷で湿潤な気候帯

寒帯気候は，年間を通じての低温と，きわめて短い成長の季節が特徴である．アラスカ北部でみられるような比較的おだやかな寒帯気候は，最も暖かい月の平均気温が0℃を越えるが，しかしそれでもそれは10℃以下である．

おだやかな寒帯気候は，はるか南であっても高い標高でみられる．なぜなら，気温は高さが増すにつれて低くなるからである．およそ北緯62度のアラスカ山脈では，寒帯気候はちょうど900 mでみられる．北緯47度のカスケード山脈北部では，2000 mで寒帯の条件となる．シエラ・ネヴァダ山脈でも，標高が3500 mを越えると寒帯気候となる．

寒帯の南では，気候は湿潤になるが，冬はあいかわらず厳しい．この気候が，アラスカの大部分とアメリカ東部の北緯40度以北でみられる．最も寒い月の気温は0℃をかなり下回るが，最も暖かい月は10℃を越える．

アラスカ南部の海岸沿いでは，いくつかの気象観測所で毎年3800 mmを越える降水量が記録されており，そこはアメリカで最も湿潤な地域のひとつとなっている．全土で最も湿潤な地点は，ハワイのカウアイ島であり，そこでは1年に1万1500 mmの雨が降る．

太平洋岸をサンフランシスコまで南下しても，雨の多い気候がみられる．しかし，冬はおだやかであり，最も寒い月でさえ気温はほとんど0℃を越えている．ここの気候はアメリカ南東部の気候と似ている．どちらの地域にも年間1000 mm以上の雨が降り，場所によってはその数字は2500 mmに達する．

乾燥気候帯

西部の山脈から，東の西経100度にかけての地域では，気候は乾燥している．この地域には，年降水量が200 mm以下のモハーヴェ砂漠やソノラン砂漠，平均で年に40 mmしか雨が降らないグレート・ベースン（大盆地）やデス・ヴァレーが含まれる．それ以外は半乾燥であり，200 mmから500 mmの雨が降る．

河床には，一時的に激しい雨が降るときだけ，その直後に水が流れる．年間の降水量がおよそ500 mm以下ならば，水の流れはまったくみられないようである．実際，山地に源を発して，この地域を横切る川は，次第に小さくなっていく．なぜなら，蒸発と浸透によって失われる水が，支流や雨によって供給される水より多いからである．これはコロラド川とリオ・グランデ川の両者にあてはまる．

この地域のもうひとつの特徴は，チヌークと呼ばれる局地風である．空気は山岳地域から降りてくるにつれて暖かくなり，含み得る水蒸気の量が次第に増大する．その結果が，ときどきロッキー山脈からグレート・プレーンズを吹きぬける，このからからの風である．チヌークからの熱は，1日に15 cmの雪をとかして蒸発させることができる．

湿潤な大陸性の気候

西経100度線の東では，気候はもっと湿潤になる．年降水量は500 mmから1250 mmの間であり，その大部分は春と夏に降る．大陸中央部での平均気温は海岸部とあまり変わらないが，しかし平均値はあてにならない．陸地は海よりも急速に暖まり，急速に冷える．したがって，海から遠く離れた大陸内部では，海岸地域よりも最高気温は高く，最低気温は低くなるのである．これが，大陸性気候として知られているものの特徴である．大陸中央部では，カナダとの国境付近で冬の気温が平均ー40℃であり，夏の気温は38℃を越える．太平洋岸では，ほぼ同じ緯度で冬の平均が4℃，夏の平均が20℃である．

最高値や最低値がみられるのは，大陸性気候の地域である．デス・ヴァレーは，56℃という最高記録をもっている．一方，アラスカのプロスペクト・クリークは，ー62℃という最低記録を保持している．

アメリカ南東部の端にあたるフロリダ半島の南端は，湿潤な熱帯気候がみられる唯一の地域である．最も涼しい月でさえ平均気温は18℃以上あり，1500mm以上の降雨が1年全体に分散してみられる．

コーラウ山脈（右） ハワイ州オアフ島の北東海岸にある．太平洋から吹いてくる水蒸気を含んだ風をさえぎっている．激しい降雨は，新しい火山岩を侵食して，深いガリー［溝］をつくり出している．

アメリカで最も暑く，最も乾燥した場所（下） カリフォルニアのデス・ヴァレーでは，ときに夏の気温が55℃を越える．高い蒸発率によって，塩分が地表に析出し，谷底を白く覆っている．

気候災害

アメリカ全土は，極端な気候現象や局地的な天候異常の危険性にさらされている．干ばつは1つの例である．今世紀に入って，中西部では1930年代，1970年代前半，1980年代後半の3回にわたって激しい干ばつがみられた．

1930年代には，干ばつ地域での強風が恐ろしい影響をもたらした．顕著だったのはグレート・プレーンズであり，そこでは農地のむきだしの表土がほとんど吹き飛ばされ，ダスト・ボウル［黄塵地帯］が形成された．また，大量の雨が降ったために，主要な河谷が激しい洪水にみまわれた年もあった．

ハリケーンはもうひとつの，もっと頻繁な問題である．ハリケーンは晩夏から初秋にかけて南のカリブ海で発達し，温かい海と湿った大気からエネルギーを得たあとに，北に向かって移動する．この巨大な熱帯の暴風雨は，直径の平均が650kmであり，中心部の気圧はきわめて低い．風は，中心にある風の静かな領域——ハリケーンの目——のまわりを，反時計回りに回転しており，時速160～260kmの突風が吹くことがある．

ハリケーンは，メキシコ湾岸と大西洋岸を数年に一度襲う．アメリカに1969年，1972年，1980年，1985年に上陸したハリケーンは，合計でおよそ800名の死者を出した．ハリケーン"アグネス"（1972年）の風は時速135kmに達し，高潮によって海面は通常より1.8m高くなった．東海岸に近いワシントンDCでは，24時間に290mmの雨が降った．

大陸内部でも，局地的な激しい嵐がみられる．局地的な大多数の嵐がそうであるように，竜巻も，性質の異なる大気のかたまりが混ざり合うときに発達することが多い．たとえば，1977年9月にミシシッピ川下流のカンザスシティ上空では，南からの暖かく湿った空気と西からやってきた冷たい空気がぶつかりあった．その結果発生した嵐は，6時間に150mm以上の豪雨をもたらし，翌日さらに150～180mmの雨を降らせた．洪水は家々を破壊し，数多くの人命を奪った．

もっと北では，グレート・プレーンズの冬の嵐が，人間と家畜の生命をおびやかすブリザードを生み出す．ひょう（雹）をともなう嵐はそれほど危険ではないが，しかしやはり深刻な被害を及ぼすことがある．

自然地理

竜巻

　トルネードすなわち竜巻は，地球で最も激しく危険な大気の擾乱である．アメリカ全土では，1年におよそ200個の竜巻が観測されている．それは，中部地域と東部地域を代表する災害，とりわけ"竜巻の通路"と呼ばれることもあるミシシッピ河谷を代表する災害である．1920年と1950年の間に，メキシコ湾岸の海岸平野に近いミシシッピ河谷の中のすべての郡が，少なくとも12回の竜巻に襲われた．被害総額は数百万ドルに及び，死者は2000人以上にのぼった．

　竜巻は，嵐の雲から地上へとのびる，湾曲したじょうご形の雲である．典型的な竜巻は，地上部分の直径が数百mであり，ハリケーンよりもはるかに小さく，また継続時間も短い．

　大多数の竜巻は，春と初夏に発生する．深南部は初春に襲われることが多く，季節が進むにつれてもっと北が襲われるようになる．竜巻は昼夜にかかわらずいつでも発達する可能性があるが，しかし大多数は午後遅くか早朝に形成される．大部分の竜巻は，およそ時速50kmで南西から北東に向かって移動する．その移動距離は，約26kmである．

　竜巻の正確な原因は，あまりよくわかっていない．しかしそれは，冷たく重い上空の空気が，下の暖かく軽い空気の層をおさえつけることで，大気がきわめて不安定になった結果であると考えられている．2つの層の間で風の方向が大きく異なるウインドシアという現象も，重要な役割を果たしているようである．

　竜巻は，下層の暖かい空気が上層の冷たい空気を突き破り，反時計回り（南半球では時計回り）に回転しながら上空へと噴出するときに形成される．これが竜巻サイクロンである．サイクロン[大竜巻]の底部が地上へ向かって降下し，下層の空気を吸い上げる際には，白いじょうろ形の雲が下方へと伸びる．この白さは，気圧の低い領域で水滴が形成されるためである．じょうろが地上に到達すると，気圧のきわめて低い中心部が土や石を吸い上げるために，竜巻は気味の悪い色になるのである．

　アメリカ中西部，とりわけミシシッピ河谷の上空では，竜巻の発達する条件が満たされることが多い．とくに春には，太平洋から東へ移動してくる冷たい空気が，メキシコ湾から北へ移動してくる暖かくて湿った空気の上に重なるのである．下層の空気は，太陽に照らされた大地によって，局地的にさらに暖められる場合がある．

　竜巻の内部の空気は，高速で回転している．その速さは計測されたことはないが，しかし被害の分析から，その風速は時速800kmにも達することが示されている．竜巻の破壊力は，石が吸い上げられ，旋風によってぐるぐる回ると

オクラホマ上空の竜巻（右）　空気の湾曲したじょうろが雲から降りてくると，土や石が空へと吸い上げられる．

竜巻による破壊（下）　時速800km以上の旋風が，このテキサスの町に破壊をもたらした．竜巻の底部が直径数百mを越えることはめったにないため，通りを2，3本離れた家々は無傷のままである．

アメリカ合衆国 I

巨大なウォータースパウト 大西洋のバミューダ・トライアングルで発生．らせん状の水柱が，上空の不吉な黒い雲を成長させている．

きに強められる．竜巻は景観を切り裂き，通り道にあるものをすべて破壊する．樹木は，吸引と回転する風の作用で簡単にひき抜かれてしまう．多数の建造物が風で倒壊する．文字通り爆発する建造物もある．それは，外部の気圧が急速に低下するのに対して，建物内部の気圧がそれほど急に低くならないためである．竜巻の進路上ではすべての気圧計が破壊されてしまうので，どれほど低下したかを示す記録はないが，100 hPa の気圧低下が典型的であると考えられている．

竜巻は，発生すると気象レーダーに点として映るので，進路に住む人々に対して警報が出される．竜巻は，アメリカでいまだに人命を奪い，財産に被害を与え続けている．しかし幸いなことに，ほかの気候災害と異なり，大多数の竜巻は地上に接する時間が短いので，その被害の影響は局地的なものである．

ウォータースパウト

ウォータースパウト［水上の竜巻］は，力強く立ち昇る水柱であり，竜巻が海上に降下するときや，それほど派手ではないが，表層で強い風が収束し上昇するところで形成される．それは，メキシコ湾の沿岸や，フロリダに近い大西洋上でしばしばみられる．ウォータースパウトは，かなりの量の海水を吸い上げることができる．たとえば，1896 年にコッド岬に近い大西洋沿岸で大きなウォータースパウトが発生したが，数時間後にその地域は塩水の豪雨によって水びたしとなったのである．

アパラチア山脈と海岸平野

アメリカ東部のアパラチア山脈は，メキシコ湾岸の海岸平野から北東に，五大湖を越えて，カナダ国境までのびている．大昔の砂岩や，石灰岩や，スレート［粘板岩］や，ほかの岩石が，しゅう曲作用を受け，侵食され，隆起し，再び侵食されたのである．そこには，およそ3億5000万年から2億5000万年前に形成された，世界で最も古い山脈がいくつかみられる．アパラチア山脈の山麓台地と大西洋の間には，北東ほど狭くなる海岸平野がある．

海岸平野

大西洋岸の海岸平野は，コッド岬からリオ・グランデ川までのびており，内陸へは160〜320kmの幅で広がっている．それは，大西洋の大陸棚に連続している．

海岸沿いには，砂浜，干潟，湿地，沖合の島，浅いラグーンを閉じ込めた砂州がある．南東のフロリダ半島沿岸には，サンゴ礁がみられる．内陸では，この地域は水平な低地であり，沼沢地，干潟，湿原が広がり，バイユーと呼ばれる流れが蛇行しながら横切っている．低い丘が何列か海岸と平行に走っているが，150mよりも高い場所は存在しない．

最も新しい氷河時代には，北の大地は氷河に覆われ，その重さによって押し下げられていた．氷がとけ始めると，大地はゆっくりと復元したが，しかしその上昇の速さは，海面上昇による海水の侵入を避けられるほどではなかった．水没した河谷は，チェサピーク湾やロング・アイランド湾のような湾や入り江を形成した．

コッド岬の北では，海岸平野は全体が海中に没し，アパラチア山脈が海岸に迫っている．水没した氷河谷に挟まれた岩だらけの岬は，アメリカで最も美しい海岸線をつくり出している．水没した海岸平野は，海の下に1600km近く続いており，連続した浅いバンク［堆］となって，水産業の繁栄を支えている．

キャデラック山 アメリカの北東端にあたるメイン州の海岸にある．およそ3億9500万年前に形成された．当時，アパラチア地向斜と呼ばれる地殻の大きなくぼみに集まった堆積物が，隆起，しゅう曲，変成作用を受けたのである．

アパラチア山脈北部

アパラチア山脈北部は，最終氷期の影響を受けた．当時，氷河は谷を侵食し，大量の岩や土を運んだ．氷河堆積物は，この地域の大部分を8〜15mの厚さで覆っている．オンタリオ湖の南東にあるフィンガー・レークスでは，堆積物は深さ300mまでみられる．

北部には，オンタリオ湖とハドソン川上流部の間に，アディロンダック山地がある．この山地は，ドーム構造から発達したものであり，そのドームは，中心にあった6億年前の先カンブリア時代の岩石が3km以上も押し上げられたときに形成された．最高峰は，1629mのマーシー山である．この中心部から離れるにつれて丘陵はしだいに低くなり，岩石は新しくなる．ニューイングランドと呼ばれるアメリカ北東端の地域は，この山麓台地の続きである．しかしそこでは，岩石はしゅう曲作用を受け，グリーン山脈を形成している．これらの岩石は侵食されやすく，比較的侵食されにくい岩石が，ところどころに山地として残っているにすぎない．

アパラチア山脈中部と南部

海岸平野とアパラチア山脈の森林に覆われた丘陵は，滝線によって分かれる．滝線という名称は，線状に並んだ急流や滝からきている．それらは，台地東端の硬い岩石から海岸平野へ川が流れ落ちるところに形成されているのである．滝線は，18〜19世紀には上流への航行の限界点を示しており，また大きな川の最も下流における渡河点を示していた．結果として，東部の大都市の多くがここに建設された．東の山麓丘陵，すなわちアパラチア山脈のピードモント［山麓］台地は，東の滝線からブルー・リッジ山脈まで広がっている．ブルー・リッジ山脈は，もっと西の山脈よりも険しく，2037mのミッチェル山はアパラチア山脈の最高峰である．

ブルー・リッジ山脈の西には，狭い谷と交互に石灰岩の長くて平行な尾根がみられる地帯がある．石灰岩は地下まで刻み込まれ，洞窟が形成された．その中には，全長が530kmの世界最長のマンモス・ケーヴ鍾乳洞群が含まれる．さらに西には，アパラチア高原がある．それは，

東部のグランド・キャニオン ニューヨーク州のジェニシー川によって形成され，アパラチア山脈の古い堆積物を刻んでいる．大地が隆起したために，川は岩をおよそ240 mも切り込んでいる．

ほぼ水平な地層の大きな広がりであり，地殻変動によって300 mから900 mももち上げられ，その後蛇行する川によって切り込まれた．現在の景観は，ごちゃごちゃと寄せ集まっている丘陵や低い山地と，それらの間の狭い河谷から成り立っている．起伏の高い地域にあるのが，アレゲニー山脈である．

ナイアガラ滝

五大湖は，最終氷期の終わりに形成された．そこから流れ出た膨大な量の融氷水は，ミシシッピ川とハドソン川を経由して南へと排出された．なぜなら，北への経路はまだ氷河によってふさがれていたからである．およそ1万1000年前に，氷河の縁辺はセント・ローレンス川の北へと後退し，五大湖は北東へと排水を始めた．氷河の重さから解放されて，大地もまたこの時期に上昇した．

最も東にあるオンタリオ湖の水位は，湖水がセント・ローレンス川に流出したときに急激に低下した．エリー湖の湖水は，オンタリオ湖へと流れ出した．五大湖のそれぞれの湖水は，つぎつぎと東に隣接する湖に流出し始め，現在みられる排水パターンをつくり出した．

ナイアガラ川は，スペリオル湖，ヒューロン湖，ミシガン湖，エリー湖の流出水全体を集めて，もっと低いオンタリオ湖へと急傾斜で流れた．川は当初，急速に大地を侵食したが，しかしその後，石灰岩の硬い地層にぶつかった．下流側が侵食によって深く切り込まれたために，滝が形成された．

現在，アメリカ滝は高さ51 m，幅はおよそ300 mである．カナダ滝すなわちホースシュー[馬蹄形]滝は，幅は2倍以上あるが，しかしそれほど高くない．石灰岩はゆっくりと侵食されており，滝は上流側におよそ11 km後退した．しかし，石灰岩がほとんど水平なので，高さは維持されてきた．

内陸の平野と低地

北アメリカ大陸中心部の景観は，最も古い地質年代と，最も新しい地質年代によってもたらされた．広大であること，安定していること，全般的に低平で起伏がゆるやかであることは，6億年以上前の先カンブリア時代の遺産である．この安定した卓状地の上には，200万年前に始まった第四紀の氷河堆積物（漂積物，漂礫土）がのっている．これが，この地域の水系や，地表の地形や，肥沃な土壌の原因となった．

内陸の平野と低地を流れる主要な川は，ミシシッピ川，ミズーリ川，オハイオ川である．これらの川からなる現在の水系は，北への流出が氷河によってさえぎられたイリノイ氷期に形成された．スペリオル湖の西と南には，ミシシッピ川の源流部を含め，花崗岩が広く露出している．この太古の岩石は，カナダ楯状地すなわちローレンシア台地の一部であり，堆積岩の下に埋没した．堆積岩はその後，風，水，氷河によって侵食されたのである．侵食に弱い線に沿って，深い谷が刻まれた．これらの谷の間には，硬い岩石の尾根があり，スペリオル湖の半島と湾を形づくっている．

中央低地

五大湖の南には，ほとんど水平な大地が170万 km² の範囲に広がる広大な領域がある．これが中央低地である．その傾斜はゆるやかで，東のアパラチア山脈の端にあるアレゲニー山脈とぶつかるところで300 m，ミシシッピ川のところで150 m まで低下し，再び高くなって，西のグレート・プレーンズとの境界ではおよそ600 m となっている．景観の一様性は，地質構造を覆いかくす厚い氷河堆積物によるものである．

五大湖周辺の堆積物は，最終氷期に起源をもつ．地表には，小丘やドラムリンやケトルによって起伏があるが，しかし景観の最大の特徴は，湖の南岸に同心円状の尾根を形成しているターミナル・モレーンである．モレーンの南では，氷河堆積物は古く，侵食と堆積によって小丘や凹地はなだらかにされた．川は，急斜面を両側にもつ広い谷を刻んだ．ミシシッピ川の西では氷河堆積物はさらに古く，平野はもっと開析され，大地はもっとなだらかである．

このような後氷期の景観とは対照的に，ミシガン湖の西のミシシッピ河谷に近接する地域は氷河作用をまぬがれた．なぜなら氷河は，現在スペリオル湖とミシガン湖の下になっている，深い谷の中だけに存在していたからである．そこには，氷河に覆われると壊れてしまう天然橋やアーチやビュート［孤立丘］のような大昔の地形が存在する．

北部のミズーリ川から南へ，オザーク台地を含み，レッド川とコロラド川の間まで広がっている平野もまた，氷河の南限の外にあった．そのため，景観は地下の構造を反映している．侵食されにくい石灰岩や砂岩が帯状にみられるところには，ケスタと呼ばれる丘陵列が形成された．丘陵と丘陵の間には，侵食されやすい頁岩を切り込んだ長い谷がある．

バッドランズ　散発的な砂漠の嵐がもたらす，雨滴のしぶきと集中的な流出の組み合わせが，比較的軟らかな岩石からなる地域をバッドランズに変える．

ヌマスギの沼沢　炭田となった大昔の沼沢と対応するものであり，ルイジアナのミシシッピ三角州を広く覆っている．川が落としていった堆積物によって，水がせき止められている．

上げられて，上を覆う堆積岩をつきぬけたのである．ブラック・ヒルズは，ラシュモア山の斜面に，ワシントン，ジェファソン，リンカーン，セオドア・ルーズヴェルト各大統領の巨大な頭像が彫られていることで有名である．ブラック・ヒルズをとりまく新しくて軟らかな岩石は，侵食によって取り除かれた．しかし侵食されにくい岩石が帯状にみられるところでは，ホッグバックと呼ばれる急傾斜の山稜が形成された．

ブラック・ヒルズの東には，深く侵食された荒地であるバッドランズ[悪地]が広がっている．この種の名称は，世界のほかの地域でも，同じような景観に対してつけられている．

グレート・プレーンズ

中央低地よりもほんのわずかに小さいグレート・プレーンズは，ロッキー山脈と平行に走っている．面積はおよそ 147 万 km^2 で，アメリカとカナダに広がっている．東に向かってゆるやかに傾斜しており，ロッキー山脈の麓では 1675 m の高さで，中央低地とぶつかるところではおよそ 600 m である．地下の構造よりも気候と植生の変化が，現在みられる景観の原因となっている．グレート・プレーンズの東限は，年降水量 500 mm の線と一致しており，その線を境に，雨の少ない西側の丈の短い草原と，雨の多い東側の丈の長い草原が分かれるのである．

グレート・プレーンズ北部の景観で目立つのは，先カンブリア時代の花崗岩からできているサウスダコタ州のブラック・ヒルズである．この花崗岩は，7000 万年から 4000 万年前に押し

アメリカ最大の地震

北アメリカ最大の地震として知られているのは，オハイオ川との合流地点から南へあまり遠くないミシシッピ川沿いのニューマドリードで起こった地震であり，大陸の中央部をゆるがした．目撃者は，次のように述べている．「大地は波打ち，その波が海の長くゆったりとしたうねりのように地表を通り過ぎるとともに，地面が上がったり下がったりした．樹木は枝が重なり合うほど傾き，地面には深い割れ目ができた」．ミシシッピ川への影響も顕著だった．「大波が多数の船を破壊し……引き波は何千本という樹木を倒した……砂州や島全体がうねりの下に消えてしまった」．

この地震は，1811 年 12 月 16 日と 1812 年 2 月 7 日の間に起こった 3 回の地震からなる．それぞれの地震は，修正メルカリ震度階の最高値である震度 12 に達した．記録によればそのゆれは，ニューマドリードから北東に 1000 km 以上離れたワシントン DC で眠っている人を起こし，同じく 1600 km 以上離れたマサチューセッツ州ボストンの教会の鐘を鳴らした．

アメリカばかりでなく，世界中で起こる地震の大多数は，活動的なプレート境界と関係している．しかし，ニューマドリード地震は，プレート内地震の一例だった．ミシシッピ川の地下には，大昔の大陸移動によって形成された古い断層がいくつかある．それらは厚い堆積物によって覆われている．大陸地殻はときどき堆積物の重さによってたわみ，"深い震源の"地震を発生させるのである．

地震に続いて，ミシシッピ川が一時的に逆流した．なぜなら，大地が逆の方向に傾いたからである．ニューマドリードのすぐ近くには，長さ 29 km のリールフット湖が形成された．この湖は，いまも存在している．幸いなことに，地震に襲われた地域は，人口がまばらだった．もし現在同じ地震が起こると，セント・ルイスやメンフィスといった都市は壊滅するだろう．

自然地理

西部の山地と盆地

ロッキー山脈は，北極海からメキシコ湾までほとんど途切れることなくのびている．およそ8000万年前，北アメリカのリソスフェア・プレートは西に移動し始めた．ときとともに，それは，太平洋プレートの海洋地殻を大陸の下に引きずり込んだ．これによって，大陸の花崗岩とその上の堆積岩は，隆起，断層，しゅう曲，傾動の作用を受け，ロッキー山脈が形成された．ロッキー山脈だけに限ると（太平洋岸に近い山脈はもっと歴史が新しい），最高峰は4399mのエルバート山である．隆起は続いており，風化や侵食の作用とともに，堆積物がたまった盆地が点在する険しい山脈をつくり出してきた．

山脈の中の高原

コロラド高原は，ロッキー山脈と東のベースン・アンド・レンジ地域にはさまれた，砂の砂漠や，バッドランズや，峡谷がみられる地域である．それは，昔の卓状地の一部である．コロラド川が高原を横切って流れており，大地の隆起と同じ速さで岩石を切り込んだ．その川の雄大な侵食力をみせつけるグランド・キャニオンには，20億年間にわたって形成された岩石が露出している．

ほかには，サン・フアン山脈のような火成岩や火山岩の山地が，景観に変化をつけている．グランド・キャニオンの南東には，2万5000年前に地球と衝突した隕石が残した，直径1.2kmのクレーターがある．硬い岩石と軟らかい岩石が交互に重なり合う地層が水平になっているところでは，硬い岩石が頂部となってメサ，あるいは丘陵の幅よりも高さが大きい場合には，ビュートが形成される．ビュートはたとえば，グランド・キャニオンとサン・フアン山脈の間に位置するモニュメント・ヴァレーでみられる．

侵食に強い地層は，その下が川によって侵食されると大きくはり出す．谷を刻みながら蛇行する川が円を描くように曲流し，その円のつながっていない部分にあたる薄い壁に穴をあけることで，天然橋が形成される．サン・フアン山脈の東にある，リオ・グランデ川源流部のサン・ルイス・ヴァレーには，山地の狭い間隙を風がふきぬける場所に，高さ160m以上の砂丘がみられる．

南西部

南北に走る山脈とそれらの間にある盆地が，南カリフォルニアの大部分とネヴァダ州の全体を覆っている．およそ160kmしか離れていないのに，高度は海面下86mのデス・ヴァレーから，シエラ・ネヴァダ山脈にあり，アラスカを除くアメリカの最高地点である海抜4418mのホイットニー山頂まで変化する．山地と盆地の並列は，火山活動と断層運動の結果である．

デス・ヴァレーは干上がった湖底であり，埋積されるよりも速く沈降している．このような盆地の典型的なものは，2つの部分からなる．中央には沖積低地，すなわちプラヤがあり，その周囲には峡谷からときどき流れ出す川が堆積物を運んだ砂礫扇状地がある．山地のふもとには，砂礫に薄く覆われた，固い岩石からなるゆるやかな傾斜の平野がみられることが多い．これはペディメントと呼ばれる．ペディメントは，山地からの水流による侵食で形成された．

太平洋岸の景観には，衝突するプレートの影響が顕著にみられる．西コルディレラ山系の山脈（海岸山脈，カスケード，シエラ・ネヴァダ，それ以外の小さな山地）は，衝突の最もはっきりとした結果である．これらの山脈は，南北に連なっている．シエラ・ネヴァダ山脈は，貫入した花崗岩が上を覆う岩石を巨大なドーム状に押し上げることによって形成された．その北にあるカスケード山脈には火山がみられ，その中のいくつかは，セント・ヘレンズ山のような活火山である．大陸地殻がもろくなっているところには複雑なしゅう曲や断層がみられ，それらの作用によって太平洋を縁どる海岸山脈が形成された．

プレートの運動は現在も続いている．サンフランシスコ半島から南東へ海岸沿いにのびるサン・アンドレアス断層は，水平に動いている．

ニューメキシコ州の消滅しつつある丘陵 頂部の硬い岩石は侵食されにくいが，次第に下部の岩石が削り取られ，斜面が後退して，平らなテーブル状の台地，すなわちメサを形成する．最終的には，丘陵は完全に侵食され，平坦な砂漠しか残らない．

ロサンゼルスのスモッグ

アメリカ太平洋岸のはるか南にあるロサンゼルスは，そのスモッグで悪名高い．スモッグは，息苦しいすすけた霧であり，その地域で使われている何百万台という自動車の排気ガスがおもな原因である．

ロサンゼルスはほかの都市よりもスモッグに苦しんでいる．なぜなら晴れの日が多く，背後に山地が連なる海岸平野にあるため，汚れた空気が吹き払われにくいからである．

エンジンの排気ガスには，大気を汚染する気体が含まれている．それは，二酸化炭素，一酸化炭素，二酸化硫黄，窒素化合物，炭化水素などである．強烈な日光の紫外線は，光化学反応により炭化水素ガスを酸化することで，オゾンなどの有毒物質をつくり出す．

汚染は，気温の逆転によって閉じ込められる．それには2つのタイプがある．1つは，夜間に地上で空気が冷やされ，その上に暖かい空気の層がふたのように重なり，盆地の汚れた空気を閉じ込めるというものである．ロサンゼルスはまた，安定した高気圧に覆われることが多い．その下降気流によって，地上付近の暖かい汚れた空気が上昇できないということもある．その空気は，海から弱い風が吹いているために海へ出られず，山があるために内陸へも移動できないのである．

最も直接的な被害は，汚れた空気を呼吸している人々にみられる．オゾンや酸化した炭化水素によって，目が痛くなったり，肌がひりひりしたりする．建物にも被害が生じ，植物も影響を受ける．視界が悪くなり，空の交通を危険なものにする．

カリフォルニア州当局は，アメリカ国内で最も厳しい排ガス規制を敷いている．しかし，問題は解決されていない．

休火山？ アダムズ山が，ワシントン州のカスケード山脈にかかるもやから突き出ている．カスケード山脈は，アメリカで最も新しく，最も高い山脈の1つであり，1980年のセント・ヘレンズ山の噴火が示すように，現在でも火山活動の中心である．

太平洋プレートと北アメリカプレートは長い間くっついている．その間に，地球の深部でひずみが次第に蓄積される．ついには断層が突然ずれて，地震が発生する．最も新しい大規模な断層運動は，1906年のサンフランシスコ地震を引き起こした．最近でも1989年に大きな地震があった．

アラスカ――最後のフロンティア

細長い沿岸地帯だけが，アラスカとそれ以外のアメリカを結びつけている．この極地の山脈は，ロッキー山脈の北部を構成している．はるか北のブルックス山脈は，太平洋プレートの一部が大陸プレートと衝突し，その上に乗り上げたときに形成された．その後の侵食と風化によって，ぎざぎざの峰と険しい谷がつくり出された．

ブルックス山脈と南のアラスカ山脈との間にあるユーコン台地は，ユーコン川によって深く切り込まれている．ユーコン川下流は，直径およそ240 kmの沖積扇状地を横断している．この扇状地は，ミシシッピ三角州と似ているが，広さは2倍である．海岸平野は北極海まで，およそ160 kmにわたってのびている．ここには永久凍土があるが，地表は毎年数週間だけとける．

アラスカ山脈は，太平洋岸の一連の山脈の一部であり，海から急傾斜で立ち上がっている．6194 mのマッキンリー山は，アメリカの最高峰である．氷河によって掘り込まれたいくつかの谷は水没し，フィヨルドになった．ほかの谷には，現在も氷河がみられる．アラスカ山脈は南西にのび，アラスカ半島とアリューシャン列島の火山性の山地となる．沿岸には島弧と平行にアリューシャン海溝があり，そこが大陸プレートと海洋プレートの境界の変動地帯であることを示している．

自然地理

巨大なミシシッピ

　ミシシッピ＝ミズーリ川水系は，ロッキー山中のミズーリ川源流からメキシコ湾まで 6020 km の長さをもつ．その流域面積は，およそ 320 万 km² である．ミシシッピ川河口での平均流量はおよそ 1 万 7500 m³/秒であり，洪水時には 85000 m³/秒程度まで増大する．

　五大湖の西の上流部では，ミシシッピ川はおよそ 250 km にわたって，いくつもの湖を通過しながら，氷河堆積物の小丘の間を曲がりくねって流れている．そこを過ぎると流路はかなりはっきりとしてくる．水源からおよそ 800 km で，川は谷壁の岩石を削ってできた広い氾濫原に入り，それが 1600 km 続く．

　セント・ルイスの南で，ミシシッピ川は西から流れてくる長さ 3946 km のミズーリ川と合流する．その暗い色の水は，合流点から下流に何 km もたどることができる．さらに南では，1560 km のオハイオ川の水が東から流れ込み，流量が一段と大きくなる．

　最近 6000 万年間に，アパラチア山脈とロッキー山脈から流れ出した堆積物が，ミシシッピ河谷と三角州に厚く堆積した．ミズーリ川は比較的流量が小さいが，それにもかかわらず現在堆積物の大部分を供給している．

　これらの堆積物は，ミシシッピ川下流に沖積低地をつくり出した．その長さはメキシコ湾までの 1000 km である．低地の幅は北端で 40 km であり，川が海岸平野に入るところでは 325 km に広がる．堆積物が非常に重いために，地下の大陸地殻は次第に押し下げられている．その結果，地震活動が増大してきた．

人工色によるミシシッピ川（上）　ミシシッピ川の赤外線写真は，以前の蛇行流路を示している．それは現在切り離されて，三日月湖となっている．そこには植物が繁茂しており，この写真では赤く写っている．

シルトを運ぶミシシッピ川（右）　ミシシッピ川は毎年およそ 10 億トンの堆積物をメキシコ湾へと運んでいる．川が氾濫原を曲がりくねって流れると，堆積物がその流れを妨げるようになる．すると，流れがさらに遅くなり，堆積が一層進む．

堆積物の移動

　ミシシッピ川が洪水を起こすと，大量の水が氾濫原にあふれる．本流からあふれ水深が浅くなると，水流の速さは遅くなる．水流が遅くなればなるほど，多くの堆積物がたまる．とりわけ植生が堆積物をせき止めるところではそうである．

　河川に沿って，堆積物の最も厚い層ができる．そこには，自然堤防と呼ばれる，本流と平行な土手が形成される．この自然堤防は，平均して 3 年間に 2 回堆積が起こることで高くなったと考えられている．

　河道内の堆積物は，蛇行によって川の一方の岸から他方の岸へとつねに移動している．川が氾濫原をいったりきたりしながら曲流すると，流速が最大となる外側の斜面は侵食され，内側の斜面では堆積が起こる．川幅は変化しないが，しかし蛇行流路は，氾濫原を次第に移動するのである．

　大洪水は，ミシシッピ川下流の自然の特徴である．ガルシラソ・デ・ラ・ベーガは，1539 年につぎのように記した．"インディアンは高い土地に家を建てる．高い土地がないところでは，彼らは手で土を盛り上げる．大洪水のときにはそこへ避難するのである"．大きな洪水は，自然堤防の上に土を積み重ねて川を押さえ込もうとしたあらゆる努力にもかかわらず，過去 400 年間に，10 年におよそ 2 回の割合で記録されている．

大きな河川

ミシシッピ川は，最長の支流であるミズーリ川を含めると，世界で 3 番目に長い川である．ミシシッピ＝ミズーリ川の流域面積も，世界で 3 番目である．長さや流域面積のほかにも，川によって運ばれる水や堆積物の量が，景観に影響を及ぼす．

河川とそれが流れる国	長さ(km)
ナイル川（ウガンダ／スーダン／エジプト）	6690
アマゾン川（ペルー／ブラジル）	6570
ミシシッピ＝ミズーリ川（アメリカ）	6020
長江（中国）	5980
エニセイ川（ロシア）	5870
オビ＝イルチシ川（ロシア）	5570
黄河（中国）	5464
コンゴ（ザイール川）（ザンビア／ザイール／コンゴ）	4630
パラナ川（ブラジル／パラグアイ／アルゼンチン）	4500
アムール川（ロシア／中国）	4444

アメリカ合衆国 I

　65万人が家を失った1927年の洪水以来，洪水の水をいったん貯めて徐々に流すために，おもな支流にダムがつくられてきた．特定の地域の洪水を制御するために，放水路が建設された．水を下流へ速く流すために，流路は直線状にされ，堆積物は浚渫された．しかし，水が速く流れれば流れるほど，侵食力は強まる．そこで，新しい流路を保護するために，針金でつないだコンクリート・ブロック製の堤防を川の両岸に何百kmも建設した．とりわけ，蛇行する流路の外側斜面の周辺には，土手の下部を削りとられないように堤防がつくられた．しかし，洪水は今も発生する．ミシシッピ川がうまく制御されているかどうかを判断するのは，まだ早いのである．

自然地理

牛を見失うほどひどい場所

晩夏のブライス・キャニオンには短時間に激しい雨が降り，峡谷で鉄砲水が発生する．そのような鉄砲水は，何百万年にもわたる侵食過程の中の一瞬の出来事である．水や霜や太陽や風が，さまざまな色の堆積岩を削って峡谷に尖ったピナクル[針峰]をつくり出してきたのである．牧童のエベニザー・ブライスが，この乾燥し，奇怪で，しかも美しい景観について意見を述べてから100年たった．この100年間で，崖はおよそ60 cm後退した．

ブライス・キャニオンは，ユタ州南西部のパウンソーグント高原の東の端にある．地層は，およそ6000万年前の堆積物に由来する石灰岩，砂岩，頁岩から構成されている．堆積物が上の層の重さによって圧縮され硬くなった(圧密された)際に，金属によって岩石に色がついた．火のような赤や淡いピンクは鉄の化合物，緑は銅，紫はマンガンによる色である．

侵食は，およそ1300万年前に始まった．このとき，地殻の大規模な運動により，現在パウンソーグント高原となっている地塊がゆっくりともち上げられ，その過程で高原を構成している岩石に割れ目ができたのである．高原の端は，およそ650 m隆起した．

迷路のような峡谷は，細流や奔流の流路にしたがって形成された．これらの水流は，割れ目を広げ，軟らかい岩石を削り，太陽や風や霜によって侵食された土砂を洗い流した．ところどころにある硬い石灰岩層が，下の軟らかい岩石を保護した．そのため，水流が深く切り込むことにより，支えのない柱や尖塔，コロネード[柱廊]，城壁や円形劇場が並ぶ独特の景観がつくり出された．

色とりどりの垂直面は，過去数百万年にわたる地質学的な歴史を明らかにしている．その色は，1日の時間や，天候や，季節によって絶え間なく七色に変化するのである．

ブライス・キャニオンのさまざまな色合いをもつピナクル[針峰] アメリカ南部にあるピナクルは，6000万年前にさかのぼる岩石の堆積と侵食の歴史について語っている．

アメリカ合衆国 I

生息環境とその保全

生息環境の分布／すばらしい多様性／原生自然の管理／国立公園局／侵略される原生自然／危機にさらされる乾湿原

2つの大洋に囲まれたアメリカの大陸部は，きわめて変化に富んでいる．そこにはロッキー山脈やアパラチア山脈のような高い山脈，深い谷，ゆるやかに波打つ丘陵，広大な平原，数多くの湖，小川と湿原，ミシシッピ川やコロラド川のような巨大な河川，海洋の火山島，長さおよそ15万4000kmの海岸線がある．そのさまざまな気候と土壌は，多種多様な野生生物を支えている．最近の地質時代には，氷床がこの広大な地域に広がり，また後退し，ヨーロッパやアジアとの陸橋が形成され，再び水没した．その陸橋を通って，さまざまな地域を原産とする種の移動や混合が頻繁に起こった．アメリカには，大規模で感動的な風景がみられる世界でも有数の原生自然地域がある．

地域内の国	
アメリカ合衆国	
おもな保護地域	(ha)
アリューシャン列島生物保護区	110万0943
バッドランズ国立公園	19万5000
ベーリング陸橋国立保護区	112万7515
ビッグ・ベンド国立公園・生物保護区	28万3250
ビッグ・サイプレス国立保護区	22万8000
シャンプレーン＝アディロンダック生物保護区	399万0000
デナリ国立公園・生物保護区	244万1295
ダイナソー国立記念物	8万3636
エヴァーグレーズ国立公園・生物保護区・世界遺産	56万6000
グレーシャー国立公園・生物保護区	41万0202
グレーシャー・ベイ＝アドミラルティ島国立記念物・生物保護区	151万0015
グランド・キャニオン国立公園・世界遺産	27万2596
グランド・ティートン国立公園	12万4140
グレート・スモーキー山脈国立公園	20万9900
ハレアカラ国立公園・生物保護区（ハワイ）	1万1600
ハワイ火山群国立公園・生物保護区・世界遺産（ハワイ）	9万2800
アイル・ローヤル国立公園・生物保護区	21万5740
カトマイ国立公園	165万5870
メサ・ヴァード国立公園	2万0830
モハーヴェおよびコロラド砂漠州立公園・国立記念物・生物保護区	129万7264
レーニア山国立公園	9万7550
オリンピック国立公園・世界遺産・生物保護区	36万3379
レッドウッド国立公園・世界遺産	4万4200
ロッキー山脈国立公園・世界遺産	10万6710
セコイア国立公園	16万3115
ランゲル＝セント・エライアス国立公園・国立保護区	533万9400
イエローストーン国立公園・生物保護区・世界遺産	89万8350
ヨセミテ国立公園・世界遺産	30万7900

ロッキー山脈　1932年に創設された世界最初の国際平和公園がある．これは，カナダのアルバータ州南部にあるウォータートン・レークス国立公園と，アメリカのモンタナ州北西部にあるグレーシャー国立公園を合わせたものである．

生息環境の分布

アメリカにおける植物の群落や動物の群集（バイオーム［生物群系］）の分布は，南北に連なる西の大山脈，ロッキー山脈と，その周囲のさまざまな気候条件の影響を受けている．グレート・プレーンズの大草原はロッキー山脈の雨陰にあたり，その東はしだいに温暖な森林地帯となる．

アメリカ東部は，土壌も気候も，広葉樹と針葉樹の両方に適している．ニューイングランドの落葉樹林は，秋の色あざやかな紅葉で有名である．ここではストローブマツが高くまっすぐ生えており，一方，南東部の暖かい地域ではイエローマツが優勢である．ここではほかに，月桂樹やアザレアが点在する．スズカケノキ，ニレ，ヒッコリー，ペカン，トネリコ，カバ，ミズキの混合林がみられる．このような森林はかつて大地の大部分を覆っていたため，リスが大西洋岸からミシシッピ川まで地面にふれることなく移動できたといわれている．オハイオ州の全土は，かつてカシなどの硬木林に覆われていた．南東部の海岸平野に広がる沼沢地の小川（バイユー）には，苔で飾られたヌマスギが立っている．一方，海岸線はマングローブに縁どられている．

東のアパラチア山脈と西のロッキー山脈の間には，広大な平原がある．グレート・プレーンズの大陸性気候は，暑く乾燥した長い夏と，厳

アメリカ合衆国 I

しい冬を意味する．北東部の五大湖でさえ，氷に閉じ込められる．平原のこのような条件が，数多くの種がある原生の草の生長を促している．

北部のアラスカ州とワシントン州では，海岸沿いに温帯雨林がみられる．地衣類や蘚苔類が高い木から垂れ下がり，林床は食料貯蔵庫のように種子や果実が豊富である．はるか北西部は針葉樹林地域であり，トウヒやモミやヒマラヤスギが立ち並んでいる．

夏草を食べるバイソン（イエローストーン国立公園で） 冬には，バイソン，ワピティ［オオジカ］，ムース［ヘラジカ］が，温泉の周囲に集まってくる．そこには，草むらが雪に覆われずに残っているのである．

山岳と砂漠

ロッキー山脈は，森林限界より低いところはアスペン［アメリカヤマナラシ］の森林である．一方，森林限界より高いところは高山性の草原であり，春には野生の花が咲き乱れる．さらに高くなるとツンドラの植生や雪原となる．西に平行しているシエラ・ネヴァダ山脈は冬には雪に覆われ，ベアーズモミ，ヒマラヤスギ，耐寒性のマツがみられる．耐寒性のマツは，ロッジポールマツ，イエローマツ，らせん状の枝とねばねばする細長い松かさをもつサトウマツであり，森林限界上には硬いホワイトバークマツ，そして東斜面にはピニョンマツがある．西斜面には巨大なレッドウッドが立つ．その幹は，初期のきこりたちが切り株の上でダンスをしたほど大きい．

砂漠は，この国の南西部の大部分に広がっている．砂漠には，灰緑色のサボテン，あざやかな黄色のラビットブラッシュ，セージ［サルビア］のような耐乾性のハーブが生えている．川岸を縁どっているのはコットンウッドである．その川の流れは岩石を深く切り込み，何百万年という地球の歴史をみせている．

北西海岸には，ケルプ（海草）の密林の中にカワウソが住んでいる．南西に何千 km も離れた温かい太平洋上には，火山性のハワイ諸島があり，島の周囲にサンゴ礁が発達している．この孤立した群島では，特殊な進化を遂げた数多くの動植物（固有種）がみられる．

減少する原生自然

この地域に最初に人間が住みついた何千年も前には，大地は動物でいっぱいだった．川には魚があふれ，シカやエダツノカモシカは豊富だった．バイソン（バッファロー），オオカミ，グレート・プレーンズ・グリズリーグマが，丈の高い草原をさまよい歩いていた．ビーバーは川をせき止め，クロクマ，ヒグマ，キツネ，クーガー，オオヤマネコや，もっと小さな哺乳類が低木地域に住んでいた．そして，森林には数多くの種類の鳥がいた．野生生物の豊富さは，およそ 500 年前にヨーロッパ人がやってくるまでほとんど変化がなかった．初期の開拓者にとっ

バイオーム［生物群系］
- 亜熱帯雨林と温帯雨林
- 針葉樹林
- 温帯広葉樹林
- 常緑硬葉樹林と低木地
- 温暖な砂漠と半砂漠
- 冬の寒冷な砂漠と半砂漠
- 極砂漠とツンドラ
- 温帯草原
- 山岳と高地の群系
- 湖の群系

- ◆ おもな保護地域
- ○ 生物保護区
- × 世界遺産

バイオームの分布図 アメリカにおける生息環境の分布は，南北にのびる気候帯と，雨をもたらす風をさえぎるロッキー山脈とアパラチア山脈の影響を受けている．

て，大地は果しなく，その資源は無尽蔵に思われた．東部の広葉樹は，ヨーロッパの広葉樹と同様，農業のために，そして新しい国家で発展しつつあった工業の動力用燃料のためにたちまち切りとられた．19世紀に，ミシシッピ川の西の広大な何もない空間では，競い合うように資源が開発された．その結果，プレーリーの草原は耕され，自然と調和して生活していた先住民のアメリカインディアンの生活様式は破壊された．

すばらしい多様性

アメリカにおける植物，動物，生息環境の多様性には，大陸の地質構造が大きく影響している．高くて新しいロッキー山脈やシエラ・ネヴァダ山脈，古いアパラチア山脈は，どれも南北に走っている．その結果，最新の氷河時代に氷河の移動に対する障壁とならず，氷床は妨げられることなく南に広がった．およそ1万年前に氷河が後退すると，温かい南から北へ向かって生物種が移動した．一方，もっと寒い環境を好む生物種は高山に避難した．山脈の配列はまた，渡り鳥の南北方向の自由な移動を可能にした．3つの主要な回廊——太平洋沿い，ミシシッピ河谷沿い，東海岸沿い——を利用して，鳥は熱帯地域とカナダやアラスカのツンドラ地域との間を旅するのである．

気候が乾燥していた時代に，広い陸橋がアラスカと現在のロシアとを結びつけた．アジア原産の植物種——アザレア[ツツジ属]やロードデンドロン[シャクナゲ属]——が，現在でもアパラチア山脈でみられる．アパラチア山脈だけで，樹種の数はヨーロッパ全体より多いのである．中央アメリカの陸橋は，南北のアメリカ大陸を結びつけており，やはり生物種の拡散をもたらした．たとえば，南アメリカで何百万年も生き続けてきた有袋動物のオポッサムは，アメリカでも普通にみられる．このような多様性は，先住民であるインディアンによってさらに増大した．彼らは，狩猟や農耕のために森林の一角を切り拓き，新しい生息環境をつくり出した．一見すると単調なプレーリーでさえ，およそ80種の草がみられるのである．

豊かな西海岸

最大の多様性は，カリフォルニア州とオレゴン州の西海岸沿いでみられる．そこでは冷たいカリフォルニア海流が地中海性気候をもたらしている．ここの海岸林には，およそ18種の針葉

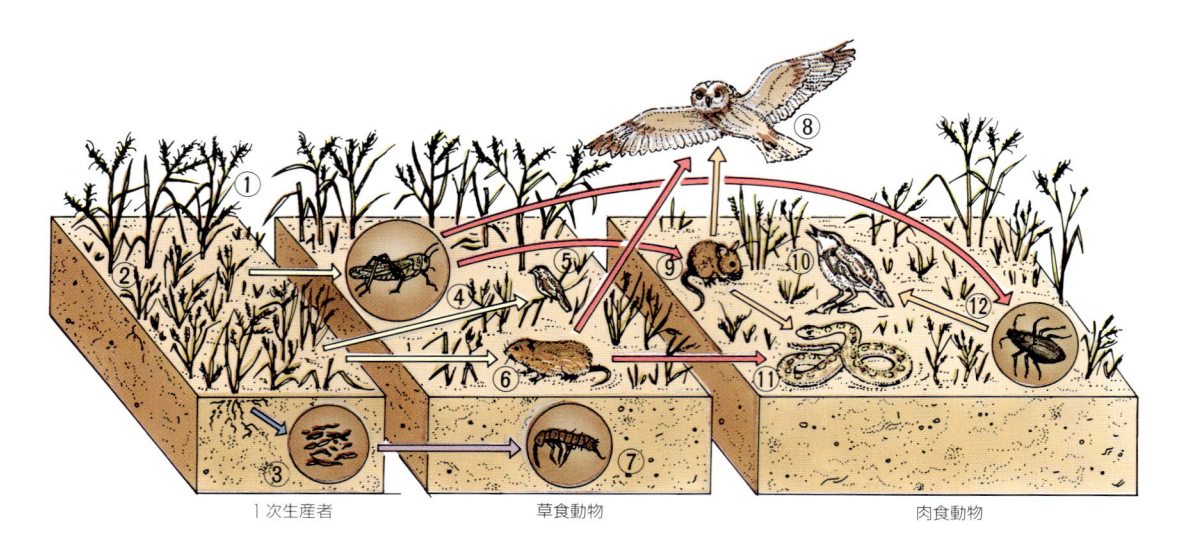

生態系の要素
1 ビッグブルーステム
2 リトルブルーステム
3 崩壊食動物
4 バッタ
5 イナゴヒメドリ
6 ハタネズミ
7 トビムシ
8 コミミズク
9 シロアシネズミ
10 ヒガシマキバドリ
11 ガラガラヘビ
12 カラビッドビートル

エネルギーの流れ
⇨ 1次生産者／1次消費者
⇨ 1次生産者／2次消費者
⇨ 2次／3次消費者
⇨ 遺骸／消費者
⇨ 死

プレーリーの生態系 肥沃な土壌と草原がある．それは多数の小動物を支えているが，現在ここには大型の草食哺乳類は存在しない．

サグアロサボテンとウチワサボテン アメリカ南西部，カリフォルニア湾北方の内陸部にあるソノラン砂漠に生育している．その浅く大きく広がった根は，たまに降る雨が地中深く浸透する前に水を奪う．白っぽいとげの列は，強烈な太陽光線を反射し，草食動物を撃退する．草食動物にとって，水分の多いサボテンは水の主要な供給源なのである．水を貯蔵する組織がたくさんあるので，サボテンは長期の乾燥を乗り切ることができる．

樹が含まれる．さらに南では，葉が硬い耐乾性の植物（硬葉植物）からなる低木のやぶが生育している．この地域は，氷河時代の気候変動だけではなく，新しいロッキー山脈やシエラ・ネヴァダ山脈を形成した大規模な火山活動や地殻変動の影響も受けている．ここには，レッドウッドのような太古の種が数多く生き残っており，新しい種も数多く進化してきた．この地域には，2000 を優に越える固有種がみられる．

寒冷な半島

地球最大の半島のひとつであり，アメリカの最も広大な原生自然地域であるアラスカは，151万 8000 km² の面積をもつ．その海岸線の長さは，ほぼ 7 万 2000 km である．この北方の州の景観には，ゆるやかに起伏する丘陵，地表下の永久凍土によって小山や小丘が形成されたツンドラ，内陸砂丘，夏に花が咲き乱れる草原が含まれる．流れの速い小川や，流路が枝分かれしている（網状）河川が，豊かな三角州に注ぎ込んでいる．またそこには，文字通り何百万もの湖がある．アラスカ南東部には，広大な雪原や氷河が数多くみられ，沿岸には森林に覆われた島々が浮かんでいる．

アラスカはアメリカの中で，自由に移動する動物の数が群を抜いて多い．それら動物には，カリブー［トナカイ］，ムース［ヘラジカ］，ジャコウウシ，クマ（クロクマ，グリズリー），オオカミ，クズリ，キツネ，オオヤマネコ，オオツノヒツジ，シロイワヤギ，ビーバー，ヤマイタチ，イタチ，セイウチ，アザラシ，クジラ，そして多数の渡り鳥が含まれる．

最近まで，この州のほぼ全域が"無人の，誰にも占有されていない公有地"とみなされていた．しかし，1950 年代後半からこの広大な大地は次第に分割され，その所有権は州や先住民の人々や——国立公園，国立野生生物保護区，"原生・景勝河川"に指定された河川のように——アメリカのすべての国民に移った．

アラスカでは，国立公園制度の歴史において初めて，新しい国立公園の境界が，植物の群落や動物の群集の全体を取り込むように慎重に引かれた．アラスカの 16 の国立公園は，河川の水系や火山の全体を含んでいる．ここやもっと南には，国際保護区が設けられた．たとえば，ワシントン州のグレーシャー国立公園は，カナダのウォータートン・レークス国立公園とひとつになっている．ランゲル＝セント・エライアス国立公園・保護区は，カナダのクルエーン国立公

壊れやすい島の生態系

ハワイ諸島の孤立した島々は，最も近い大陸から南におよそ 3200 km の太平洋上にあり，独特の生息環境をもっている．これらの島々は，羽毛のようなアイアンウッドや，赤い花の咲くオハイオツリーや，優雅なココヤシの森林など，青々とした植生に覆われているが，ところどころ深く侵食され，色鮮やかな峡谷や河谷となっている．

砂浜や岩だらけの海岸には白いクリームのような波が打ち寄せ，一方，沖合のサンゴ礁上の海はすき通った青緑色である．

これらの孤立した島々では，多くの動植物の新種が進化してきた．その立地条件によって，新種は現在でもいくらか保護されている．

しかし，ヨーロッパの植民者が原生の生息環境の多くを改変し，こわれやすい生態系に外来種が不注意に導入されたため，いくつかの自生種が壊滅した．

豚は，導入された種による影響の典型例を示している．野生化した豚は，現在森林に住んでいる．林床の植物が鼻で掘り出されるので，植物は風雨にさらされ，水たまりは今や蚊の発生源となっている．蚊は致死性のマラリアを運び，それによって固有の鳥が数多く失われた．そのうえ，植生の覆いがなくなったために土壌侵食が発生している．

むきだしになった土壌は激しい雨に洗われて海岸に流出し，造礁サンゴを呼吸困難にして死滅させているのである．

ハワイの溶岩流 溶岩は古い生息環境を埋め，新しい生息環境をつくり出す．そこには，植物がたちまち根づく．溶岩によって隔離された小さな地域では，動植物の新種が数多く進化した．

園・鳥獣保護区と併せて，ほぼ8万km²にわたって広がる自然公園となっている．これらは広大な保護区となり，動物が国や地方の境界に妨げられることなくいつもしてきたような自由な移動を可能にしている．

原生自然の管理

初期の開拓者が，大地やその資源を不注意に取り扱ったにもかかわらず，あるいはおそらくそのために，自然保護の概念は19世紀後半に現れ始めた．国はとりわけ，漁業と猟鳥に関心を抱いた．最初の国立公園（イエローストーン，1872年に宣言）と最初の森林保全地域は19世紀の終わりに設立され，数多くの連邦（州や郡）保護区がそれに続いた．

アメリカの土地のおよそ18%が，連邦政府の手に残されている（軍所有の土地を除く）．世紀の変わり目以降，国土を管理するために4つの異なる連邦機関が設立された．各機関は，それぞれ独自の管理業務に携わっている．

アメリカ森林局は，農務省の下に1905年につくられた．それは50州中44州にある77万km²の土地を管理しており，その中には国有林，国有草原，土地利用計画地域が含まれる．森林局の土地にはまた，山岳，氷河，湖，河川，放牧地，さらには雨林が含まれる．森林局は，"複合利用"を図る機関であり，木材，鉱物，飼料，野生生物の生息環境，レクリエーション，原生自然の観点から土地を管理している．

魚類・野生生物局は，内務省の下に1940年に生まれた．それはすべての州にある国立野生生物保護区の37万km²の土地を管理しており，この国のおもな湿原も，ほかの野生生物の生息環境と同様，管理下にある．これも複合利用のための機関であり，この国の漁業や移動性の哺乳類，猟鳥やほかの渡り鳥，絶滅しそうな生物種に対して，計画的な管理と保護を行っている．また，その保護区の多くでは，狩猟，釣り，わな猟，野外のレクリエーションが行われている．

内務省の一部として1946年に設立されたのが，土地管理局（BLM）である．ここは伝統的に，アメリカの"無人の，誰にも占有されていない公有地"の管理をしてきた．現在それは，およそ110万km²の土地を管理している．原生自然地域に分類されたものを除き，BLMのすべての土地では，放牧，鉱物資源の採掘や探査，石油や天然ガスの開発，木材の伐採，狩猟，釣り，レクリエーションなど，事実上あらゆる種類の利用が可能である．

4番目の機関は，国立公園局（内務省の下に1915年設立）である．これは，人々の利用と楽しみのために，管理下の土地（およそ32万km²）の永久的な保護を行っている．

原生自然の保護

原生自然の厳格な保護は，森林局が連邦機関として初めて，管理する土地の一部をきびしい原生自然保護区に分類した1920, 30年代まで行われていなかった．しかし，当局の規制には拘束力がなかった．開発への圧力が1940年代を通じて強まり続けるにつれ，原生自然保護の支持者は力を合わせて，原生自然保護の法制化を推し進めた．国立公園局がコロラド州のダイノソー国立記念物でのダム建設という挑戦を受け，森林局がその保護区の指定を解除しようとした際に，原生自然保護運動に対する公的な支援が前進した．その結果が，1964年の原生自然法案であり，それによって国立原生自然保護区制度が生まれた．

原生自然地域とは，"永続的な開発や人間の居住がみられず……孤独あるいは原始的で自由なレクリエーションに好適な機会を提供する……生態学的，地質学的，その他の分野で科学的，教育的，風景的，あるいは歴史的な価値のある……原始の性質と影響力を保持している連邦所有地の一地域"と定義される．自動車，動力つきの車両，機械で動くほかの形態の交通手段は許されていないし，あらゆる建造物や設備も同様である．しかしながら，すでにある放牧地や鉱山は，存続を許されている．およそ40万km²の連邦所有保護地域は，ただちに原生自然地域に分類された．またその法令により，4つのすべての機関が管理している土地において，原生自然保護区の検討と指定の拡大が継続的に行われた．

4つの機関の理念は，それぞれ異なる．土地を"損なわずに"保護するという概念は，国立公園局の方針とぴったり一致している．一方，魚類および野生生物局は，野生生物を増やすことを第一に考えている．最初に原生的な価値のある土地を区分した森林局は，原生自然に対する厳格な管理に誇りをもっている．もともと複合利用を図る機関だった土地管理局は，なかなかその土地を原生自然地域に分類しないし，広い地域をこの分類に入れることには抵抗してきた．

1990年までに，国立原生自然保護区の総面積は，ほぼ360万km²となっており，その大部分はアラスカにある．

原生・景勝河川

1968年にアメリカ議会は，特定の"適切な"河川でダムを建設するという国家政策に，ほかの河川を保護する政策を補足しなければならないと決定した．この結果，"近接する環境とともに，風景美，レクリエーション，地質学，魚類と野生生物，歴史，文化，その他において，きわめて顕著な価値をもつ，国内の選ばれた河川"を保護する原生・景勝河川法が議会を通過した．

これらの河川の流路は，"現在と将来の世代の利益と楽しみのために"永久に自然のままである．

この法律は，川の両側にそれぞれ0.4kmの保護地帯を定めている．原生・景勝河川は，議会によって，あるいは国家や州の要請により内務長官によって設定される．

1990年までに，75の河川や河川の区間が，原生・景勝河川に指定された．その範囲は，フロリダ州ロクサーチー川(12km)のような小さな流れから，カリフォルニア州スミス川(630km)のような流れの速い大きな川にまで及ぶ．

全体で，1万2334kmの河川と河川区間が保護され，そのうちの1万1129kmが連邦政府に，1205kmが29の州によって管理されている．

山地の落葉樹林(ニューヨーク州アディロンダック：上) アディロンダック山地は，工業化されたアメリカ中西部からやってくる雲が最初にぶつかる山地である．結果として，この地域の森林と湖は，酸性雨によって荒廃しつつある．

セント・ヘレンズ山(ワシントン州：右) 大噴火で斜面が岩屑に覆われてから10年もたたないうちに，植生に広く覆われた．

オーキフェノーキ湿原(アメリカ深南部：下) 高くて葉の少ないヌマスギが，鳥や爬虫類や両生類に豊かな生息環境を提供し，着生植物や蔓性植物の宿主となっている．ヌマスギの湿原は，水とともに周期的な野火のおかげで生き残っている．

生息環境とその保全

イエローストーン国立公園

　世界最初の国立公園であり，現在でもアメリカ最大の公園である（全体の面積は89万8350 ha）イエローストーン国立公園は，1872年に設立された．イエローストーンの一部は，60万年前に起こったと推定されている巨大な火山噴火の結果として形成された，縦横およそ48×72 kmの皿形の火口すなわちカルデラである．溶岩流と同様，氷河によっても形がつくられたこのカルデラは，地球上で最も熱い"ホット・スポット"のひとつとして知られている．公園内には，およそ1万のガイザー[間欠泉]や温泉がある．何層も積み重なる石化した森林は，火山活動の繰り返しを示すもうひとつの証拠である．科学者たちは，この地域を地質学的にみて類のないものと考えている．

　これらの動物たちは，公園の境界外にも広く分布している．とりわけ冬にはそうである．公園を取り巻く地域の大部分は，国立森林地域，魚類・野生生物保護区，近接するグランド・ティートン国立公園として保護されている．公園外では，木材伐採，鉱石採掘，土地開発などの圧力が高まっているが，それと同時に，とりわけイエローストーンのように注目に値する場合には，まとまった生態系をもとのまま保護することの重要性も意識されるようになっている．

　この地域の80％は，おもにロッジポールマツからなる森林に覆われている．セージブラッシュ[サルビアに似た植物の総称]が，いくつかの乾いた谷を縁どっている．夏には，山岳の草原に野生の花が咲き乱れる．世界でも有数の高さにある湖沼群は，魚が豊富である．あざやかな色の温水池でさえ，たくさんの微生物が生活する独自の小さな生態系がみられる．

豊かな原生自然

　イエローストーンの生態系の大部分は，ほとんど自然のままである．公園の範囲はきわめて大きなカルデラ内の比較的狭い地域に限られているが，しかしイエローストーンは1000種以上の花と13種の樹木を誇り，2万5000頭以上からなるワピティ[オオジカ]の群れとともに，バイソン，オオツノヒツジ，クロクマ，ミュールジカ，エダツノカモシカ，ムース[ヘラジカ]，ハクトウワシ，ナキハクチョウ，ペリカンの生息地となっている．

原生自然の保護

　1972年に生物保護区に指定されたイエローストーンは，1978年に世界遺産となった．この公園には，年間に300万人以上が訪れる．都市から押し寄せる人々は，一緒に都市問題を運んでくる．それは，ごみ，窃盗，破壊行為である．

再生する森林　1988年に壊滅的な山火事の被害を受けたイエローストーンの森林は，いまも再生しつつある．このような山火事は森林に空き地をつくり，そこに多種多様な植物種が生い茂る．この新たに成長した柔らかい草木は，公園の草食動物の好物である．

モーニング・グローリー・プール[アサガオ池]　あざやかな色は，このミネラルの豊富な温水中に生息する藻類とバクテリアのおかげである．何千という塩水性の昆虫がこの池で繁殖しており，多くの捕食性のクモの餌となっている．

　公園の管理官は，法を執行するための訓練を受けなければならない．自動車の乗り入れは，公園のおよそ5％の範囲に限られている．228 kmの環状道路が，その通行を受け入れている．夏になると，この道路は頻繁に大渋滞を起こす．2000をはるかに越えるキャンプ地やハウストレーラー用地があり，クマが観光客と接触する危険性を最小にするために，ごみは定期的に収集されている．

　その他には，火災が管理上の大きな問題であ

る．このような森林は，落雷によってときどき自然に燃え出す．実際，ロッジポールマツの松かさは，種を放出するために火を必要とする．火災のあとで日光が入るようになると，林床で植物が成長する．それによって植物は多様化し，草食動物に餌が供給される．もしあまりに長い期間火災がなければ，枯れた下草が厚く積もり，ひとたび火災が起こると制御できないほど激しく燃えるかもしれない．1988年には壊滅的な一連の火災がイエローストーンを焼き払った．これほど大規模な火災が起こらないように，将来は管理された山焼きが利用されるかもしれない．

色彩豊かなホット・ポッツ・トレイル イエローストーンの周辺地域を貫く1600kmの遊歩道［トレイル］の一部である．ここを進むハイカーは，公園をあまり冒険的には探険しない観光客によって荒らされていない原生自然と野生生物の隠れ場所を，いまでもみつけることができる．

生息環境とその保全

国立公園局

1872年のイエローストーン国立公園の創設に続き，議会は内務省の庇護を受けて，さらにいくつかの国立公園を指定した．それらは，アメリカ陸軍によって管理されることになった．1906年に議会は，布告によって"国立記念物"を創設する権利を大統領に与えた．公園と記念物の数が増えるにつれ，独立した国立公園制度を求める国民的な圧力が高まった．1916年に議会は，内務省の中に国立公園局を設ける法令を通過させた．この法律のもとで，議会は公園を創設し，大統領は国立記念物を布告するようになった．

この新しくつくられた機関は，国立のすべての公園地域を管理する責任を負った．その目的は，風景，自然物や歴史的遺物，野生生物の保護であり，また将来の世代のためにそれらの現状を維持しながら，人々が楽しめるようにする

ヨセミテ国立公園の湖 この公園には，毎年観光客が何百万人も訪れる．ヨセミテの89%にのぼる地域を原生自然保護区に指定して，周辺地域でのレジャー開発を規制しようとする計画がある．

死ぬほど愛される公園

ヨセミテ国立公園には，アメリカの保護地域の管理官が直面する困難が集約されている．それは，いかに人々が公園と原生自然を死ぬほど愛さないようにするかというものである．

1890年に設立されたこの公園には，氷河に削られた崖があり滝が流れ落ちる"比類のない渓谷"だけでなく，有数の美しい原生自然をもつシエラ・ネヴァダ山中の周辺地域も含まれる．そこには，地球上で最も大きな木のひとつであるジャイアントセコイアの森がある．毎年，300万人以上がこの公園を訪れる．

ヨセミテ渓谷は，つねに公園の表玄関であり，年とともに谷の中に小さな町が成長してきた．何千人という人々が，その5km²の限られた生活空間の中でひしめきあい，1万8000人もの人々が，キャンプ地やホテルに宿泊する．交通渋滞が狭い道路をふさぎ，ピークの週末には，自動車は引き返すほかない．施設には教会と病院が含まれ，レンジャーたちは警察官としての仕事もしている．観光客の数は増え続けている．

ヨセミテ周辺地域の利用も増大している．原生自然地域の遊歩道は，徒歩と馬の激しい行き来によって侵食され，キャンプ地域は踏み固められている．スキー用リフトは景観に傷をつけ，ボートで川を下る騒がしい一行は静寂を乱し，人々が残していくごみは処理しなければならない．現在レクリエーションの利用には許可が必要であり，いずれは混雑したヨセミテ渓谷への自動車とキャンパーの立ち入りをともに禁止する必要があるかもしれない．

ことでもあった．これは，思わずひるんでしまうような仕事である．なぜなら，2つの目的ははっきりと対立することが多いからである．

連邦の主要な自然保護機関として，国立公園局が管理する国立公園と国立記念物の数は増大しており，多数の"歴史的遺物"すなわち史跡や先住民の遺跡も同様である．ときの経過とともに国立公園制度は拡大され，国立の湖岸地域，海岸地域，都市公園のようなレクリエーション地域も含まれるようになった．

国立公園制度は，数カ所の公園から始まり，340カ所以上へと成長した．それは，50州中の49州，コロンビア特別区，プエルトリコ，マリアナ諸島，ヴァージン諸島に分布している．この制度は，ワシントンDCにある国会議事堂や，ホワイトハウスや，それ以外の重要な場所も管理している．国立公園局は約32万km²の地域を管轄しており，その構成地域のおどろくべき

ヨセミテ渓谷 花崗岩の巨大なドームと高さのある滝がみおろしている．マツ，モミ，オニヒバが高くそびえ，キャンプ地，山小屋，道路を隠している．道路は，夏の間，観光客の車両を1日に1万4000台以上も受け入れる．

アメリカの原生自然地域 バックパッカーたちの天国である．しかし，その数が増えるにつれて，レクリエーションと保護の対立が激しくなっている．

多様性は，おびただしい数のさまざまな公園の種類に反映されている．公園局はおよそ2万1000人の職員を擁し，その中には歴史学者，景観設計家，工学者，野生生物学者，植物学者，海洋生物学者，公園計画家が含まれる．毎年，4万2600人のボランティアが公園局で働き，1700万ドルに相当する1000労働年以上の貢献をしている．

困難な仕事

国立公園局の役割は，2つの基本方針の間の矛盾によって複雑なものとなっている．公園局は，公園地域を利用しやすくする義務があり，そのため整備されたキャンプ地，衛生施設，ビジターセンター，教育センターや教育プログラムを用意しなければならない．

公園局は，食料，ガス，雑貨品，土産物，あらゆる種類の宿，その他の施設を提供する団体と交渉し，それらの団体を管理しなければならない．しかしまた公園局は，観光客を楽しませるばかりでなく，野生生物の生活のために周辺地域や原生自然を維持しなければならない．今や毎年300万人以上が，この国立公園地域を楽しんでいる．結果として公園局は，人気の高いいくつかの公園で，許可制を含む厳しい規制をしかなければならなくなった．現在，夜間のキャンプや原生自然の利用に関するさらなる規制が必要となっている．

国立公園制度ができたばかりのころは，これはアメリカで生まれた最もすばらしい理念であるといわれた．その問題点にもかかわらず，この制度はこの国の文化を豊かなものにした．またこれが刺激となって，世界中の100以上の国々で国立公園が創設されたのである．

強力な支援

国立公園事業の難しさは，国民からの支援が強力になるにつれて，ある程度まで軽減されている．野生生物保護や自然保護のグループは数多くあり，その中のいくつかは非常に大きい．とりわけシエラ・クラブは，つねに国立公園の擁護者だった．全米オーデュボン協会やニューヨークのアパラチア・クラブとともに，シエラ・クラブはアメリカで最も古い自然保護団体であり，その創設は1892年である．シエラ・クラブは，初期の多くの自然保護活動で先頭にたち，ヨセミテ，セコイア，レーニア山の原生自然地域を国立公園にするために運動した．有名な成功例には，ダイノソー国立記念物とグランド・キャニオン国立公園でのダム建設阻止が含まれる．

多数の自然保護団体が参加している全米野生生物連盟（NWF）は，影響力を強めている．それは，あらゆる種類の教育プログラムを運営するとともに，国内外の自然保護プロジェクトの資金調達を支援している．

またここぞという場合には，汚染行為や環境に悪い他の活動を行っている政府，連邦組織，私的団体，国際組織に対して，抗議したり法的な手段をとっている．

アメリカの自然保護活動家は，100年以上前に世界最初の国立公園を設立して以来これまでずっと行ってきたように，現在も世界中にメッセージを運び続けている．

生息環境とその保全

グランド・キャニオン付近の砂漠土壌 下にある岩石の性質が反映されている．水を争うために，砂漠の植物はほぼ等間隔で生えている．

渡りの途中のハクガン カリフォルニア州のグレイロッジ州立保護区で休息し餌を食べている．自然湖も人工湖も，ハンターたちの支援で維持されていることが多い．

侵略される原生自然

400年足らず前にアメリカを発見し移住してきたヨーロッパ人は，先住民とは非常に異なる土地倫理を持ち込んだ．彼らは土地を，私有財産であり，自分たちのために活用できる経済的な資産とみなしていた．"原生自然（ウィルダネス）"は，挑戦であり，変化が必要な不健康な環境であり，耕さなければならない原野とみなされることが多かった．彼らは森林を切り倒し，木材を建材や燃料として利用した．彼らは草原を耕し，コムギとトウモロコシを植えた．彼らは魚をとり，河川の水力を利用した．彼らはバイソンを殺し，牛がシカやエダツノカモシカの代りとなった．

この国へやってくる人々の数が増えるにつれて，自然景観はどんどん変化した．とくに，19，20世紀には複雑な機械が発達し，また急速に増大する人口を養うために食糧を供給しなければならなかったからである．

耕されたプレーリー

トラクターと重機械が，プレーリーの柔らかい土壌構造をいためつけてきた．また，新しく植えられた穀物は，原生の草ほどしっかりと土を結びつけない．そのため，干ばつのときには，大量の土壌が失われる．土壌は川にも流れ込み，川の生物を窒息させる．

プレーリーの自然草原の大部分は耕されてしまったが，現在科学者たちはプレーリーを再生しようとしている．彼らは，かつてプレーリーを支えていた原生種をこの地域に導入し，ある程度の成功を収めている．

プレーリーのポットホール，すなわち深い自然の水たまりは，猟鳥の重要な孵化場所である．アメリカの野ガモのおよそ半数が，ポットホールで孵化している．しかし，毎年およそ1万5000から2万のポットホールが，水の流出により消えている．その結果，猟鳥の数は劇的に減少している．

原生自然のよそもの

ヨーロッパ人開拓者は作物や家畜だけでなく，その他にも数多くの非原生種を，意図的にあるいは偶然に持ち込んだ．日本のスイカズラとクズ［葛］（マメ科のツル植物）は，アパラチア山脈の森林にはびこっている．一方，東部のクリの森林は，偶然輸入された菌による病気で激減した．それに対する自然の抵抗力がなかったのである．家畜の豚と交雑したイノシシは，東海岸のアパラチア山脈の一部であるグレート・スモーキー山脈の森林にあふれている．

正当な理由で新しい生物種が導入されても，知識が不十分な場合には，期待とかなりくいちがう結果がもたらされることがある．開拓者は，肥沃な土壌に必要不可欠だと考えてミミズを持ち込んだ．しかし，プレーリーの土壌はミミズ

老齢の温帯雨林（ワシントン州オリンピック国立公園）
おもに，樹齢250年以上のダグラスモミやポンダローサマツからなる．世界中の雨林と同様，ここも過剰な伐採によって脅かされている．

大地と一体

アメリカ先住民は，土地を共有すべきものと考えていた．たとえば川の1区間のような特定の"領域"は，特定の家族や一族の狩猟地や採集地として尊重されたかもしれないが，しかしどの土地も排他的なものとはみなされていなかった．

これらの先住民は，自然世界と調和しながら暮らしていた．彼らは生態学の観念，すなわち，すべての生命はどのようにして太陽に依存しているか，食物はどのように循環しているか，鳥が繁殖するにはどれほど卵を残しておかなければならないかなどを理解していた．

彼らは，多くの動物が特殊な知恵や魔法の力をもつと信じていた．彼らを導く精霊には，ワシ，カラス，クマ，オオカミ，キツネ，カエル，コヨーテなどが含まれていた．動物を殺したときには，食物を与えてくれたことに対してその動物に感謝の祈りを捧げた．

彼らは食物を分かち合い，さまざまなやり方で，動物のあらゆる部分を利用した．比較的少数の人々が豊かな土地で，環境と密接にかかわりあいながら生活していた．

土地所有の観念は，ヨーロッパ人開拓者によってもち込まれた．彼らは，先住民と交易した．皮やシカ肉や動物の頭部のような野生生物の産物を売るように勧め，その代わりに西洋の食べ物や装飾品やその他の新奇な品物を供給した．彼らのずるがしこいやり方と火器に先住民は対抗できず，土地が取り上げられはじめた．土地は急速に危機にさらされ，もはや自給的でなくなった先住民は，あやうく絶滅させられそうになったのである．

なしで発達してきたものであり，当時それは土壌構造を弱め，侵食を加速させた．もうひとつの例は，アミである．これは，サケの餌として持ち込まれた．しかしグレーシャー国立公園では，ほんの数年前まで一度に600羽を優に越える多数のハクトウワシを引きつけることで有名だった．サケの大規模な遡上が大きく減少してきている．これはアミの活動の直接的な結果である．アミは小さなサケの稚魚と餌のプランクトンを奪い合い，サケを犠牲にしながら急速に増えているのである．

飽くことなき木材への欲求

アメリカの森林は，危機的な速さで伐採されている．太平洋北西岸では老齢の森林の90%がすでに伐採され，残りはわずか81万haである．現在の速さで開発を続けることは不可能であるが，しかしそれは続けられている．森林局はこれらの森林の保護は地域経済の崩壊をもたらすと主張しているが，しかしすでに，大木の減少や輸入材との競争の激化によって，製材所は閉鎖されつつある．林業従事者に必要とされる林道が，ほかの開発行為や密猟者のために森林の新しい地域を切り拓いている．森林局は，原生自然保護の厳しい基準が適用される前に森林を切り拓こうとして，現在の林業生産に必要とされる以上の林道をつくり続けている．

同様の戦略が，アラスカの森林を蝕んでいる．土地は先住民の自己管理的な集団に返還されたが，彼らは利益をあげるように要求されている．それは自然の資源に対する彼らの見方と相いれない観念だった．結果としてそのような集団の多くは，法の修正により利益のない伐採にさえ融資を援助する税金のむだづかい政策に制限がつけられたため，それを埋め合わせるような速さで森林を伐採している．自然の生息環境は破壊されつつあり，サケの川は窒息させられ，大地は侵食されている．

危機にさらされる湿原

人間活動の直接的な影響とは、アメリカの原生自然だけに対する脅威とはかぎらない。湿原が干上がったり、河川にダムがつくられたり、大地が灌漑されると、水系への影響は広い地域で現れる。

湿原は、余分な水を吸いとるスポンジのようにはたらくことで、周期的な洪水を制御するのに役立っている。湿原はまた、地下水への水の再供給においても重要な役割を果たしている。長くたまっている間に、水が地下にしみこむのである。放水路やダムは、下流にある湿原や草原の生息環境を破壊する。コロラド川とグリーン川のダムの水が、ときどき水力発電のために利用されると、グランド・キャニオンで4mもの水位の変動が起こる。これにより、川岸の植生は洗い流され、何種かの魚は危機にさらされ、鳥が巣をつくったり休息したりする場所は使えなくなるのである。

湿原は急速に減少している。1988年には湿原の喪失により、アメリカの野ガモの数は過去30年間で下から2番目の水準に落ち込んだ。アメリカは、1985年の農地法に"湿地破壊者"条項を取り入れることで、湿原の保護を大きく前進させた。作物を植えるために湿原から水を排出させる農民には、連邦作物助成金が与えられないことがある。

フロリダでは、別の解決策によって野生生物保護区の拡大が促進されてきた。政府は、エアロジェット・ゼネラル・コーポレーションにロケットエンジンの試験場用地としてネヴァダの1万1350haの土地を与え、その代りにフロリダの1850haの湿原と不足分の金を手に入れた。その金は、原生自然保護のため、さらに多くの土地を購入するのに用いられる。

湿原を保護するためのそれ以外の試みは、悲しいことに道を誤ってしまった。ミシシッピ川沿いと、三角州の一部に広がったニューオーリンズのような都市での洪水防止策により、川はコンクリート製の水路となった。それによって洪水は防がれたが、三角州に必要不可欠なシルトが供給されなくなった。その結果、三角州の成長と海による侵食はもはや均衡しておらず、海岸は急速に削られている。

遠方からの脅威

汚染は、州の境界を考慮しない。中西部の工場がつくり出す酸性雨は、アパラチア山脈の何百万本という木を枯らした。一方、ニューヨーク州アディロンダック山脈の湖は、魚が住めないほど酸性化している。汚染は湿原にも侵入する場合がある。汚染源は、殺虫剤や除草剤ばかりでなく高濃度の硝酸肥料やリン酸肥料も含まれる農地の廃棄物や、工場の廃液である。

アラスカのツンドラ 冷帯林すなわちタイガが点在し、氷河性の漂礫土のわずかな起伏にしたがって、カバや針葉樹の島、および沼や川岸の湿地が形成され、亜北極地域の生息環境のモザイクを豊かなものにしている。カリブーの群れが、草を求めてこのような平原を移動して行く。そのあとを、捕食性のオオカミやホッキョクギツネが追っていく。

汚染の影響 カリフォルニア砂漠にわびしく立つ枯れ木が、原因となったスモッグを背景にシルエットをみせている。

採掘産業が，原生自然に深刻な汚染をもたらす場合がある．最近の最も劇的な例が，1989年に座礁したタンカー"エクソン・バルディーズ"からの原油漏れによる，アラスカ州プリンス・ウイリアム・サウンドの汚染である．1100万ガロンの原油が流れ出して，海鳥，ハクトウワシ，アザラシ，ラッコを殺し，貝の養殖場やその他の海洋生物を壊滅させた．食物連鎖を通じて，原油は動物にも影響を与えた．移動するサケを食料としているクマやクジラやアシカは，サケ産業と同様に深刻な被害を受けた．しかし今も，北極圏の保護区での原油探査を望む声がある．1日に何百万ガロンという原油が長さ1400kmのアラスカパイプラインで運ばれている．そのパイプラインは，350の河川の下をくぐり，地震活動のある地域を通過している．この地域の寒冷気候下では分解速度が遅いので，大地がこのような災害から回復するには長い年月を必要とする．

原生自然はどれほど守られているか？

アメリカでは最近まで，国立公園と原生自然地域の線引きにおいて，生態学的な考察が果たす役割はきわめて小さかった．景観という要素が優先され，境界は何千kmも離れた役所の中で地図の上に引かれた．その結果，創設の古い国立公園や原生自然地域の多くは大きな生態系の断片であり，したがって野生生物は，公園や原生自然の境界内ばかりでなく外部にも依存して生活していることが多い．

たとえ周辺地域がアメリカ森林局や土地管理局によって管理されているところでも，生態系が保護されていない場合がある．これらの機関は複合利用のために働いており，原生自然法によって保護されていない土地での採掘事業を許可している．国立公園と原生自然地域は，開発された土地という海に浮かぶ，こわれやすい自然の島として残るかもしれない．

それと同時に，保護地域を訪れる人々からの圧迫が大きなものとなっている．公園の管理官はその脅威を十分認識しているが，適切な管理に必要な資金の提供は連邦の優先事項ではない．公園計画家は，かけがえのない資源に対する影響を軽減し，公園と原生自然への大衆の理解を深め，施設や利用を制限しようとしている．

カリフォルニアのモノ湖 湖の水位が低下するにつれて，トゥファ[多孔質な石灰質沈殿物]のピナクル[針峰]が露出している．ロサンゼルスの人々に供給されることで水が減り，湖の何百万という無脊椎動物とそれを食べる鳥が絶滅の危機に瀕している．

渇水によって死につつあるモノ湖

シエラ・ネヴァダ山脈の高いところに位置するモノ湖は，特殊な塩水湖である．その湖水は，塩分を含む砂層を通過してくる湧水によって供給されている．ここから流れ出すオーウェンズ川は，ロサンゼルスで太平洋に注ぎ込む．

その塩分濃度にもかかわらず，モノ湖は生物が豊富である．顕微鏡的な藻類が，ミネラルによって生育している．つぎにそれらは，ほかでは未発見の種に属する何百万という塩水エビの餌食となる．塩水エビは，1m³中に5万匹もいることがある．塩水バエの幼虫が，水中のトゥファ[多孔質の石灰質沈殿物]を覆うほかの藻類を餌として育つ．湖岸には，1m²あたりおよそ4万匹の塩水バエの成虫が生育している．

これらの餌は，毎年100万羽以上の鳥を引きつける．たとえば，世界中の個体数のおよそ1/5にあたるカリフォルニアカモメが，湖の中の島に巣をつくっている．晩夏には，膨大な数のアメリカヒレアシシギとアカエリヒレアシシギが，南へ向かう途中ここで休息する．世界のハジロカイツブリのおよそ80%も同様である．

この生態系全体が，ロサンゼルス市民に水を供給するためモノ湖からの取水が増大しているという理由で，消滅という重大な危機に瀕している．湖の体積は半分になり，塩分濃度は2倍の9.5%となった．鳥が営巣する島は，いまやコヨーテが上陸できるようになり，巣が襲われている．ロサンゼルスの需要を満たすために，さらに多くの水をとる計画がある．しかし概算によれば，ロサンゼルス市民が芝生の水まきを暑い日中ではなく夕方にし，舗道の枯れ葉をホースで流す代りに掃くだけで，モノ湖は救われる．このわずかな代償によって，かけがえのない生きた実験室と渡り鳥に必要な休息地が救われるのである．

生息環境とその保全

エヴァーグレーズ国立公園

エヴァーグレーズのマングローブ アメリカ南東部のフロリダ半島にあり，何百万という鳥たちに休息と営巣の場所を提供している．鳥には，まれにしかみられないトキコウ，カタツムリトビ，アカクロサギ，ダイサギ（ここに見える）が含まれる．

エヴァーグレーズの後背湿地 アメリカ大陸部で最大の亜熱帯原生自然地域である．ここには汽水域も淡水域もあり，さまざまな動物が生息している．それには，ワニ，カメ，豊富な水中生物が含まれる．

　フロリダのインディアンは，州の南部を構成する大湿地帯をパ・ハイ・オキ───草で覆われた水───と呼んだ．これは，エヴァーグレーズ国立公園の中心にある 23 万 3200 ha の湿地にふさわしい名称である．この湿地の生態系は，フロリダの先端からおよそ 440 km 北にあるキシミー川から始まっている．この川は，オキーチョビー湖に注いでいる．湖は，幅 80 km，深さ 15 cm の浅く広がった水域に連続しており，それが海に向かって南と南東方向へゆっくり流れている．その水は，地下にある多孔質の石灰岩にしみこみ，複雑な地下水系を満たしている．この帯水層が，フロリダ南部に水を供給している．水域の大部分を覆って，高さ 3 m から 4 m にもなる草やスゲが密生している．この類のない大きな"草の川"には，それに付随して"ハンモック"（ランとシダが茂る，木に覆われた小さな島），小型のヌマスギとマツの森林，蛇行する流路と湿地がみられる．

湿原保護区

　エヴァーグレーズは，トキコウ，カタツムリトビ，アカクロサギ，ハクトウワシの南部種にとって最後の砦である．公園には，砂浜に巣をつくるオオアカウミガメを含め，少なくとも 12 種のカメがいる．アメリカアリゲーターは沼地の王者であるが，ここにはそれ以外にも，アライグマ，カワウソ，希少なフロリダパンサーといった捕食動物がいる．また，ヘビウ（ウの仲間），ペリカン，ヘラサギ，トキ，多種のハクチョウやシラサギなど，魚を食べる鳥もみられる．公園の海沿いでは，レッドマングローブの湿地が，公園のテン・サウザンド諸島を含めフロリダの海岸とメキシコ湾に広がっている．マングローブの湿地は，エヴァーグレーズの膨大な数の鳥が餌とする魚や甲殻類が生育する重要な環境である．マングローブはまた，海の侵食力に対する生きた堤防としても役立っている．

　エヴァーグレーズ国立公園は 1947 年に設立され，1976 年には議会が 56 万 6000 ha の公園の大部分を原生自然保護地域に分類した．そのすぐあと，公園の北西に隣接する 22 万 8000 ha の土地が，ビッグ・サイプレス国立保護区に指定された．

周辺地域の問題

　このような保護にもかかわらず，エヴァーグレーズ国立公園は，大きな生態系の不完全な一部が公園となっている典型例である．境界の外で生じることが，その存続にとって重要な意味をもっている．周辺地域は，大規模な改変を受けてきた．その湿原は排水され，運河，堤防，

ヌマスギの湿地　着生植物が密生し、湿った地表には苔が生えている。多数の両生類、爬虫類、毒ヘビの生息地である。そこは、希少なフロリダパンサー、エヴァーグレーズミンク、どこにでもいるアライグマにとって豊かな狩猟地である。

　盛り土された道路が網の目のように交差している。1960年代に、キシミー川の流路は短縮され、放水路がつくられた。オキーチョビー湖は、毎年の氾濫を防ぐために大きな堤防で囲まれた。何十万haという排水された土地では集約的な農業が行われ、建築物が建てられた。オキーチョビー湖は、廃液や駆除剤が流れ込む巨大な腐敗槽となっている。しかし、それはまた、ため池としても役立っている。現在その水は、エヴァーグレーズへ慎重に分配されている。淡水の供給が減少する一方で、それに対する需要は増大している（毎日およそ900人がフロリダに移住している）。ビッグ・サイプレス国立保護区では、広い範囲で石油探査が行われている。アメリカ空軍は、公園の上空30mから150mを戦闘機の訓練空域として利用したがっている。その騒音はまちがいなく、ここに営巣している何千という鳥の生活をかき乱すだろう。

　このような問題にもかかわらず、エヴァーグレーズには300種の鳥、600種の哺乳類、45種の原生植物が生息し続けている。1976年に生物保護区、1979年に世界遺産に指定されたここは、いまだにアメリカ最大の亜熱帯原生自然地域である。

動物の生態

移動の波／生きている砂漠／火への適応／湿原の野生生物／海洋の動物／人間の影響

多数のさまざまな動物が，アメリカの広大な領域に生息している．アラスカにはカリブーやシロクマ，亜熱帯のフロリダには，ワニ，カメ，ペリカン，砂漠にはガラガラヘビ，ロッキー山脈には敏捷なオオツノヒツジがいる．南部の海岸を縁どるサンゴ礁やマングローブ林には，無脊椎動物や魚が豊富にみられる．東と西には広大な大西洋と太平洋があり，クジラやサメの生息地となっている．一方，アラスカの北極海には，アザラシやセイウチが群れている．アジア，ヨーロッパ，南アメリカの動物たちが，太古の陸橋を渡って，ここを定住地とした．またたくさんの新種も，孤立した峡谷や山頂，砂漠の水たまりや沖合の島に出現した．固有な動物がいることで最も有名なのは，太平洋はるか沖合のハワイ諸島である．

地域内の国
アメリカ合衆国

固有性と多様性	
多様性	普通
固有性	本土では普通ないし高い(多くの種はメキシコやカナダと共通)，ハワイでは非常に高い．

種	総数	絶滅危惧	絶滅[†]
哺乳類	330	22	0
鳥類	1090*	42	20
その他	不明	970	99

[†] 1600年以降の絶滅種
*繁殖種および定期的にやってくる非繁殖種

絶滅の危機にあるおもな固有種

哺乳類 クロアシイタチ (*Mustela nigripes*)，ハイイロホオヒゲコウモリ (*Myotis grisescens*)，スティーブンズカンガルーネズミ (*Dipodomys stephensi*)，アメリカアカオオカミ (*Canis rufus*)，ハワイモンクアザラシ (*Monachus schauinslandi*)
鳥類 カリフォルニアコンドル (*Gymnogyps californianus*)，ハワイガン (*Branta sandvicensis*)，カウアイヒトリツグミ (*Myadestes myadestinus*)，キバシリハワイミツスイ (*Paroreomyza maculata*)，ハワイガラス (*Corvus hawaiiensis*)
その他 サンホワキンレパードトカゲ (*Gambelia silus*)，アオジロチョウザメ (*Scaphirhynchus albus*)，デヴィルズホールパップフィッシュ (*Cyprinodon diabolis*)，ドングリシンジュイガイ (*Epioblasma haysiana*)，ショウメノウガイ (*Achatinella* spp.)，ノーアイビッグアイドクグモ (*Adelocosa anops*)，サンフランシスコフォークテイルイトトンボ (*Ischnura gemina*)

絶滅の危機にあるおもな非固有種

哺乳類 タウンゼンドウサギコウモリ (*Plecotus townsendii*)，クズリ (*Gulo gulo*)，ハイイロオオカミ (*Canis lupus*)，ジャガー (*Panthera onca*)
鳥類 アメリカシロヅル (*Grus americana*)，カートランドアメリカムシクイ (*Dendroica kirtlandii*)，ズグロモズモドキ (*Vireo atricapillus*)
その他 アメリカワニ (*Crocodylus acutus*)，ショートノーズシスコ (*Coregonus reighardi*)

家畜化された動物(この地域が原生の種)

シチメンチョウ (*Meleagris gallopavo*)

移動の波

北アメリカのおもな動物集団は，その大多数がヨーロッパやアジアの動物と共通の祖先をもつ．これは，何百万年も前に北アメリカとユーラシアが北方の巨大な超大陸を構成していたからである．最新の氷河時代には，極地域に蓄積された大量の氷が海水準を低下させたため，マストドンやマンモス(現在は絶滅)，カリブー[トナカイ]，ムース[ヘラジカ](ヨーロッパではエルクとして知られる)，ワピティのような動物たちが陸伝いにシベリアからアラスカへ渡ることができた．またおそらく動物たちは，ときどきつながったユーラシアから，グリーンランド経由で北アメリカへやってくることができた．シロクマはいまでも，このルート上の海氷を移動している．

したがって，旧世界と新世界の北極地域では，多くの哺乳類の種が共通している．その中のいくつかの生息範囲は，ロッキー山脈に沿ってはるか南に広がっている．ホッキョクギツネやシロクマは極地域だけに生息するが，クズリはカリフォルニアにまで分布している．クズリの全3種は，旧ソ連と北ヨーロッパの全域でもみられる．ナキウサギ(モルモットに似た，ウサギに近い動物)は，多様化してシベリアに広く分布する．そのナキウサギの2つの近縁種が，アメリカでみられる．その1つは，アラスカとカナダの一部だけに生息している．一方，もう1つの生息範囲は，高さが2725mから4000mのロッキー山脈の大部分に広がっている．

旧世界の動物種の移動は，現在まで続いている．アラスカでは，キセキレイ，オガワコマドリ，ハシグロヒタキ，メボソムシクイのような数種の鳥が最も新しい移住者である．哺乳類よりも移動性があるので，これらの鳥はベーリング海峡を渡ることができ，今でも冬にはアジアにもどっている．それに対して，タヒバリやアラスカの大多数のソングバードは，カナダやアメリカを通過して南へいく．大陸の反対側では，アマサギがもっと大きな旅を行っている．最近数十年間，アマサギは大西洋をアフリカから南アメリカへ渡り，そこからフロリダの一部に移住しているのである．

熱帯の侵入者

およそ300万年前に，南北アメリカの間に陸橋が形成され始めた．それによって，ヴァージニアオポッサム，アルマジロ，ヤマアラシのような動物たちがアメリカへ侵入することができた．数多くの鳥も，南からやってきて定住した．移動性のソングバードを北アメリカの野生生物に"属している"とみなす傾向があるが，現実にはそれらは生活の大部分をもっと南で過ごしている．種の多くは，熱帯雨林まで移動しているが，そこでの情け容赦のない森林開発によって，個体数に深刻な影響がでている．自然保護の意識が広がるにつれて，熱帯雨林の破壊がこれらソングバードたちの未来に直接関係しているということが認識されつつある．

熱帯のソングバードは，夏の数カ月だけアメリカの繁殖地を訪れ，1羽か2羽のひなを育てる．およそ60種のムシクイがアメリカで繁殖し，その大多数は冬の間完全に姿を消す．その分布と渡りの経路は，地域の特徴に応じてさまざまである．たとえば，東部の種の多くは，フロリダ半島を南下し，島伝いにカリブ海を横断

して，最終目的地である南アメリカへ向かう．アメリカで最も希少な鳥のひとつであるカートランドアメリカムシクイは，その個体のすべてがバハマで冬を過ごす．

多くの動物たちが比較的最近この地域にやってきたのに対して，北アメリカで進化し，結果として広い範囲でみられるものもある．おそらく，その中で最もよく知られているのが馬であろう．馬はアメリカで進化したと信じられている．それは，北の陸橋を移動して旧世界に定住し，新世界ではのちに絶滅した．ラクダ（たとえばリャマやビクーナ）やバクも新世界で進化し，かつて南の陸橋が形成されたとき南アメリカに広がった．

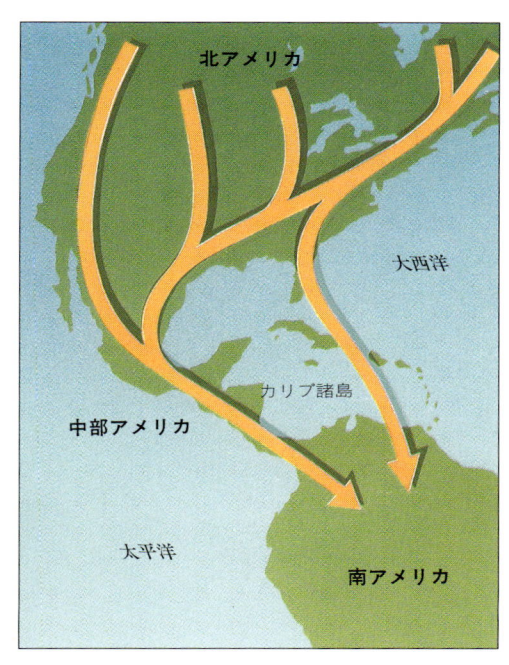

北アメリカの鳥　多くは南アメリカで越冬し，繁殖のために春にもどってくる．鳥は，4つの主要な経路を通って北アメリカを南下する．経路は，さらに南で2つになる．1つは，中部アメリカを縦断するものであり，もう1つはカリブ諸島を飛び石として利用するものである．

ハクトウワシ（左）　熟練した漁師である．その指先は下の部分が著しくふくらんでおり，すべりやすい獲物をしっかりとつかまえることができる．ハクトウワシの数は，狩猟や駆除剤の毒によって近年減少してきた．しかし，保護地域での繁殖計画によって，この傾向は逆転しつつある．

多才な捕食動物（下）　マウンテンライオン——すなわちクーガーあるいはピューマ——は，雪をかぶった山岳，雨林，砂漠の峡谷のどこにでも生息している．南北アメリカの大部分の地域でみられ，さまざまなものを餌食にする．

動物の生態

生きている砂漠

アメリカ南西部は，ネヴァダ州とユタ州からメキシコまで広がる世界有数の大砂漠地域の中心である．これらの砂漠の一部には，驚くほど青々とした植生と豊かな動物の生態がみられる．これらの地域は，単に年降水量が少ないというだけで，砂漠に分類されているのである．中西部のプレーリー［大草原］も，1年の大部分を通じて比較的乾燥している．そこの野生生物は，砂漠に生息している種と同じような適応を果たしている．

プレーリーや砂漠の哺乳類の多くは，大きな耳をもっている．これは適応のひとつであり，表面積が増えることで，熱が逃げやすくなっている．たとえば，アンテロープジャックウサギは，62 cm しかないからだに，長さ14〜19 cmの耳がついている．同じ比率で考えると，人間の耳は 62 cm となる．夜になってかなり気温が低下すると，耳の血管は収縮する．すると，暖かさを保つために，耳はからだにくっつく．キットギツネや，数種のコウモリや，サバクキネズミや，その他の多くのげっ歯類も，比較的大きな耳をもつ．

砂漠の大多数の哺乳類，ヘビ，無脊椎動物は，夜行性である．日中は，涼しい巣穴や岩の割れ目に隠れている．そこでは空気が静止しているため，水分を保持しやすいのである．ヘビは，それらの多くを獲物としている小哺乳類と同様，たいてい夜行性である．しかしトカゲの多くは，午後の最も暑い時間を除く日中に活動する．カメは，夜行性であることが多いだけでなく，最も暑い数カ月間，地下の深い巣穴で夏眠——夏の冬眠——をすることがある．

地下の専門家

プレーリーの地表の下には，プレーリードッグのような巣穴を掘るげっ歯類が生活している．プレーリードッグは，地下に住むリスであり，その地下のすみかは"タウン［街］"と呼ばれている．1905年にテキサスにあったプレーリードッグのひとつのタウンは，およそ6万4000 km² の面積を占め，4億匹のプレーリードッグを抱えていたといわれている．しかし，この動物は長い間害獣とみなされてきたため，現在は以前の数の10%にまで減少してしまった．

プレーリードッグの巣穴は新しいものも古いものも，ほかの動物の隠れ家となる．そのような動物には，ヘビ，アナホリフクロウ，クロアシイタチが含まれる．クロアシイタチの小さなからだは，地下のプレーリードッグをつかまえるのに適している．餌食の減少とともにクロアシイタチも絶滅しそうになっているが，捕獲して繁殖させることでかろうじて守られている．

水の節約

乾燥地域に生息する哺乳類——とりわけウサギを含むげっ歯類——に広くみられる適応とは，食べ物から代謝によって水をつくり出す能力と，水をまったく飲まずに生活する能力である．からだの内部で食べ物が酸化されると，1 gのデンプンから 0.6 g の水がつくられ，1 g の脂肪からは 1 g 以上の水がつくられる．

砂漠の鳥は，食虫性（マネシツグミ，ツグミモドキ，ハシボソキツツキなど）でも，捕食性の鳥（アメリカチョウゲンボウ，トカゲゴロシロードランナー，タカなど）でも，腐肉を食べる鳥（カラス，クロコンドル，ヒメコンドルなど）でも，たいてい獲物から水分をとっている．ベリー［液果］や果実から水分を摂取するものもいるし，ハチドリのように花の蜜から水分を摂取するものもいる．鳥は，水を求めて旅をすることができる．彼らは巣穴を掘ることはできないが，砂漠の植物が日陰や隠れ家を提供している．世界最小のフクロウであるサボテンフクロウは，サグアロサボテンの穴に住んでいる．

砂漠の哺乳類の多くは，日中を涼しい巣穴で過ごしているが，オオツノヒツジ，コヨーテ，ボブキャット［アカオオヤマネコ］などの大型の哺乳類は，そう簡単に暑さを避けることができない．日陰で休んでいるときでさえ，彼らは汗を流し激しく呼吸することで，体温を調節しなければならない．蒸発は涼しさをもたらすが，かなりの水分を使い果たしてしまうのである．

おそらく，最も砂漠に似つかわしくない動物は，両生類であろう．スペードフットヒキガエルは，一時的な水たまりを最大限に活用する．硬い皮膚に守られて，その泥の中に2年以上も埋まったままでいるのである．彼らは体重の50%以上の水を失っても耐えることができる．水がやってくると，彼らの卵はちょうど13時間で孵化し，オタマジャクシは10日後にカエルとなる．カリフォルニア砂漠のスレンダーサンショウウオは，オタマジャクシのための水を必要としない．オタマジャクシは卵の中で成長し，その後成体を小さくした姿で孵化するのである．いくつかの種では，水分を保持するために雌が卵を抱くことさえある．

クビワペッカリー

オジロレイヨウジリス

メリアムカンガルーネズミ

アメリカ合衆国 I

テンマクケムシ（右） 木の葉を食べるガの幼虫であり，最後には木を丸裸にしてしまう．この幼虫はテント[天幕]のような絹の隠れ家をつくり，そこから出かけては餌を食べる．十分に成長すると，彼らは隠れた割れ目に繭をつくる．成虫は真夏に現れ，交尾し，枝のまわりに細長く卵を生みつける．これらは，つぎの春まで孵化しない．

アンテロープジャックウサギ

砂漠の魚

　砂漠は，魚と結びつけることがむずかしい場所である．しかし，アメリカ南西部の砂漠では，きわめて多様な魚がみられる．まわりを砂漠に囲まれて孤立しているため，種の多くはひとつの川だけに分布しており，ひとつの水たまりや温泉だけという場合もある．

　このような環境下で新種が進化したが，しかし現在こういった砂漠の魚の多くは危機に瀕している．たとえば，デヴィルズホールパップフィッシュは，カリフォルニア州デス・ヴァレーにある自然泉のひとつだけにみられるが，この唯一知られている生息地は，近くのボーリング作業によって地下水位が低下するという危機にさらされている．

　どこでも，バスやモスキートフィッシュのようなもち込まれた魚が，砂漠の魚を餌食にしたり，それらと餌をとり合ったりしている．

　砂漠の魚の絶滅は，その多くがきわめて特殊であるため，大きな損失である．たとえば，サバクウグイのような魚が生息する泉の中には，ゆで卵ができるほど熱い50℃以上の水温のものがある．

ニシクビワトカゲ

ロードランナー（ミチバシリ）

サイドワインダー

カリフォルニアの叢林の動物たち クビワペッカリーには，危険を知らせたり威嚇するための声が少なくとも6種類ある．オジロレイヨウジリスとメリアムカンガルーネズミはどちらも，餌が欠乏するときのために，巣穴に種子を貯蔵している．カンガルーネズミは，夜に餌を食べることで暑さを避けている．レイヨウジリスは日中に餌を食べるが，からだを冷やすためにしばしば巣穴にもどる．アンテロープジャックウサギは，熱を逃がしてからだを冷やすために，大きな耳をもっている．ニシクビワトカゲは，びっくりすると2本足で走って逃げることができる．ロードランナーは，餌のトカゲをくわえている．サイドワインダーは，熱い砂の上を移動するのに効果的な方法をもっている．つねにからだの2つの部分だけが地面と接しているのである．

動物の生態

火への適応

アメリカの動植物の多くは，原野火災にうまく適応している．火災は，晩夏の嵐の際に落雷によって発生し，人間の介入によって制御されるまで，草原を徹底的に焼き払う．その他に山火事が，何週間も何カ月も激しく燃え続けることがある．

鳥類は飛んで火を避けられるという点で有利であるが，哺乳類(コウモリは除く)，両生類，爬虫類は異なった方法を採用しなければならない．平原の哺乳類は極端に足が速い傾向があるので，彼らは火よりも先を走ることができる．最速の陸上動物のひとつとして知られているエダツノカモシカは，全力では時速115 km，ゆっくりでも時速48 kmで走ることができる．スウィフトギツネは時速40 km，コヨーテは時速65 kmに達することができる．

プレーリーの地下

平原に巣穴を掘る動物は，もし火災がそれほど長く続かず，それほど激しいものでなければ，地下にいるため安全である．1年のうちで乾燥が強まる時期は，野火の危険性が高まり，蒸発量が大きくなり，食物が少なくなるため，爬虫類や両生類の多くが夏眠をする．アナホリガメは長さ9 m，深さ5.5 mに達するトンネルを掘り，その末端に小さな部屋をつくる．このような巣穴は，40種を越える他の動物の隠れ場所になる．それらの動物の中には，アナホリフクロウ，ハイイロギツネ，ダイヤモンドバックガラガラヘビ，インディゴヘビ，オポッサム，さまざまなヒキガエルやげっ歯類が含まれる．

フランクリンジリスやいくつかの近縁種は，十分な脂肪を蓄積するとすぐに冬眠に入る．ときには，7月の終わりという早い時期に冬眠してしまう．それらは，地上で燃え盛っている火に気がつかないまま，8カ月間も眠ることがある．

乾燥した草原での生活でみられる最も驚くべき適応は，交尾することなく子を生むという雌の能力(単為生殖)である．それは，昆虫やほかの多くの無脊椎動物ではありふれているが，脊椎動物ではまれである．しかし，乾燥地域に生息するムチオトカゲのいくつかの種では，それがみられるのである．広く分布しているチワワマダラムチオトカゲは例外なく単為生殖であり，雄の存在は知られていない．しかし，もうひとつの単為生殖種であるチェッカームチオトカゲは，ときおり雄が生まれる．

この特異な行動の利点は，それによって個体数を急速に増やすことができるということである．これは，野火のような災害によって環境や個体数が周期的に打撃を受けるような場所では，明らかに有利である．単為生殖種は，雌が1匹でも生き残れば，個体数を回復することができる．彼女の子孫も，すべて雌である．そしてそれぞれの雌がちょうど6個の卵を生むとしても，理論的には5世代目の個体数はなんと7500匹になるのである(それに対して，普通のトカゲは500匹以下である)．

単為生殖のげっ歯類は存在しないが，いくつかの種は極端に多産であり，数を急速に増やすことができる．プレーリーハタネズミは普通1年未満しか生きないが，その短い生涯の間に，一度に最多7匹の子を生み，それを数回くり返すことができる．

人間と火災

先住民のアメリカインディアンは，狩猟のために火を利用する方法を知っていた．彼らは火を使って，バイソンやほかの猟獣の群れを狩り立てたのである．やがてヨーロッパ人開拓者がやってきて，平原の農民となった．彼らは自然火災の発生を抑制し，それが景観や野生生物に壊滅的な影響を与えた．野火は，枯れて散らばった葉や枝が積もるのを防いでいる．火災は草原をあっというまに焼き払い，大多数の動物は地下へ逃げることができる．しかし，何年も抑制されたあとで野火がいきなり発生すると，積もった腐葉の層が燃え上がって火災を非常に激しいものにしてしまい，地下の動物は大きな被害を受けるのである．

近年は，国立公園や原生自然保護区やほかの自然保護区の管理官たちに，自然環境を維持するためには制御された火災が往々にして必要であるということが理解されるようになった．

トウブホリネズミ

アメリカ合衆国 I

セイブホリネズミ（オス）

セイブホリネズミ

セイブホリネズミ（メス）

ホリネズミ（上） トウブホリネズミは，頬袋をいっぱいにして食べ物捜しの遠征から帰ってきたところである．セイブホリネズミは，ポケットゴーファー［ホリネズミ］のポケットという名称のもとになった頬の細部をみせている．色の異なる雄のセイブホリネズミは，土を盛り上げている．色がさらに異なる雌のセイブホリネズミは，雄よりいくらか小さい．ホリネズミは，穴掘りのために特殊化している．彼らの頭は大きく，首は非常に短い．脚は頑丈で力強く，尾は短い．モグラのように皮膚はしなやかであり，狭い空間で向きを変えることが可能である．大多数の種は，穴を掘るのに大きな爪を利用し，門歯の助けを借りる．門歯と爪はどんどん擦り減るが，どちらもそれを相殺する速さで成長する．

プレーリーの草食動物（上） プレーリードッグは"コーテリ［:中間:］"と呼ばれる社会集団をつくって生活している．彼らは巣穴のすぐ近くで草を食べ，高い植物を取り除いて見晴らしをよくする．彼らにしばしば臀部で立ち上がる．とりわけ，巣穴の入り口で見張りに立っているときはそうである．もし危険なものが見えたら，口笛のような大きな声で鳴く．それは，周辺地域のほかのすべての動物にも警告を与える．

巨大なアメリカバイソン（左） 体重が900 kgを越えることがある．成獣が立つと，肩までの高さはおよそ2 mである．冬にはバイソンは，寒さを防ぐためにちぢれた厚い毛で覆われる．バイソンは，木の下で草を食べることが多い．なぜなら，そこは雪があまり深くなく，その下にある草に達するのが容易だからである．

バイソンとプレーリードッグ

比較的最近まで，プレーリーには動物たちが数多く住んでいた．ヨーロッパ人開拓者がやってくる以前は，バイソンの数は3000万から7000万頭以上であり，一方，地下の"タウン"に住むプレーリードッグは，それ以上におびただしい数だった．

バイソンとプレーリードッグは，互いに近接して住んでいることが多かった．プレーリードッグは好んで，バイソンが草を食べる地域に居住地を設けた．そこは草の丈が短いからである．一方，バイソンはプレーリードッグの巣穴の近くで砂風呂を浴びるのを好んだ．そこでは，草が根元近くまで食べられているからである．

開拓者がプレーリーに移住するにつれて，どちらの動物も大量に殺戮された．なぜならそれらは，新しくもち込まれた牛と草をとり合うからである．25匹のプレーリードッグは，1頭の牛が1日で食べる量の草を食べてしまう．動きの遅い鈍重なバイソンは，ちょうど30年間で1000頭以下に減ってしまった．かろうじて絶滅をまぬがれたのは，少数の自然保護運動家が努力したおかげである．プレーリードッグは，小さくてみえにくい標的だった．急速に繁殖するので，それらの個体数の回復は早かった．しかし，どちらの種も，以前の数にもどることは決してないだろう．なぜなら，プレーリーの大部分はいまや耕地となり，草原の生息環境が破壊されてしまったからである．

117

動物の生態

湿原の野生生物

アメリカの湿原には，さまざまな野生生物が生息している．夏に水浸しとなるアラスカのツンドラや，プレーリー北部の水のたまっている凹地——"ポットホール"——は，この国の大部分のカモにとって繁殖地となっている．さらに南のミシシッピ川の氾濫原にある湖や，池や，流路には，カワウソ，ミンク，ジャコウネズミ，魚や虫を食べる数多くの鳥が生息している．ミシシッピ三角州の温暖な湿地には，ワニ，ヘビ，カメ，アライグマ，水鳥たちが繁殖している．南東部の沼沢地（エヴァーグレーズ）とマングローブに縁どられたフロリダの海岸は，亜熱帯性の動物の天国である．ここは，北アメリカに唯一残った，アメリカワニの生息地である．一方アメリカアリゲーターは，はるかに広く分布している．

景観設計家

ヨーロッパ人が最初に北アメリカへやってきたとき，ほとんどすべての湖や川でビーバーがみられた．しかし初期の開拓者は，毛皮をとるためにそれらを情け容赦なく捕獲した．その毛皮は，ヨーロッパで当時流行していたビーバー帽をつくるのに使われた．現在は法律によって保護されているため，以前の数に近いところまで回復している．ビーバーは，生まれながらの湿原の技術者であり，必要に応じて大規模に景観を改変できる数少ない動物のひとつである．木を切り倒し，それを使ってダムをつくることで，自分が食べる植物が生長しやすい湿地環境をつくり出すのである．

ビーバーは環境に見事に適応している．その密生している防水性の毛は，断熱作用があり，またすぐ乾く．その大きな足には水かきがある．そして，櫂のように大きくて平らな尾をもつ．そのよく発達した門歯は，小さな木を簡単に切り倒すことができる．ビーバーは，より柔らかい植物性の物質はもちろん，樹皮をも消化することができる．冬に池の表面が凍結する地域では，ビーバーは大小の枝を食糧として1カ所に集め，それらを水面下に蓄えておくのである．

アメリカには，さまざまな淡水性のカメ（旧世界ではテラピンと呼ばれている）がいる．最大のものはワニガメ（アリゲータースナッピングタートル）であり，その体重は 90 kg 以上にもなる．ワニガメは赤くて虫のような舌をもち，それで獲物をおびき寄せる．そのおとりに魚やほかの動物がだまされるまで，ワニガメは口を開けたまま水の中で動かずに待っている．そして，その瞬間ぱくっと（スナップ）あごを閉じるので

アカミミガメ（上）　小さいころは肉食性である．それが，成長するにつれて雑食性へと変化し，年をとると主として草食性になることさえある．アカミミガメは，巣づくりやほかの池へ移動する場合を除いて，めったに水を離れない．

捕食者かつ保護者（右）　アメリカアリゲーターは，生息地を共有している他のいくつかの動物たちを知らず知らずに守っている．小さな捕食動物はその存在に怖じけづくので，鳥の営巣やカメの卵の孵化が比較的安全に行われる．

偽りの外見（下）　このキタアカサンショウウオは毒をもっていないが，皮膚からの分泌物が捕食者にとって致命的な毒性の強いアカマダライモリの姿をまねている．両者は，同じ生息地域に住んでいる．

かなめとなる種

フロリダにある温暖な亜熱帯性のマングローブの湿地には，何千という鳥，魚，カメ，ヘビ，シカが生息している．これらは，ボブキャット[アカオオヤマネコ]やフロリダパンサーを含むさまざまな捕食動物の獲物である．これらすべてを獲物にしているのが，アメリカアリゲーターである．

アメリカ最大の爬虫類であるアリゲーターは，体長5.8mを越える．その分布範囲は，湿地伝いにノースカロライナやテキサスの北まで広がっている．アリゲーターは，湿原の生息環境を維持するのに必要不可欠な役割を果たしている．池から池へと曲がりくねって続く這い跡によって，植生は広々とした水面に自由に侵入できる．またそれは，湿地の他の動物によって利用される通り道となる．

アリゲーターは，他にも生息環境に影響を与えている．干ばつのときには，彼らは水や泥で満たされた深い穴（ゲーターホール）を掘る．これらは，他の水生生物にとって重要な避難場所である．アリゲーターのふんを肥料として，穴は肥沃な小型の湿地となり，ユリや他の水生植物でいっぱいとなる．穴のまわりに生える茂みは，巣づくりをする鳥に隠れ場所を提供する．サギやシラサギは，アリゲーターが日光浴をする場所の近くに巣をつくる．この大きな捕食動物の存在が，招かれざる訪問者に対する効果的な抑止力となるのである．

アリゲーターのような動物は，しばしばかなめの種と呼ばれる．その存在が奪われると，生息環境に著しい変化が起こり，その地域に住むあらゆるレベルの野生生物に重大な結果がもたらされる．

ある．でこぼこの外被には藻類が生えているため，それは沈んでいる石のようにみえる．この偽装に，獲物はだまされる．

カメは水中の生活にうまく適応している．その外被は平たい流線形であるため，泳ぎに適しており，足の一部には水かきもある．ウミガメの手足は，櫂として使うために平たくなっている．いくつかの淡水性のカメは，泥の中に沈み込めるほど平らである．しかし，ワニや他の強力な捕食動物がたくさんいるエヴァーグレーズのような湿地では，フロリダアカハラガメのような種は流線形という利点を捨て，支えの入った高いドーム状の甲羅で守りを固めている．

魚とその捕食者

このような湿地に住む魚の中には，生きた化石がたくさんいる．スロースイミングボウフィンや，体長3m，体重136kgになることもあるアリゲーターガールは，太古のほとんど絶滅した科に属する．ガールは，流木のように静かに泳ぎまわる．これらの魚は，浮袋を肺として使うことで，よどんだ水の中でも生活することができる．ボウフィンは，水の外でも1日程度は生きていられる．

1億3500万年前に生きていた魚の子孫であるチョウザメも，アメリカでみることができる．シロチョウザメは，北アメリカ最大の淡水魚であり，体長は6mにも達する．それは，あごの敏感な触覚器で水底の泥を探り，餌をみつけて食べる．このような太古の魚の中で，おそらく最も変わっているのが，シャベルのような形の大きな鼻をもつヘラチョウザメであろう．それは，夜間に水面近くを泳ぎながら，大きな口を開けてプランクトンや他の小さな無脊椎動物をすくい上げて食べるのである．

多数の水鳥や渉禽[浅い水の中を渡り歩く鳥]が，湿原の同じ地域に共存している．なぜなら，それらは餌の種類や餌の捕らえかたが異なるからである．水の浅いところにはサギのような大きな渉禽がいて，獲物をひそかに追ったり待ち伏せたりしている．ユキコサギは，飛びながら1本の脚で水をかきまわし，獲物を飛び立たせる．その一方で，アカクロサギは，翼を広げて水面に影をつくり，獲物を引き寄せるとともに反射を少なくして魚をとらえる．

しかし，あまりに専門化しすぎるのは，割に合わない．エヴァーグレーズのカタツムリトビは，唯一の餌であるアップルカタツムリを食べるのに適した，絶妙に曲がったくちばしをもっている．このカタツムリは，かつてこれらの湿地でごく普通にみられたが，しかし湿原の排水によってこのトビの餌は極度に少なくなっている．カタツムリトビは，他のどんな餌にも適応してこなかったようである．

動物の生態

海洋の動物

アメリカの沿岸でみられる海洋生物は，世界のすべての地域と同じように，多種多様である．シロクマやセイウチはアラスカの流氷の中で獲物を追い，アザラシは海氷の上で餌を食べる．アラスカと南西部の海岸にあるケルプ[大型海草]の密林は，ラッコの狩猟場である．アシカ，ゾウアザラシ，ハワイモンクアザラシやグアダルーペオットセイのような珍しい種が，浜辺に生息している．太平洋のはるか沖合には，ナガスクジラ，ミンククジラ，ホッキョククジラ，ザトウクジラ，コククジラ，シャチやセミクジラ，シロナガスクジラといったさまざまな大型のクジラがいる．フロリダやメキシコ湾岸にあるマングローブの湿地やサンゴ礁には，奇妙なマナティや何種類かのウミガメを含む，まったく異なる動物が生息している．海鳥は，海岸線全体にたくさんいる．

干満のリズム

春と夏の大潮の際には，カリフォルニア海岸で行われる見事なショウを目撃するために，人々が遠方のさまざまな地域からやってくる．この日，小さな銀色の魚であるグラニオンが産卵のために浜辺にやってくるのである．満月の翌々日の夜，潮が最も高くなった直後に，月で照らされた浜辺は，からだをくねらせてきらきらと輝くたくさんの魚で覆われてしまう．波を利用して，魚たちは浜辺の最も高い場所まで進む．そこで雌が濡れた砂に穴を掘って産卵し，雄が精子をかける．砂に隠されているので，卵は捕食動物の目に触れず，波にもさらわれずに成長し，つぎの大潮のときに洗い出される．それと同時に卵は孵化し，波が稚魚をさらっていく．魚には珍しいこの行動は，おそらく海を泳ぐたくさんの捕食動物から卵を守るためなのだろう．

同じような現象が，大西洋の海岸でもみられる．カブトガニ(キング・クラブと呼ばれることもある)の産卵がそれである．この行動は，太古に起源をもつ．なぜなら，この生きた化石は3億年前から存在していたからである．カブトガニは，カニではまったくない．最も近い種は，おそらくクモである．これらの動物たちが何を合図にして海岸への移動の時期を決めているのかは，はっきりとはわからない．おそらく，月相を感知して，それによって体内の"潮時計"の時間を合わせているのだろう．潮時計は，海洋の無脊椎動物にごく普通にみられる仕組みである．

海で長い期間を過ごしているが，大多数の海洋哺乳類(クジラとイルカを除く)は，出産のために海岸へやってこなければならない．生まれたばかりの哺乳類の毛は防水ではなく，まだ水

器用なラッコ

カリフォルニア以北の西海岸に生息しているラッコは，その器用さで有名である．ラッコは，海底から平らな石を拾い上げ，水の中で仰向けになりながら胸の上に石をうまくのせて，ウニやアワビを割る台として利用する．この魅力的な動物は，毛皮のために捕獲されて絶滅しそうになったが，現在は保護されている．

およそ1600まで個体数が回復したカリフォルニアのラッコは，現在海岸での建設工事や汚染，そして漁師という新しい脅威に直面している．漁師の多くはラッコを，減少している水産資源を奪う害獣とみなしているのである．しかし，ラッコがウニの数を抑える働きをしているということが明らかになりつつある．ウニは，もし抑制されなければ，魚が餌場として，また幼魚を育てる場所として利用している大型海草床を壊滅させてしまうのである．大型海草の栽培は重要な産業であり，ほかの手段でウニの数をコントロールするには高い費用がかかるだろう．

アメリカ合衆国 I

の中で体温を保つのに十分な脂肪もないのである．大多数のアザラシは海氷の上で繁殖するが，耳状器官のあるアザラシ——アシカやオットセイ——や，ゾウアザラシは岩だらけの海岸で繁殖する．これらの海獣は生まれつき群居性であり，大きな繁殖集団で生活している．しかし人間による開発で，アザラシが落ち着いて住める安全な海岸の数は減少している．広い海に散らばっている彼らは，繁殖のためにいつも同じコロニーにもどってくる．大きな雄は，その海岸で一番よい縄張りをめぐって，激しい闘いを繰り広げる．そこは，最も多くの雌に近づくことのできる場所なのである．雌は出産後数日で，再び交尾ができるようになる．

海での移動

繁殖地は，かならずしも食物が豊富にある地域とは限らない．多くのアザラシは，食物のある場所と繁殖する場所の間の長い距離を移動している．アラスカの海岸の沖合で繁殖するキタオットセイは，最長の移動を行うアザラシのひとつである．その雄は，雌よりはるかに大きく，体重に対する表面積の割合が小さいので，体温を維持しやすい．したがって雄ははるか北にとどまるが，雌は冬の間 2800 km 南の温かい海に移動して食物をとる．

生涯のすべてを水の中で過ごす大型のクジラは，もっと長い旅をする．夏にははるか北へ移動して，そこで大量に繁殖しているプランクトンやほかの無脊椎動物を餌にし，冬には亜熱帯や熱帯の海へもどるのである．北太平洋のザトウクジラは，冬にインド洋やメキシコの海へ 1 万 6000 km も移動する．メキシコのカリフォルニア半島沿岸のラグーンで繁殖するコククジラは，豊富なプランクトンを利用するために北極海へ移動する．

クジラは，大西洋でも同様の旅を行う．沿岸の魚や無脊椎動物は，それほど移動しない．毎年秋になるとフロリダの沖合では，10 万匹ものスパイニーロブスターが，およそ 60 匹ごとに一列縦隊を組んで深い海へと移動する．それらは，触角を触れ合わせながら 50 km も旅をする．この旅行はおそらく，最初の秋の嵐にともなう気温の急激な低下がきっかけとなるのだろう．深い海は餌はあまり豊富ではないが，スパイニーロブスターは冬の海岸の厳しい条件を避けるのである．

キタオットセイのコロニー（上） 子どもは育児場でいっしょに遊び，親たちは浜辺で日光浴をしたり，海へ魚を捕りにいったりしている．繁殖地の海岸にはオットセイの巨大なコロニーがいくつも集まるため，アザラシ猟の標的となりやすかったが，現在は注意深い管理によって個体数が回復しつつある．

ゆったりとした食事（左） 霊長類を除くと，ラッコは餌を食べるときに道具を利用する唯一の哺乳類として知られている．このカリフォルニアラッコは，大きな石を腹の上にうまくのせ，二枚貝を割って開けるのに利用している．ラッコの餌の半分はウニであるが，アワビや魚も好む．このラッコは，沖へ流されないように，大型海草の葉の部分をからだに巻きつけていた．

カッショクペリカン（右） 夏にアメリカの南海岸全域で繁殖する．両親は協力して子どもを育てる．このペリカンは，魚を捕らえるために 240 km 以上も飛ばなければならないことがある．そのため，一方の親が長い期間ひなから離れなければならない．ひなは急速に成長するので，親たちは大量の食物を与える必要がある．

動物の生態

人間の影響

　最後の氷床が後退したおよそ１万1000年前に，北アメリカでは数多くの大型哺乳類が絶滅した．この絶滅の大きな波が起こったのは，アートラトルという投げ槍がこの地域の初期の狩猟民に広く使われるようになったのと同じ時期である．おそらくわずか2000年間で，ラクダ，ウマ，ジャイアントバイソン，ジャイアントビーバー，グラウンドナマケモノ，ペッカリー，ヨツヅノカモシカ，マストドン，マンモスが北アメリカの大部分から消滅した．この絶滅のプロセスは，およそ8000年前までに終りに近づいた．そして，このとき生き残った種は，最初のヨーロッパ人開拓者がみたものと基本的に同じだった．

野生生物の利用

　新世界を経済活動のために切り拓いた開拓者は，その豊かな自然の資源を利用した．多くの動物種が，皮や毛をとるために捕獲され，おびただしい数の皮や毛がヨーロッパに輸出された．ビーバーが，わな猟師のおもな獲物だったが，カワウソ，テン，ケナガイタチ，オオカミ，オオヤマネコ，ボブキャット[アカオオヤマネコ]，イタチ，シカの毛皮もすべて需要があった．ウミミンクのように捕獲によって絶滅した種もある．
　ナキハクチョウも，その羽毛が衣類の飾りや，婦人のマフの縁どりに使われたため，あやうく絶滅しそうになった．しかし，イエローストーンやモンタナ州北西部のレッド・ロック・レークスの保護区で守られた．カモやガンを何千羽も殺戮した商業的な猟師は，1875年までにいなくなったカササギガモや，北極地域の繁殖地から何万羽も群をなして南へ移動する際に，情け容赦なく捕獲されたエスキモーコシャクシギの絶滅に対して責任があるだろう．いくつかの種は，人間による迫害の結果，完全にあるいはほとんど消滅した．その中には，オオウミガラス，リョコウバト，カロライナインコ，ハシジロキツツキ，カリフォルニアコンドルが含まれる．ハワイ諸島で歴史時代に絶滅した種のリストは，もっと長い．
　大西洋岸と太平洋岸のほとんどすべての川は，かつて魚であふれていた．しかし現在は，この豊かな資源は壊滅している．ヨーロッパ人開拓者による捕り過ぎと，成長しつつあった工業による汚染の両者が組合わさって，魚の数に壊滅的な影響を及ぼした．最も激減した種には，サケやチョウザメがある．
　19世紀の終りまでに，態度の変化がみられ

都市のよそもの　アライグマは，ごみ捨て場やキャンプ場の掃除人であり，アメリカの大部分でみられる．ハツカネズミやドブネズミは，旅行者のあとを追って世界中に広がった．それらは船の積み荷に隠れ，ひそかに上陸したのである．都市や町から出るゴミは増加する一方であり，それが増えつつあるセグロカモメやユリカモメに食物を提供している．

た．原生自然や野生生物には固有の価値があるということが認識されるようになり，近代的な自然保護運動が生まれたのである．アメリカでは，スポーツとしての狩猟が，今や何十億ドルという規模の産業であり，田園の広い地域を開発から守るうえで大きな力となっている．

新来の動物

　もともと生息していなかった（外来の）動物が，初期のヨーロッパ人開拓者によってアメリカに数多くもち込まれた．そのいくつかは，逃亡した家畜だった．スペイン人が飼っていた馬が半野生化したムスタング[野生馬]は，群れをつくってプレーリーに住むようになった．野生のロバ（バロー）はもっと乾燥した地域でみられる．ネズミはヨーロッパから船に乗ってやってきた．しかし，家畜化されたハトのようなその他の種は意図的にもち込まれ，しばしば破壊的な影響を及ぼした．ホームシックになりやすいヨーロッパ人たちは，故郷のゴシキヒワ，ヒバリ，イエスズメ，ムクドリを連れてきた．イノシシはドイツから猟獣として，グレート・スモーキー山脈に持ち込まれた．もっと最近では，北アフリカのタテガミヒツジが（それ以外にも世界各地のひづめのある動物が）狩猟用として，北アフリカからテキサスや南東部に持ち込まれ

カリフォルニアコンドルの消滅

　草原や半乾燥の低木地は，空飛ぶ掃除人，とりわけハゲワシにとって理想的な場所である．植被がないために，遠距離から死体をみつけることが容易なのである．翼を広げると３ｍにもなる最大の空飛ぶ鳥のひとつであるカリフォルニアコンドルは，かつて西海岸全域からフロリダにかけて分布していた．しかし現在それはほとんど絶滅し，カリフォルニアだけにみられる．
　その消滅のおもな原因は，死体に残ったハンターの弾丸による鉛中毒と，農民に毒殺されたコヨーテの死体を食べたことによる毒素の蓄積であると考えられている．駆除剤も，卵の殻が薄くなるという結果をもたらすことで，繁殖に劇的な悪影響を及ぼした．コンドルは，1年おきに子どもを1羽だけ育てる．そしてその子が6歳になるまで，つぎの子どもを産まない．この低い繁殖率は，その生涯の長さによって相殺されている．全国的な保護運動にもかかわらず，最後の野生の雌コンドルは鉛中毒によって1986年に死んだ．
　カリフォルニアコンドルの生き残りのための闘いには，さらなる一撃が加えられた．最後に残った３羽──すべて雄──を捕獲すべきかどうかという論争が延々と続いたのである．すでに数年間にわたり野生の卵が採取され，人工孵化が行われていた．もし捕獲していれば，雌はもうひとつ卵を産んだだろうし，その結果もっと多くの子どもを育てることができただろう．1988年4月に，完全な人工繁殖による最初のコンドルが孵化した．したがって，この種はまだ生き残っている．

アメリカ合衆国 I

都市の鳥たち(右) ドバトは野生のカワラバトの子孫であり，そのふんで建物や歩道を侵略する．イエスズメとホシムクドリは，ヨーロッパ人開拓者によって北アメリカに持ち込まれた．イエスズメは穀類を食べ，ホシムクドリは無脊椎動物を食べる．ホシムクドリは郊外の庭で餌を探し，大集団で都市の中心部をねぐらにしている．

ホシムクドリ
イエスズメ
ドバト

た．いくつかの地域では，タテガミヒツジは原生のオオツノヒツジよりも優勢である．これらの外来種の多くは，原生種を餌食にしたり，原生種との食物争いに勝っている．持ち込まれた動物のすべてが有害だったわけではない．たとえば，コウライキジやほかのさまざまな猟鳥は，生態系に小さな影響しか与えていない．

フロリダでは，おそらくほかのどこよりも，外来種が原生の野生生物に大きな影響を及ぼしている．1980年代中頃までに，23種の外来の爬虫類がここに生息していた．その中には，南アメリカのメガネカイマンが含まれる．もともとペットとして持ち込まれたそれらには，逃げたものもいれば，原野に意図的に放されたものもいる．熱帯魚や外来種の鳥は盛んに輸入されており，このような問題はあいかわらずみられる．

最近25年間に，多くの州がこれら新来の動物によって被害を受けた原生種の独創的な回復プログラムを実施してきた．ハヤブサ，ソウゲンハヤブサ，ハクトウワシは，どれも繁殖のため捕獲され，生まれた子どもが原野に放されている．同様のプログラムによって，アメリカ東部の広い地域で野生のシチメンチョウが増加した．またビーバーが，以前の分布範囲の大部分で再びみられるようになった．しかしアメリカの動物たちは，都市化の進行や，湿原の生息環境の排水や汚染といった，慈悲深いとはいえない人間の干渉によっておびやかされている．

原野のムスタング[野生馬] 3頭から20頭の群れをつくって生活している．馬はアメリカで進化したと考えられている．旧世界に移住したあと，馬は新世界では絶滅し，のちにヨーロッパ人によって持ち込まれた．

植物の生態

東部の森林と草原／生き残りの戦略／変化した景観／西部の樹林と砂漠／厳しい環境への対処／豊かな資源の開発

アメリカにおける植物の限りない多様性は，大陸の大きさとそのきわめて多彩な環境を反映している．アメリカの植物は，おおまかに2つの地域に分けることができる．ロッキー山脈の西にある植物と東にある植物である．湿潤な東部の混合林は，しだいにプレーリーの長草草原や乾燥した内陸部の短草草原へと変わる．フロリダや南東部には亜熱帯植物が茂っている．西部を特徴づけるのは，太平洋岸や，西海岸を南北に走る平行な山脈（すなわちコルディレラ山系）にみられる，暗く壮大な針葉樹林である．一方，砂漠を代表するのが，乾燥に強い灰色の低木や緑色の多肉植物である．例外は，カリフォルニアとハワイ諸島である．この2つは，植物学的にみて世界で最も興味深い地域に含まれる．

東部の森林と草原

アメリカ東部には，植物にとって限りなく多彩な環境がある．北東部の高山地域にはツンドラ植生がみられ，斜面をおりるにつれて針葉樹や落葉樹の森林となる．対照的に，最も南にあたるフロリダの南端には，熱帯の広葉常緑樹がみられる．乾燥した内陸には，平坦なあるいはゆるやかに起伏する草原が西のロッキー山脈の麓まで広がっている．この地域には，沼地，湿地，塩性沼沢，砂丘，断崖などもある．

東部の森林

アメリカ東部には，幅の狭い，険しい山岳地帯がある．それがアパラチア山脈である．この山脈はあまり高くなく，最高地点でもようやく2000 mに達する程度である．これは，高山植生が大きく広がる西部とは異なり，東部では高山性のツンドラが狭い範囲にしかみられないということを意味している．ツンドラは，森林限界よりも上で発達する．森林限界は，北部ではおよそ1500 mである．それより低い斜面は，トウヒとモミの暗い森林で覆われている．

針葉樹には，ベイツガ，マツ，ビャクシンなどが含まれる．これらは，優占種になることもあれば，高地の落葉樹林に混ざることもある．この地域にみられる針葉樹にはその他に，南東部の湿地に生育するヌマスギ，海岸の湿地にみられるアトランティックヌマヒノキ，北部の湿地や石灰岩の崖に生えるキタニオイヒバ，高山の斜面や北部の沼地でみられるトウヒやモミやカラマツなどがある．一般的にいって針葉樹林は，養分の少ない酸性土壌のある場所を好む．その場所は，湿っていても乾いていても，急斜面でも，寒冷でも，保護されていても露出していてもかまわないのである．

東部の森林の中心地域は，広葉落葉樹が支配的である．なかでも最も重要なのが，オーク，ヒッコリー，カエデ，カバ，ニレ，モクレン，トネリコ，トチノキなどである．これらの樹木は，高地のさまざまな場所でみられるし，またもっと低いところや河川の氾濫原でもみられ

ルイジアナ沼沢地の野生のイネ アメリカインディアンの基本的な食物である *Zizania aquatica* は，ヌマスギの広く張った根のあいだの浅い水の中で生育する．落葉性の針葉樹であるヌマスギは，アメリカとメキシコにしかみられない小さな属に含まれる．

地域内の国		
アメリカ合衆国		

多様性		
	種の数	固有性
アメリカ（本土）	2万	高い
ハワイ	950	非常に高い

絶滅の危機にある植物種の数			
	絶滅危惧種	絶滅に瀕している種	絶滅種
アメリカ（本土）	1000	300	90
ハワイ	197	646	270

例 *Agave arizonica*（アリゾナリュウゼツラ），*Asimina rugelli*，*Cladrastis lutea*（アメリカユクノキ），*Conradina verticillata*（カンバーランドローズマリー），*Fritillaria liliacea*（シロバイモ），*Hudsonia montana*（マウンテンゴールデンヒース），*Malacothamnus clementinus*（サンクレメンテ島ブッシュマロー），*Pediocactus knowltonii*（ノールトンサボテン），*Prunus gravesii*（グレーヴズビーチプラム），*Rhapidophyllum hystrix*（ニードルヤシ）

有用植物と有毒植物
作物 *Carya illinoensis*（ペカン），*Helianthus annuus*（ヒマワリ），*Helianthus tuberosus*（エルサレムアーティチョーク），*Zizania aquatica*（インディアンワイルドライス）
園芸植物 *Catalpa bignonioides*, *Ceonothus dentatus*, *Clarkia elegans*, *Cornus florida*（ハナミズキ），*Cupressus macrocarpa*, *Fremontodendron californicum*, *Magnolia grandiflora*［モクレン科］, *Yucca gloriosa*
有毒植物 *Argemone mexicana*（アザミゲシ），*Euphorbia maculata*（マダラトウダイグサ），*Hippomane mancinella*（マンチニール），*Karwinskia humboldtiana*（コヨーティリョ），*Toxicodendron radicans*（有毒キヅタ），*Toxicodendron quercifolium*（有毒オーク）

植物園
ブルックリン植物園・樹木園（1万4000分類群）
サンマリノのハンティントン植物園（1万2000分類群）
ミズーリ州ケネット・スクエア・ロングウッド庭園（1万3000分類群）
ニューヨーク（1万5000分類群）

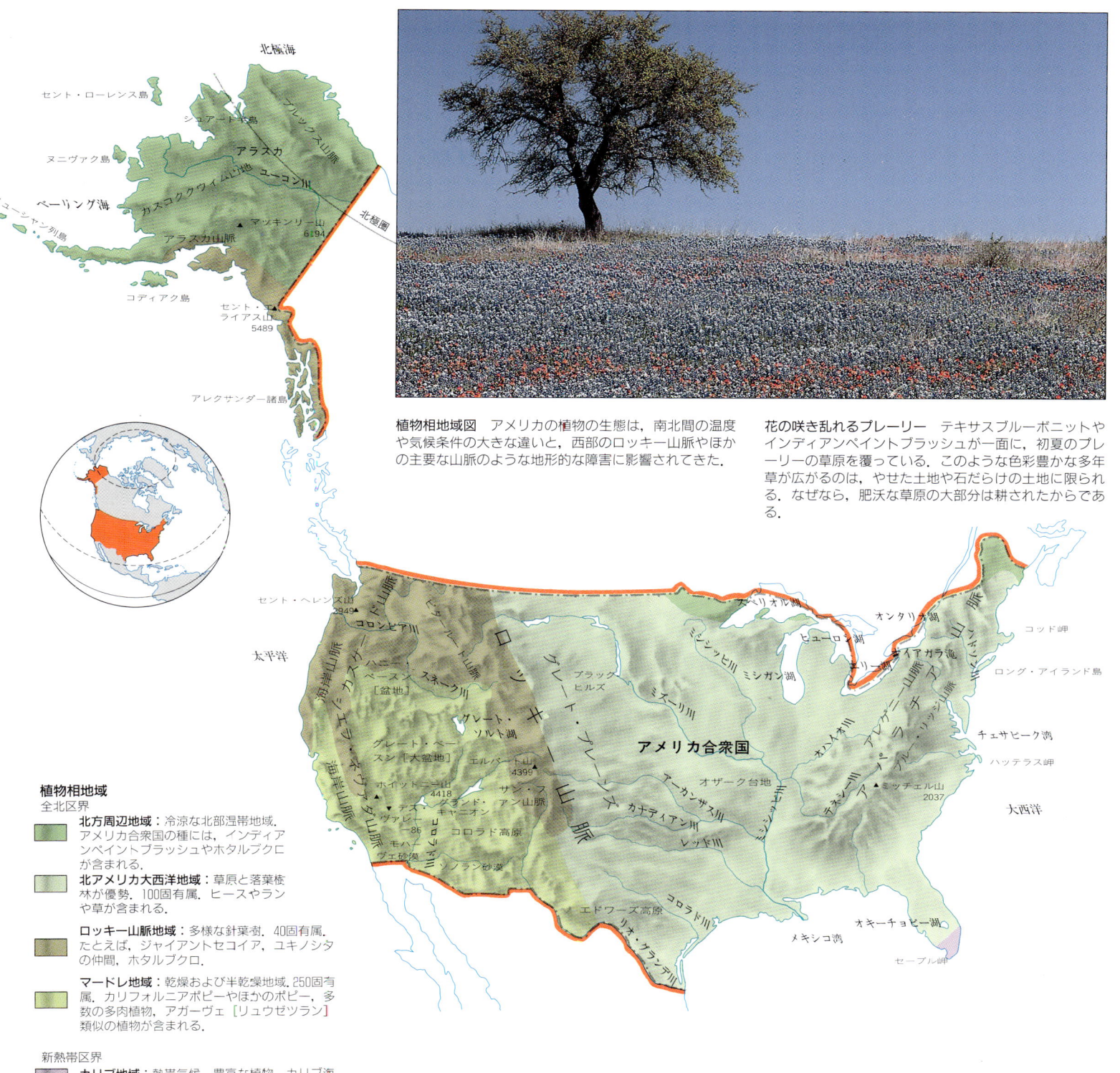

植物相地域図 アメリカの植物の生態は、南北間の温度や気候条件の大きな違いと、西部のロッキー山脈やほかの主要な山脈のような地形的な障害に影響されてきた．

花の咲き乱れるプレーリー テキサスブルーボネットやインディアンペイントブラッシュが一面に、初夏のプレーリーの草原を覆っている．このような色彩豊かな多年草が広がるのは，やせた土地や石だらけの土地に限られる．なぜなら，肥沃な草原の大部分は耕されたからである．

植物相地域
全北区界
- **北方周辺地域**：冷涼な北部温帯地域．アメリカ合衆国の種には、インディアンペイントブラッシュやホタルブクロが含まれる．
- **北アメリカ大西洋地域**：草原と落葉樹林が優勢．100固有属．ヒースやランや草が含まれる．
- **ロッキー山脈地域**：多様な針葉樹．40固有属．たとえば、ジャイアントセコイア、ユキノシタの仲間、ホタルブクロ．
- **マードレ地域**：乾燥および半乾燥地域．250固有属．カリフォルニアポピーやほかのポピー、多数の多肉植物、アガーヴェ［リュウゼツラン］類似の植物が含まれる．

新熱帯区界
- **カリブ地域**：熱帯気候．豊富な植物．カリブ海と中央アメリカの大部分を覆う．

る．それらとともに、ブナ、アメリカシデ、ユリノキ、モミジバフウ、スズカケノキ、エノキ、ミズキなど、他にもたくさんの広葉樹が生育している．

マツは、広葉樹林の中やその周縁で育つ．とりわけそれは、山脈南部の乾燥した尾根や、海岸平野の砂地や、北部の氷河作用を受けた地域で普通にみられる．マツが生き延びることができたのは、火災（自然火災とインディアンや開拓者が起こした火災）が競合する植物を抑えつけてくれたおかげだった．火災が少なくなったため、マツ林はオークにとって代られつつある．

南東部の海岸平野では、*Persea* や原生のヤシのような亜熱帯性の広葉常緑樹が、マツや温帯広葉樹のあいだに生育している．マングローブが、フロリダ最南部の海岸やメキシコ湾岸に沿ってみられる塩性沼沢を覆っている．フロリダ最南端の狭い地域には、ガンボー＝リンボー、ピジョンプラム、ストラングラーイチジク、マホガニーなど、熱帯カリブと類縁の広葉常緑樹や落葉樹がみられる．

ゆるやかに波打つ平原

落葉樹林は、もともとその西側で、ビッグブルーステムやインディアングラスが優勢なプレーリーの草原へと続いていた．しかしこれらの草原の大部分は、トウモロコシとダイズの畑になってしまった．西へいくほど降水量が減少するため、プレーリーは長草草原からまず混合草原となり、最終的にはバッファローグラスやリトルグラマグラスが優先する短草平原となって、ロッキー山脈の麓まで続く．短草平原はアメリカバッファローの故郷だったが、群れは壊滅し、その土地は家畜の商業的な放牧に利用されるようになった．

植物の生態

生き残りの戦略

アメリカ東部の多様な植物は，それらが適応しているさまざまな環境と密接に結びついている．たとえ単一の生息環境でも，きわめて多彩なことがある．落葉樹林の1haには，30種の樹木と150種の維管束植物が含まれることさえある．

春の活用

葉がでる前の初春の落葉樹林では，ふだんは密生して影となっている生息環境に，十分な日光が差し込む．温度の変動が大きくなり，日中は暖かく，夜は寒くなる（ただし地上付近では変動は小さい）．それに加えて，土壌中の新しい養分が植物に突然供給されるようになる．これは，秋と冬のあいだ死滅していたバクテリアが，植物の近くで活動する結果である．このような条件が，林床を一面に覆う野生の草花をもたらすのである．花には，ダッチマンブリッチ，スプリングビューティ，トゥースワート，トラウトリリー，ブラッドルート，ドゥウォルフジンセン，ショーウィーオーキッドなどがある．

初春に現れる植物のいくつかは短命である．それらは春のあいだだけ地上で活動し，1年の残りは地中で休眠している．それ以外はもっと寿命が長く，頭上に広がる樹冠の葉が太陽の光と熱をさえぎるのに対して順応しなければならない．

日光や熱や養分を利用するためというのが，この時期に低層の植物が葉をだす理由である．しかしそれは，花をつける理由ではない．森林の草本には，ワイルドランプのように，葉をだす時期と花をつける時期が異なるものがある．この草本の葉は初春に現れるが，やがて落ちる．そして夏に，葉がまったくないまま花を咲かせるのである．

春に葉をだして炭水化物をつくり，花や実をあとでつけるためにそれをたくわえるということには，マイナス面があるのかもしれない．しかし，そのマイナスがどのようなものかは誰にもわからない．森林の短命な植物の多くは，春に花や実をつける．これはアリに種子を運んでもらうためという可能性がある．アリはおもに春に移動するので，それは種子を確実に拡散させる効果的な方法かもしれないのである．

種子や若木の競合

落葉樹林のいくつかの樹木は，日陰に耐えることができず，したがって低層で長く生きることができない．しかしそれにもかかわらず，その樹木は生き延びている．日陰に耐えられる他の種は，たくさんの若木が日陰の低層に生育していることが多い．それらは，上方の樹冠に入り込み，日光に近づく機会を待っているのである．

ピンチェリーは日陰を嫌う．しかしその種子

シューティングスター

ヴァージニアブルーベル

エンレイソウ

エリトロニウム

森林の多年草 落葉樹林が覆っているために，このかよわい花は風から守られている．これらの植物は，種子以外の方法でも繁殖する．エンレイソウとエリトロニウムは球根によって増える．ほかのものは群生する．いずれも枯れて，地下で冬を過ごす．

食虫植物のホットスポット

南東部の海岸平野にダイオウマツの疎林があるのは，砂質の土壌と火災のおかげである．ここには，食虫植物の世界有数の密生地がある．この豊富な食虫植物をもたらした要因のひとつは，かつてこの地域を焼き払った火災である．火災が高い樹木を取り除いたため，下層の小さな食虫植物に光がとどくようになったのである．

食虫植物は，砂質土壌のこの地域のように栄養の乏しい場所でも繁殖することができる．それらは，花を咲かせたり実をつけるときに，昆虫によって栄養分を補うことがある．南東部の海岸平野には，このような植物の5属35種が高密度にみられる．ハエジゴク，ムシトリスミレ，モウセンゴケは，動く葉によって昆虫を捕らえる．ハエジゴクは，その葉を閉じて獲物をはさむ．一方，モウセンゴケは，葉のねばねばする毛で獲物をつかまえ消化する．タヌキモは，獲物が袋から逃げられないように上の蓋を閉じる．

対照的に，ヘイシソウの放射状の葉は，瓶のような形［嚢状葉］に変化しており，下向きに毛が生えている．このため昆虫は逃げられず，嚢状葉の底にある消化液の中に落ちて，栄養分が吸収されるのである．

フードピッチャープラント　昆虫は，甘い分泌液によってドーム状の先端部に誘い込まれる．モザイク状の透明な窓から光が入るために，出口のようにみえるが，しかしそれはつぼの口なのである．

は40年以上も土の中で生きている．大きな変動（たとえばハリケーンや火災）によって森林の一部がひらけると，これらの種子は芽をだし，新しい世代が生まれる．もう1人の便宜主義者はキハダカンバである．この種子は，あまり長いあいだ土の中で生きられない．しかしそれは，樹冠の木が倒れてできた空間にすばやく成長するので，上層で安定した地位を獲得することが多い．

もし樹冠の変動が小さく，差し込む光の変化がわずかで短いものならば，たいてい日陰に耐える種が競争に勝つ．しかし，変動が大きく，下層に大量の光が差し込む場合には，あまり日陰に強くない種が増えることが多い．古い森の樹木は，新しい森の樹木よりも大きいために，倒れると大きな空間を残す．したがって，日陰に耐えられる種と耐えられない種の共存は，古い森ほどうまくいっているようである．

森林の外でも，樹木は種子を定着させるために巧妙な戦略を採用している．氾濫原には，ウラジロサトウカエデ，ヤナギ，ポプラ，ニレのような樹木が生育している．これらの樹木は，まず初春に花を咲かせる．その花の種子は，数週間で成熟し落ちる．この種子そのものが，休眠しないという点で変わっている．それらは，数週間のうちに発芽しないと死んでしまうのである．この種子は水に浮くので，春の高い水位によって運ばれ，水がひくと川岸の泥に残される．それから種子は発芽し，冬と春が到来して水位が再び上昇する前に，流されないように強い根を張るのである．

変化した景観

耕作による大地の荒廃は，アメリカ東部では1600年代に始まった．1800年代中頃までに，中西部やプレーリーのもっと肥沃な土壌が，開拓者を西へとひきつけるようになったので，東部では，最も肥沃な農地だけが，耕作され続けた．肥沃なプレーリー土の農地は現在もまだ残っており，プレーリー原生の植生はきわめて限られた地域にしかない．プレーリーの植物がみられる数少ない場所のひとつが，本来の植生が広がる地域を切り開いた鉄道線路の両側である．短草平原の大部分は，牧場となってしまった．

古い森の伐採

1920年代までに，アメリカ東部にある古い1次林の大部分は，農地をつくったり木材を切り出すために伐採された．林業は，農業と同じ時期に西へと広がった．それを支えたのが，機械化の進展だった．樹木は，将来のことを考えずに切りとられることが多かった．現在は，丘陵地やあまり生産性の高くない土地を中心に，2次林が広がっている．残された古い1次林の数は少なく，大部分は小さいものである．最も条件のよい場所では，その樹木は直径2～3mに達することがあり，ストローブマツやアカトウヒのような種がみられる．

森林は，他にもさまざまな要因で変化してきた．たとえば，森林は外来の植物に侵入されたり，それにともなって入ってきた病気に襲われたりした．外来の侵入者の中で最も破壊的だったのが，クリ胴枯れ病だった．これはアジアの菌類であり，1900年代初頭に中国のクリの木についてたまたま入ってきた．ほんの数十年で，この病気は抵抗力の弱いアメリカグリのすべての林に広がった．このクリは森林の主要な樹木であり，森の多くの動物にとって食物（ビーチ・マスト[ブナの実]）の供給源だったので，その枯死は壊滅的な影響を及ぼした．現在，アメリカグリに抵抗力をつけようとする努力や，この菌類の毒性の弱い変種を探して，木に免疫をつけようとする努力がなされている．

酸性雨という形態の大気汚染は，アメリカ東部の大きな問題である．酸性雨は，森林の樹木の生育を阻害したり，それを枯らすことさえある．東部の樹木の生育や枯死に対する汚染物質の影響については，現在調査が行われている．

カーディナルフラワー[ベニバナサワギキョウ]　湿った場所や水辺に生えるこの短命の多年草は，沼や川のある庭園でよくみられるようになった．これは，根元から生える分枝を移植することで，簡単に増やすことができる．

クログルミ

ハリエンジュ

ニセアカシア

ダウニーホーソン

バターナット

コックスパーソン

豊富な鑑賞植物 アメリカ東部には，魅力的な葉をもつ美しい落葉樹がたくさんある．その多くは鮮やかに紅葉する．目立つ花や実をつける樹木もある．ニセアカシアは大気汚染に耐えられるので，広く街路樹として植えられている．

がんに効くアップル

メイアップルは，バーベリー[メギ]の多年草の仲間である．それはかさのような形の葉をもち，落葉樹林に群生する．初春に，1つの大きな白い花が，巨大な葉の下の茎に近いところに咲く．晩春までに，その名称のもとになったリンゴに似た緑色の実をつける．ハコガメが，この実を食べて種子を運ぶ．それほど，メイアップルは魅力的なのである．

メイアップルはマーマレードをつくるのに利用される．また伝統的な薬としての長い歴史がある．

インディアンの間では，いぼを治すのに用いられた．民間利用を手本にして，アメリカ農務省は，抗がん性を調べる植物にメイアップルを含めた．

現在，これは抗がん剤が直接つくられる2つの野生植物のうちの1つである．この抽出物は，遺伝的なプロセスを妨げる．これは肺がんを治すために，ほかの薬と併用される．いくつかの製薬会社は，いぼの治療のためにもメイアップルの抽出物をつくっている．

金になる植物の育成

ヨーロッパ人開拓者がやってくる以前のおよそ1万年間，アメリカ東部の多くのインディアン文化は，さまざまな植物を利用していた．インディアンの部族が自然の資源に依存していたことは，その名称に示されている．アデイロンダック族すなわち"木を食べる人々"という名称は，彼らがストローブマツの内側の樹皮を粉にして食べていたことからきている．

何百という植物種が，薬として用いられた．この伝統は白人開拓者，とりわけアパラチア山脈南部の白人開拓者に受け継がれた．ハーブ[薬草]の取引は，現在でも行われている．アメリカの二大ハーブ会社は，いずれもノース・カロライナの山中にある．この地域に生える最も有名な薬草のひとつが，ジンセン[朝鮮人参]である．この根は大量に集められアジアに輸出されている．いまや，ジンセン貿易は数百万ドルの取引高があり，野生ジンセンの採り過ぎを防ぐために連邦政府と州政府の両者によって管理されている．原生植物の特産品には，他にブルーベリー，クランベリー，ペカンなどがある．

山岳の薬草にみられる伝統的な薬効の多くは，いまのところ科学的に実証されているわけではないが，しかしそれを無視することはできない．落葉樹林の下層で普通にみられるメイアップルというハーブからは，現在がんの重要な治療薬がつくられている．

北東部のいくつかの山岳州では，落葉樹のみごとな紅葉がたくさんの観光客をひきつける．色彩豊かなものには，カエデ，トネリコ，カバ，モミジバフウ，ヌマミズキ，サウアーウッドなどがある．いくつかの地域では，春の野生の花が観光の基盤となっている．

現在，東部の州の自然保護は，最後に残った原生自然地域や半原生自然地域，類のない生息環境や希少種の保護に焦点をあてている．この多様な自然を残すための調査や管理が，しだいに重視されつつある．アメリカのほかの地域と同様，原生植物への興味が高まることによって，新しい植物群生や植物園が数多くつくられた．それに加えて，アメリカ東部の植物の多くは，園芸にとっても重要である．東部の州で最も頻繁に植えられている種は，ハナミズキである．原生のさまざまなアザレアも，非常に人気が高い．

植物の生態

グレート・スモーキー山脈の植物

色とりどりの秋の林冠（上） 多くの樹木の中には，カナダツガ，イエロートチノキ，カバ，ブナ，ユリノキがみられる．それらは，肥沃な土壌に 55 m 以上の高さでそびえることもある．

ムラサキヨウシュエンレイソウ（右） *Trillium erectum* は，悪臭のある花をつける．悪臭に引きつけられたハエによって，授粉が行われる．多くの森林の植物と同様，これも春に，葉が完全に開く前に花を咲かせる．

多様な植物の世界有数の保護区が，アパラチア山脈南部のノース・カロライナ州とテネシー州の境にあるグレート・スモーキー山脈国立公園である．20 万 ha の地域には，100 種以上の樹木を含むおよそ 1500 種の維管束植物がみられる．公園が設立された 1934 年には，地域の 1/3 には，人間の手がまったく加わっていなかった．保護によって，現在も南部には最大規模のトウヒ＝モミの成熟森が残っており，幹のまわりが 2.5 m にもなる広葉樹やベイツガの森林もみられる．

豊かな資源の保護

この険しい景観の保全は，成熟林だけを守っているのではない．資源として研究され，公園の外でさまざまに利用されるような植物も，保護されている．最近の研究によれば，この国立公園の植物の 60％が何かに利用されている．その用途は，食物から，薬，染料，インク，建築資材，チューインガム，油，石鹸，香水，工業化学製品に至るまでさまざまである．

この公園で生育している 1000 種近くの植物が薬として使われてきた．そのうちのおよそ 800 種が，アメリカインディアンにより北アメリカ全域で利用されていた．しかし今のところ，

これらすべての植物を薬にしても，経済的に成り立つわけではない．商業的に栽培されているのは，およそ60種にすぎない．その中には，有名なジンセンやゴールデンシール[キンポウゲ科で止血剤とされた]が含まれる．それらの生理学的な有効性については，現在も研究が行われている．

公園の400種以上の植物には毒性がある．その多くを，アメリカインディアンは虫よけや魚を気絶させるのに利用した．中でも，レッドシダーは，殺虫剤や防虫剤として商業的に利用されている．スマック（ウルシ属）のひりひりする樹液は，皮なめしに使われることがある．この属や近縁の有毒キヅタに含まれる種には，有毒なものがある．ブラッドルートには，心臓，筋肉，神経系に影響を与えるアルカロイド[植物塩基]が含まれる．

植物の多くは，地域の工芸家に利用される自然の染料のもとになる．イニコーウッド[オオバユク]からは，黄色と金色がとれる．オレンジ色は，ハルシャギクや，木部がオレンジ色で硬い鑑賞用のオセージオレンジからとれる．赤がとれるのは，庭園でよくみられるブラッドルートやカーディナルフラワー[ベニバナサワギキョウ]である．青はニセインディゴや *Inula* から，紫はグリーンブライアーやさまざまなオークからとれる．

これらの植物の中には，複合的に利用されるものがある．その好例が，シュガーメープル[サトウカエデ]である．春に流れ出してくる樹液は，砂糖やメープルシロップをつくるのに利用される．その硬い木材は最高品質の床材となり，ボーリングのレーンにも使われる．またそれは，上質のまきにもなる．アメリカインディアンは，内側の樹皮を挽いて，粉にして食べた．彼らは種子もゆでて食べた．さらに，秋に見事に紅葉するこの木は，多数の見物客をこの地域にひきつけるのに役立っており，観光産業に貢献している．シュガーメープルは，芝生の木や街路樹としても広く植えられている．

国立公園内の植物を，経済的に利用することはできない．しかしそれらは，遺伝子資源として研究することができるし，生息環境への影響を最小限に抑えた利用も行われている．種子や切り枝は研究対象とされたり，増殖させて公園外の植物の数を増やすのに使われることがある．公園内の植物のさまざまな特性は，将来に資源として利用される可能性がある．

Iris cristaka 川岸や丘陵の植物である．それぞれの花びらの中央にある盛り上がった模様に甘い道しるべであり，昆虫を花びらとこの隆起の間に隠れている蜜腺や生殖器官に引きつける．

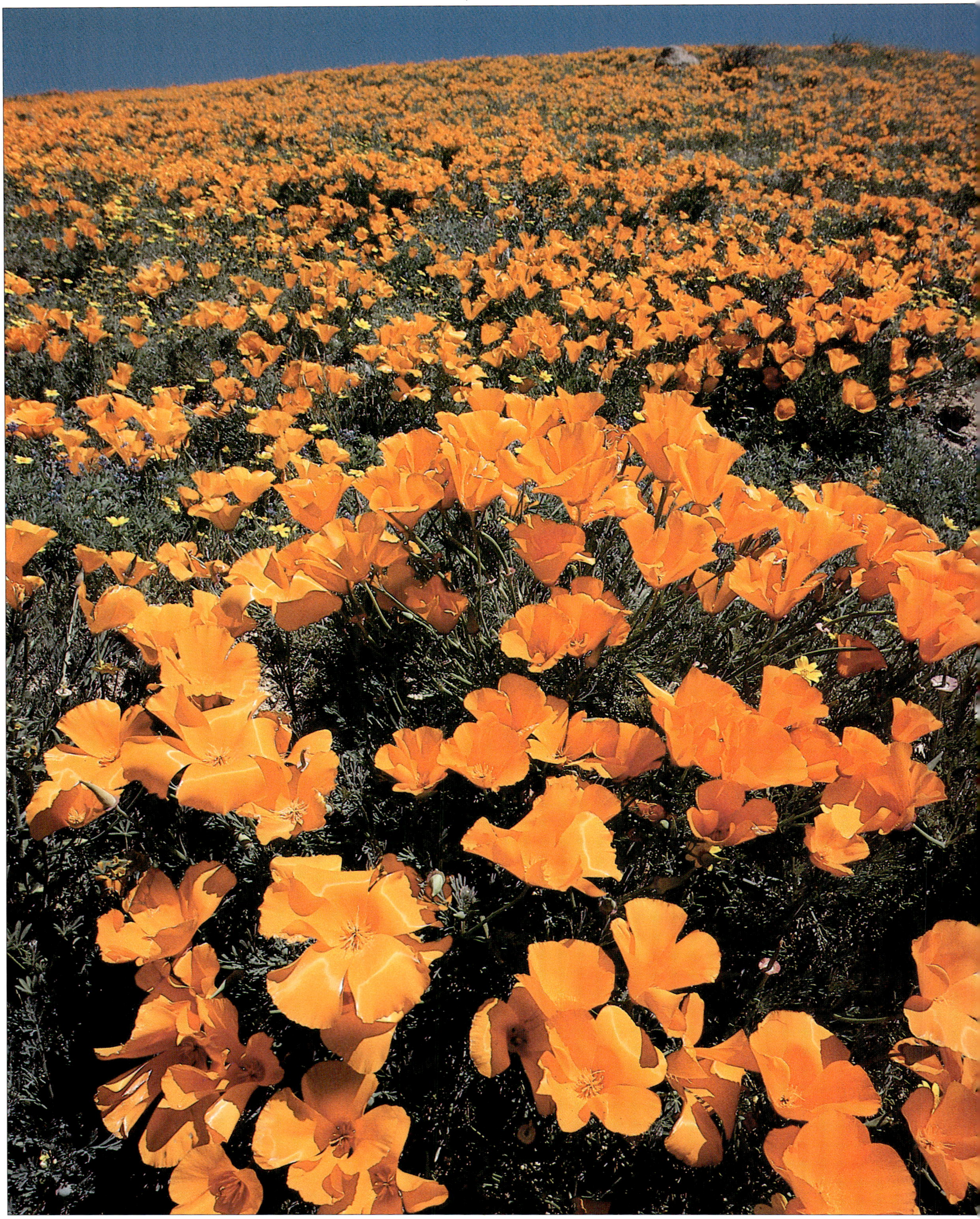

西部の樹林と砂漠

北のアラスカとカナダから，西海岸沿いに南のメキシコに至るまで，針葉樹林がアメリカ西部を平行して走る山脈を包んでいる．その森林は，モミ，トウヒ，ベイツガ，マツ，カラマツのようなありふれた木や，ダグラスモミから構成されている．カリフォルニアの森林には，ジャイアントレッドウッドや芳香性のオニヒバも含まれる．北のアラスカまで広がっている太平洋岸の湿潤な森林では，Thuja や Chamaecyparis のようなイトスギが優勢である．一方，乾燥した樹林では，その代わりに Cupressus やビャクシンがみられる．

優勢な樹木が，その下で成長する植物の種類を決定する．湿潤で，暗い，密生した海岸林では，タマシダ，ハクルベリー，サラル，Oxalis oregona や苔が，倒木や林床を覆っている．日光がもっと差し込む場所では，ハンノキ，オーク，ヤナギ，ポプラ，カバ，ミズキが針葉樹と交じり合って，下層を形成している．

水分の大部分が雪によって供給される乾燥地域では，森林はしだいに開けて，公園のような樹林地になる．そこには硬い低木の小型林や，Ceanothus，マンザニータ，シャミース，さまざまな低木のオークといった硬葉の灌木で構成された叢林がみられる．これらの樹林には，カエデ，アスペン，カラマツも含まれ，秋には赤，ピンク，黄色にみごとに紅葉する．

色彩豊かな南部の低木

グレート・ベースン[大盆地]（西のシエラ・ネヴァダ山脈とカスケード山脈の間にある）の大部分と，それより東のロッキー山脈では，地表の骸骨のような岩石を薄い植生がわずかに覆っている．森林の下限付近には，ピニョンビャクシンの樹林がある．もっと低くなると，乾燥した灌木の群落となる．おもにみられるのは Artemisia であるが，アルカリ土壌や塩性土壌では Atriplex が優勢である．この単調さを救うのは，春に咲く Phlox のピンクの輝きであり，赤やオレンジの Castilleja，青のルピナス，黄色のミゾホオズキである．

南西部の乾燥した砂漠には，干ばつにもっと強い植物も生えている．それは，明るい色の花をつけるサボテン，オコティーヨ，Prosopis のような刺のあるマメなどである．たまに雨が降ると，これらの植物は色彩豊かに咲き乱れる．その中には，ハイビジョザクラ，マツヨイグサ，ブレージングスター，ヒナギクに似たさまざまな黄色の花もみられる．

混交と孤立

アメリカ西部でみられる植物の多様性は，北の植物と，南の乾燥したメキシコ高原からやってきた種が混交した結果である．数千年間にわたって景観や気候が変化するにつれて，多くの種が死滅した．それらの場所は，新しい条件に適合する植物にとられた．そのような植物には，移動してきた種もあれば，新しく進化した種もある．

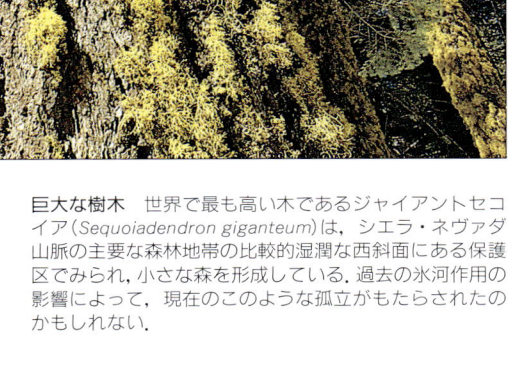

この過程が最もはっきりと示されているのが，カリフォルニアである．最近100万年間，シエラ・ネヴァダ山脈によって大陸内部から切り離されていたので，カリフォルニアには現在5000種近くの原生植物がみられ，そのおよそ半分がここにしかないもの（固有種）である．海面の高さから森林限界まで，北西部の雨林から南西部の砂漠まで，植物の生態はきわめて多様である．山脈のふもとにある低地の野原は，ルピナスと金色のカリフォルニアポピーが交じり合って地平線まで広がっており，壮観である．

ハワイ諸島には，非常に多くの固有種がある．これは，太平洋の両側から島に移動してきた植物種が特殊化した結果である．これらの植物は，

巨大な樹木 世界で最も高い木であるジャイアントセコイア（Sequoiadendron giganteum）は，シエラ・ネヴァダ山脈の主要な森林地帯の比較的湿潤な西斜面にある保護区でみられ，小さな森を形成している．過去の氷河作用の影響によって，現在のこのような孤立がもたらされたのかもしれない．

カリフォルニアポピー このカリフォルニア州の州花は，低地の平原を地平線まで広がっている．このようなすばらしいお花畑は，夏の到来を告げるはなやかな使者である．

風や海流によっても運ばれたが，大多数は鳥によって運ばれた．植物の多くは，ただひとつの山岳斜面，谷，溶岩で囲まれた場所などに小さな群落をつくっているため，きわめて傷つけられやすい．

厳しい環境への対処

太平洋岸から山の頂上，火山の頂き，大陸の砂漠に至るまで，アメリカ西部には植物が適応してきたおどろくほどさまざまな生態的ニッチ[生態的地位]がみられる．

高山植物

高山環境の特徴は，そのきわめて短く予測できない生育期，低い夏の気温，厳しい冬である．このような条件への適応とは，気温の急激な変化に容易に対応できるということを意味している．高山植物の大多数は，ユキノシタ，Sibbaldia，Draba，キャンピオン，キンポウゲ，リンドウ，Primula，Phlox のような矮小な多年生の草本である．これらは，地下に炭水化物をたくわえるための発達した組織をもっており，夏に雪が解けるとすぐに反応することができる．多くの高山植物はまた，Oxyria，Oreonana，Orogenia のように，花が咲く1年かそれ以上も前に新芽や花のつぼみを形成する．それによって，これらの植物は短い夏の間にすぐに花を咲かせ，種子をつけることができるのである．

ヤナギやヒースのような，地をはう灌木や矮小な灌木が，森林限界の上でたくさんみられる．これらの多くは，水分の損失を防ぐ小さな硬い常緑の葉をもっている．典型的なクッション状植物がわずかにみられ，それには Arenaria，Eritrichium，Eriogonum や数多くの草が含まれる．それらの丸い形態は，毛が生えていることが多い茎や葉が密集することでできている．この形態は，風や寒さから植物を守り，クッション内部の温度を外気よりも少し高くする．風の乾燥効果は，たえまない脅威である．それに対抗するために，植物の丈は低く，形態はこじんまりとしている．つぼみは，古い葉に覆われて守られているのである．

大多数の高山植物の授粉は，低温によって活動が制限されることの多い昆虫が行う．したがって，高山植物がつける種子の量は，しばしば不規則だったりわずかだったりする．昆虫をひきつけて授粉するために，花は，植物のサイズに比べて大きく明るい色をしていることが多い．

大地にしがみつく（上） クマコケモモは，アラスカの中央高原に生育している．これはたくましい灌木であり，丈は低く根は強い．

ソノラン砂漠のとげ（右） 砂漠の植物には，オコティーリョやさまざまなサボテンがある．背の高いサグアロサボテンは，その多肉質の幹に水をためている．この水は，大多数の動物にとって毒である．

砂漠の植物

南東部の砂漠植物はどれも，極端な乾燥と，大きく変動することが多い気温にさらされている．それにもかかわらず，これらの植物の特徴は，大きさや生息環境にまったく同一性がないということである．砂漠植物は，厳しい環境の中で生育するための根本的に異なるさまざまな方法を見つけたのである．

春の水たまり

カリフォルニアの谷や山麓の丘に広がる草原で最も目立つ特徴のひとつが，春の水たまりすなわち"豚の遊び場"である．これは，硬盤と呼ばれる土壌の不透水層の上に形成された凹地である．水は，冬の嵐によってたまり，春の温度上昇とともにしだいに蒸発する．春の水たまりに生息するあらゆる植物は，急速に生長する一年生植物か，あるいは水生植物として生まれ，しだいに乾燥する条件のもとでライフ・サイクルを完結できる植物のいずれかである．互いに無関係な多数の植物が，このような制約条件に適応している．その中には，花をつける植物や，Orcuttia や Neostapfia など数多くの草がある．春の水たまりに繁茂する植物群は，花を咲かせるためにさまざまな温度や湿度を必要とする．その結果，水たまりの最深部のまわりに，黄色（Lasthenia や Mimulus），青色（Downingia），ラヴェンダー（Sidalcea や Boisduvalia），紫色（Orthocarpus），白色（Limnanthes や Plagiobothrys）といった一連の色の帯が形成されることが多い．この水たまりは事実上，新しい種が進化するかもしれない孤島である．したがって，近接してさまざまな群落が発生することがある．しかし，とくに湿潤な年には，個々の水たまりがあふれてつながることがある．そのような場合には，分岐した群落が再びもとにもどるのである．

ひとつの例が，鉄砲水が発生する流路沿いに生える高木や灌木の群落である．その中でも目立つのが，パロベルデ，Acacia［アカシア属］，スモークツリー，サバクヤナギのようなマメ科の木である．これらの植物は，非常に硬い殻で覆われているためきわめて発芽しにくい種子や小堅果をつける．激しい雨が降ると，水は急流となって砂礫を運ぶ．速く動く土砂の摩滅作用によって種子の殻が削られ，新たに湿った土壌での発芽が可能となる．苗木は，すぐに主根を下にのばして，将来の洪水によって流されてしまわないようにしっかりと固定する．

　サボテンやリュウゼツランのような多肉植物は，水の損失を少なくし，特殊な組織にためた水によって光合成をしている．それらは，たくわえたわずかな水分を循環使用しているのである．多肉植物の形態は，きわめて多様である．さまざまな種が，水を保持するさまざまな方法を発達させてきた．リュウゼツランには，水をためる組織をもつ多肉質の葉が放射状に密生している．ユッカは，幹や葉のいずれか，あるいは両方に水をたくわえる．オコティーリョは，乾季になるとただちに薄い緑の葉を落とし，水が得られるようになるとやはりただちに新しい葉をつける．

　多くの灌木は，葉を変化させることで水の損失を抑制している．その変化とは，小さい葉や全裂葉，隠れた気孔（葉の裏側にある），厚い表皮や葉の外層，さまざまな種類の毛，そしてきわめつけは，季節的な落葉（器官脱離）である．これらの特徴はもっと北のグレート・ベースンや山脈でも，低木状のセージブラッシュや他の群落にみられる．

　これらの節水につとめる植物は，多様なはかない一年生植物の中に点在しており，その明るい色と純然たる量に圧倒されることが多い．数日しかもたないそのような一年生植物は，初春や晩秋，あるいは湿度と温度の条件が適合する他の時期に出現する．一年生植物は，種子で休眠する期間をもたないために，これらの条件にすばやく反応することができる．これは，前回の雨のときに散らばった種子が，ただちに発芽して植物へと生長できることを意味している．このような植物は，ライフ・サイクルをすばやく完結させる．そのため，次の乾燥がくる前に，かよわい胚を種子の中に隠して保護することができる．それらのあざやかな色もおそらく，早く昆虫に授粉作業をさせるためなのだろう．

豊かな資源の開発

　ヨーロッパ人や彼らの東海岸の子孫が北アメリカ西部にやってくる以前は，そこの植物資源は先住民であるインディアンの人々に収穫され，利用されていた．現在，これらの植物の多くは，現代農業や工業に利用されている．あるものは商業的に栽培され，またあるものは開発によって絶滅しそうになっている．

荒廃の始まり

　西部のアメリカインディアンは，もともと3つの集団から構成されていた．南東部の定住農耕民，北西太平洋岸の漁労文化，コルディレラ山系とグレート・ベースンの遊牧的な狩猟採集民の3つである．クラマス族をはじめとする湖岸や湿原のいくつかの部族の文化を支えていたのは，ジャイアントトゥーレ（大きなイグサ）だった．それは，安全な隠れ場所を提供するとともに，マットを編んだりかごをつくるための材料となった．かごづくりは，カリフォルニアインディアンによって高度に発達した．彼らの文化では，土器の役割は小さかったのである．

　遊牧的なインディアンはさまざまな原生植物

植物の生態

を知っており，食物や薬や宗教儀式に利用した．初期の旅行者は，彼らが数多くの植物を食べていたと報告している．とりわけ食べられていたのが，ヒナユリや *Calochortus* のようなユリの球根，球茎，クースやヤムのような塊茎だった．ドングリもカリフォルニアインディアンの主要な食物だった．

開拓者はインディアンの食物を受け入れ，主要穀物をもち込まなかった．西部では，タバコの栽培と利用が広まったが，輸入された栽培変種植物がどの程度利用されていたかは不明である．

その後の土地所有者は，さまざまなやり方で地域の植物生態を壊滅させた．彼らは，家畜のために土地を牧草地にしたり，農業のために排水や灌漑をした．また，太平洋北西岸やコルディレラ山系の森林を開発した．その森林は現在に至るまで，林業の搾取に耐えている．伐採の速さは今でも植林の速さを越えており，失業や経済問題を回避しようとする地域の圧力が，おもに伐採を促進させている．ここでは，違法なマリファナ栽培もみられる．これは，太平洋岸の一部の地域で最も利益を伸ばしている産業のひとつといわれている．

アメリカ西部には数多くの国立公園があり，国有林を含む広大な地域が法的に保護されている．他の地域では，木材の貯蔵量が危機的な速さで減少している．公有地の複合的な利用を求める圧力や，縮小しつつある残された森林を大規模に伐採しようとする動きに対して，政治的な抵抗はできなくなるかもしれない．

公園外や私有地にあるレッドウッドのあらゆる木立ちなど，最後に残った処女林を守ろうとする運動が行われている．オフロード用自動車が山岳や砂漠を荒廃させるという問題もある．ブドウ園に適した気候であることを教えてくれるオークの樹林も，脅かされている．

庭師のお気に入り

原生植物の種が加速度的に減少しているため，公的な関心が高まっている．その自然な成り行きが，危機的な種の安全な避難所である庭園や樹木園への援助である．植物園が，現在ほど積極的に支援されたことはない．

原生植物の生態に対する関心の高まりによって，数多くのさまざまな原生種が地域の園芸に導入されるようになった．西部の花をつける灌木の中で，最も普通にみられ，かつ魅力的な *Ceanothus* とマンザニータの2つの属は，決まったように造園に使われる．フランネルブッシュやマティーリャポピーは，しだいに栽培されつつある．岩石庭園には，*Arabis* や *Draba* のようなアブラナ科の植物がたくさんあり，野生のソバや原生の多肉植物もみられる．赤，青，紫のルピナス，*Delphinium* や *Pentstemon* がしばしばアクセントを与えている．

それに加えて，原生植物は副産物をとるために栽培されている．たとえば，南西部のソノラン砂漠に固有の植物であるジョジョバは，液体のろうを50%近く含む大きな食べられる種子をつける．これを水素と化合させると簡単に，マッコウクジラのろうの代用品として使われる白く固いろうにすることができる．現在は，生

カリフォルニアの花（左） 園芸にとり入れられた無数にある原生植物の中の4つである．サンジソウを含むいくつかの一年生植物は，現在も活発に進化している．その43種のうち，この州の原生でないのは1種だけである．

アメリカ合衆国 I

ラージコーンダグラスモミ

ショアマツ

ローソンイトスギ

レッドモミ

ノーブルモミ

西部の用材樹 これらの立派な樹木の多くは，園芸に貢献している．中でも筆頭は，ローソンイトスギである．自然では60mに達することもあるこの木には，矮小化された品種があり，その小ささは岩石庭園に最適である．

グアユール ——ゴムに代わるもの

砂漠のキャンドル（上） スクウォーキャベッジのふくらんだ奇妙な茎の上には，紫の花が光輪のようにのっている．若いときにはこの茎は甘い味がするので，アメリカインディアンは生で，あるいは料理して食べた．

産性の高い人為変種が栽培され，成功をおさめている．

もうひとつの油脂植物は，*Limnanthes* である．そのいくつかの種は，白色，黄色，バラ色の花をたくさんつけるために"牧草地の泡"と呼ばれている．これらの繊細で，しばしば多肉質な一年生の草本に，シエラ・ネヴァダ＝カスケード山脈の西側に自生している．その大きな花はそれぞれ，高分子の脂肪酸を他に類のないほど多量に含む1つから5つの大きな種子をつける．*Limnanthes* の油脂は容易に，ジョジョバの液体ろうによく似た製品にすることができる．この植物はかなり多様であり，選択の余地があるために，おそらくジョジョバがぶつかった問題点の多くを避けて栽培することができるだろう．

砂漠の灌木の多くにゴムが含まれているということは，昔から知られていた．南東部のパイユートインディアンはこの事実をよく知っており，それをチューインガムとして利用していた．ゴムは細胞の中，とりわけ維管束系の組織や内側の樹皮に沈着する．それを抽出するためには，植物を切りとり，すりつぶして，水につけて柔らかくしなければならない．

北アメリカで商業的にゴムを採るために利用されている唯一の植物が，メキシコの北・中部とテキサスに生育しているグアユールである．これは，寿命が長いゆっくりと生長する多年生植物であり，高さはたいてい1m以下である．この植物がほかの潜在的なゴムの供給源よりも有利なのは，そのゴムの含有量がおよそ10％であり，ゴムを含有するほかの原生の植物の4倍から5倍だということである．グアユールは，今世紀始めに最初に利用された．ドイツの業者が，メキシコに抽出工場を建設したのである．アメリカ政府は第2次世界大戦中にグアユールを調査し，*Parthenium* のさまざまな種は交配が簡単だということを知った．そのため，計画的な交配と選択により，ゴムの含有量を高め，抽出工程を簡単にできるかもしれないという期待が高まった．しかし，そのゴムは樹脂を多く含むために品質が悪く，現在大量に生産されている近代的な合成ゴムの高い品質にはかなわないのである．

用語解説

＊は見出し語があることを示す．
[　]は訳者補注．

亜種(subspecies)　種＊と変種の間にあたる，動植物の分類＊の単位．種の地理的な変異を示すのに使われることが多い．

アルカリ土壌(alkaline soil)　pH 7以上の土壌．チョーク[白亜]や石灰岩質の土壌にみられる．

一党体制(one-party system)　選挙で政権政党＊の競争相手が存在せず（たとえば共産主義体制や軍事体制），政権政党以外は禁止されている政治体制．

永久凍土(permafrost)　極地で典型的にみられる，永久的に凍結している土壌や岩石．表層の土壌は夏にとけることがあるが，融解水は凍結した下層土によって流出できず，寒い時期に再凍結する．

塩類化作用(salinization)　乾燥気候により，可溶性塩類が土壌の表面や表面近くに集積すること．塩類化作用は，灌漑に用いられた水が蒸発する際にも起こる．その結果，大地の塩分が濃くなり，農耕ができなくなる．

OECD（経済協力開発機構）(Organization for Economic Co-operation and Development)　裕福な加盟国（現在25）の経済成長を促進するために，1961年に創設された組織．

オゾン層(ozone layer)　大気上層で，酸素やオゾンの濃度が高い層．太陽から放射される有害な紫外線を吸収する．それによってつくり出される熱は，地球の気象系を閉じ込めている．

OPEC(The Organization of Petroleum Exporting Countries)　石油輸出国機構．12の主要な石油輸出国を代表するカルテル．その生産物の価格をある程度左右することができる．

温室効果(greenhouse effect)　大気中の二酸化炭素やメタンのような特定の気体がもつ性質で，地表面から再放射される太陽の熱を吸収し，それを宇宙空間に逃がさないという効果．これらの気体がなければ地球は寒くて生物が生存できない．しかし工業や輸送における化石燃料＊の燃焼によって，これらの気体の大気中の濃度が高まってきた．これは，地球温暖化＊の原因であると考えられている．

温帯(temperate zone)　中緯度に位置する温和なすべての気候帯．暑い熱帯と寒い極地方の間に広がっている．

科(family)　近接する動植物の集団に対する分類用語．たとえば，Felidae科（ネコ科）には，ライオン，トラ，すべての小さいネコが含まれる．大多数の科はいくつかの属に分かれ，科が集まって目となる．分類＊を参照．

海洋性気候(maritime climate)　一般的に湿潤な気候で，海に近い地域にみられる．海は陸よりも暖まりにくく冷めにくいので，温度変化が小さい．したがって，この地域の気候は内陸よりも穏やかである．

外来（動物・植物）(exotic of an animal or plant)　ある地域の原生ではなく，おもに商業用や装飾用に，他の地域からもち込まれて定着したもの．

化石燃料(fossil fuel)　石炭，石油，天然ガスのように，何百万年も前の死んだ有機体が地中の熱や圧力の影響で変化してできたすべての燃料．

褐炭(brown coal)　石炭化が不十分な泥炭状の物質で，亜炭とも呼ばれる．石炭と比べてエネルギー価値は低い．

GATT[ガット](The General Agreement on Tariffs and Trade)　関税と貿易に関する一般協定．世界の輸出入に適用される条約である．その目的は自由貿易＊の促進であるが，現在のところ多くの国が，自国の工業や農業を保護するために関税＊障壁を設けている．

環境(environment)　(1)有機体個々の生命や生態系＊に影響を与える，気候，地質，ほかの生物といった外的条件．(2)生息し相互作用を及ぼし合うすべての動植物を取りまくもの．

換金作物(cash crop)　自給＊ではなく販売のために栽培する作物．

関税(tariff)　輸入された商品やサービスに課せられる税金．

乾燥（気候）(arid of the climate)　乾燥し，概して暑い．乾燥地域は一般に，年間降水量が250 mm未満である．降雨は間合いを置いたにわか雨的であり，すぐに蒸発したり地中に浸透する．土壌中に水分がほとんど残らないため，植生はまばらである．

干ばつ(drought)　長いあいだ降水が平年より極端に少なく，水の供給が需要を満たさない期間．

官僚制(bureaucracy)　政府の日常的な運営を行う，国家＊の役人組織．杓子定規に規則を適用する管理組織のことをいう場合もある．

議会制民主主義(parliamentary democracy)　立法機関＊（議会）がすべての成人による選挙で選ばれ，政府が議会の多数を占める政党＊によってつくられる政治体制．

危機的な（絶滅のおそれのある）種(endangered species)　生存し続けることが危ぶまれる水準にまで個体数が落ちこんだ種＊．

共産主義(communism)　財産の共有に基づく社会・経済体制．それは普通，旧ソ連とソ連支配下の国々および中華人民共和国の国家に統制された社会・経済体制を意味する．社会主義＊を参照．

駆除剤(pesticide)　昆虫やげっ歯類のような，作物に被害を与える動物を抑制するのに使われるあらゆる化学物質．除草剤，殺虫剤，殺菌剤に対する一般的な用語として使われることが多い．

クラス[階級・綱](class)　(1)経済的な地位が同じ人々の集団．たとえば，大土地所有者，賃金労働者，小売店主などである．(2)（動物学や植物学では）門と目のあいだに入る分類区分．分類＊を参照．

ゲットー(ghetto)　少数民族＊が居住する，都市のスラム地域．この言葉はもともと，中世ヨーロッパでユダヤ人が法的に囲い込まれていた都市の一部を指していた．

憲法(constitution)　一国の統治の仕方を定めている諸法規の中の基本法規．

高原(plateau)　平坦で周辺より高い土地が広がる地域．急斜面に囲まれている場合，台地あるいは卓状地と呼ばれる．

硬材(hardwood)　オーク，トネリコ，ブナのような広葉樹からとれるあらゆる木材．一般的に硬材は，球果をつける樹木からとれる軟材＊と呼ばれる木材よりも強く，腐りにくい．

高山植物(alpine)　山地のツンドラ＊的環境に適応して生育する植物．

高山帯(alpine)　山地で，森林限界から雪線までの間にみられる樹木のない環境＊．

降水(precipitation)　大気から地上へと到達する水分．霧，露，雨，みぞれ，雪，あられやひょうを含む．

交配種(hybrid)　2つの遺伝的に異なる個体から生まれた動植物．交配種の作物は，生産量が高く病気にも強いために栽培されることが多い．

国際収支(balance of payments)　一定期間における，ある国のすべての外国に対する商取引の収支．[第24巻を参照]．

国内総生産(GDP)(Gross Domestic Product)　ある国における，減価償却額を差し引いた商品やサービスの年間産出総額．GDPの成長は，インフレの効果を相殺するために，一定の価格で表現されることが多い．GDPは，一国の経済活動の水準に対する非常に有効な指標である．

国民総生産(GNP)(Gross National Product)　ある国における国内総生産＊に海外からの収入を加えたもの．

穀物(cereal)　人間や家畜が消費する食用穀物をたくさん生産するために，選択的に交配され，栽培されている草本．小麦，稲，トウモロコシが最も重要である．

コケージャン(caucasian)　(1)白色人種．白や明るい肌の色に基づく人種区分．コーカサス人種．(2)コーカサス地方に住む人々，あるいはその人々が話すインド＝ヨーロッパ語族の言語．

国家(state)　現代世界の基本的な政治の単位．その領域に対する主権をもち，国民がいることで定義されることが多い．

固有種(endemic species)　特定の地域だけにみられ，したがってその地域特有といわれることが多い原生の種＊．

コロニー[植民地・コロニー・群れ](colony)　(1)外国勢力の主権のもとにある領域．(2)（動物学では）互いに生理学的に結合している動植物の個体の集団．(3)シロアリや海鳥などのように，明確に地域を限定して生息する動物の集団．

債務(debt)　ある国が世界全体に対して負っている財政的な責務．たいていUSドルで払われる．総対外債務には，公的債務，公的保証債務，私的長期債務が含まれる．

砂漠(desert)　年間降水量が250 mm未満の，非常に乾燥＊した地域．高温の砂漠では，降水＊よりも蒸発の割合の方が大きく，植生はほとんどない．

砂漠化(desertification)　砂漠のような状態をつくり出すこと．過放牧，土壌浸食＊，長期の干ばつ＊，気候変化の組み合わせによって起こることが多い．

サービス産業(service industries)　消費者や経済の他部門にサービスを供給する産業．銀行業，交通，保険，教育，医療，小売，配達などが典型的．

左翼(left-wing)　反体制的な政治観を意味する一般的な用語．とくに，社会主義政党や共産主義政党を指すのに使われる．共産主義＊，社会主義＊を参照．

三角州[デルタ](delta)　川が海や湖に流れ込むところに形成される，扇形をした大きな堆積地形．川は，河口の静止した水に入るとゆるやかな流れとなり，運搬してきた堆積物を運べなくなる．川は分流と呼ばれる多数の水路に分かれて，水と運搬物質の新しい流路をつくり出すことが多い．

酸性雨(acid rain)　大気に排出された気体の廃棄物（たとえば二酸化硫黄や窒素酸化物）を吸収することで酸性化した，雨またはその他の降水＊．

酸性土壌(acid soil)　pH 7未満の土壌．しばしば泥炭質．

GNP　国民総生産＊をみよ．

識字能力(literacy)　普通は，簡単な文章の読み書きの能力として定義される．

自給(subsistence)　生産者が自分自身に必要な食べ物や住まいなどは供給できるが，交易のための余剰産物がほとんどあるいはまったくないような体制を指す用語．

資源(resource)　産業や商業にとって経済的な価値をもつ，あらゆる物質，情報源や技術．

市場経済(market economy)　経済的な活動の大部分が，ほとんど規制のない市場で，個人や私企業によって行われる経済．

自然淘汰(natural selection)　環境＊にうまく適応しない生物が，捕食，寄生，競争などによって除去される一方，うまく適応した生物が生存して子孫を残し，次世代に遺伝子を渡すという過程．

自然保護(conservation)　持続可能な利用と生態系の多

様性を維持するために，天然資源*を傷つけたり，枯渇させたり，無駄にしたりせずに利用，管理，保護すること．持続可能性*を参照．

持続可能性(sustainability)　現在そして将来の生命を支える地球の能力を損なうことなく，人間の生活を向上させるために天然資源*を利用するという概念．

自治(autonomy)　自己統治の状態．たいてい大きな国家*の一部やその領土に与えられる．

湿原(wetlands)　つねに，あるいはこの条件に適応した植生を支えるのに十分な期間，浸水している生息環境*．

GDP　国内総生産*をみよ．

死の湖(あるいは死の河川)(dead lake or dead river)　酸性化，植物の過剰な繁殖，高濃度の汚染などの結果，溶存酸素量が低下し，生物がほとんどあるいはまったく生存できない水域．

資本(capital)　機械設備，投資資金，賃金労働者を含む特定の雇用関係など，さまざまなものを指す．

資本主義(capitalism)　交換によって利益を得るための商品とサービスの生産に支えられた政治・経済体制．その体制の中では，労働自体も賃金によって売買される．資本主義経済は，多かれ少なかれ政府によって統制されている．資本混合経済では，政府はその国のいくつかの事業や産業を国有会社として所有する．政府はその場合，労働者の大雇用者としても行動する．

社会主義(socialism)　人間の平等という原則に基づき，富や財産を再分配し，医療や教育のような恩恵を平等に与える経済体制および政治的イデオロギー．

種(species)　動植物の分類*の基本的な単位．種が集まって属*となる．変異したものは，下位の階層である亜種*に分類されることがある．

自由貿易(free trade)　関税，割当制限やその他の規制なしに，商品やサービスをやり取りする国際貿易の体制．

出生率(birthrate)　人口比で表された出生数．普通は，人口1000人あたりの年間出生数として与えられる(これは粗出生率とも呼ばれる)．

狩猟採集民(hunter-gatherers)　野生動物を狩り，野生植物から液果や果実を採集することによって，必要な食物を手に入れる人々．

上位中所得経済地域(upper-middle-income economy)　1人当たりの平均所得が，1990年で2566ドルと7619ドルの間にあるすべての国．

消費財(consumer goods)　ただちに使用するために取得される商品．たとえば，食料品，ラジオ，テレビ，洗濯機など．

植物相・植物誌[フロラ](flora)　(1)特定の地域に生育する植物全体に対する用語．(2)特定地域の植物をリストにして記述した書物．

植民地主義(colonialism)　植民や経済開発のために他国を占領しようとする政治的な行動．

進化(evolution)　種*が自然淘汰*の作用を通じて，外見，形態，行動を発達させる過程．それによって，新種や変種が形成される．

浸食(erosion)　水，風，氷によって，むきだしの地表が小さな粒子に分解されたり，削り取られる過程．

浸水(waterlogging)　大地が水によって完全に飽和している状態．

針葉樹林(coniferous forest)　球果[松ぼっくりなど]をつけ，常緑で針状の葉をもつことが多く，おもに温帯*や冷帯*でみられる針葉樹を主とする森林．そこから産出される木材は，軟材*として知られる．

森林伐採(deforestation)　木を伐採し森林地域を切り開くこと．その土地はほかの用途に使われる．

生産性(productivity)　(1)生産に必要な経済的投入量(労働，機械，土地など)と比較した経済的産出量．(2)単

位時間，単位面積で，個体，種*や生態系*が取得する重量(あるいはエネルギー量)．

生息環境(habitat)　動植物が適応し，好んで生息する外部の環境*．植生，気候，高度などの用語で規定されることが多い．たとえば，草原の生息環境．

生態学(ecology)　(1)生物同士や生物と環境*との相互作用に関する学問．(2)自然界の構造や機能に関する学問．

生態系(ecosystem)　動植物が生息し，相互に作用し合っている，生物群集と環境*．

政党(party)　合意に達した一連の政策を実行するために，政治権力を求めて組織化された集団．

生物圏(biosphere)　すべての生物とそれを支える環境*を含む，地球をとりまく薄い層．

生物工学[バイオテクノロジー](biotechnology)　生物学的方法に適用された科学技術．遺伝子工学や，生物の遺伝子構造の操作を含む．

生物多様性(biodiversity)　一定の地域にみられる動植物の種の数．一般に，種の数が多いほど，生態系*は強固で，安定している．

生物分解可能(物質)(biodegradable of a substance)　バクテリアやほかの分解者によって，単純な物質へと容易に分解されること．紙，毛織物，革，木材のような有機物からできている製品は，生物分解可能である．多くのプラスチックはそうではない．

生物量[バイオマス](biomass)　一定の地域あるいは生態系*におけるすべての生物の合計量．

勢力均衡(balance of power)　有力諸国家*の勢力を均等とする，国際政治の安定性理論．

石灰岩(limestone)　海底で形成される，おもに炭酸カルシウムからなる堆積岩．建造用石材やセメントの原料として使われる．

絶滅(extinction)　特定の種*あるいはすべての種の局地的集団全体が失われること．自然に起こることもあれば，人間活動によって起こることもある．

絶滅のおそれのある野生動植物の種の国際取引に関する条約(Convention on International Trade in Endangered Species)　ワシントン条約*をみよ．

遷移(succession)　種*の豊富さや類型の変化を通じて，生態系*が発達し成熟すること．成熟に達すると，極相となって安定する．

先住民(indigenous peoples)　ある地域にもともと住んでいる人々．伝統的な生活様式を送っていることが多い．

先進国(developed country)　とりわけ発展途上国*と比較して，高い生活水準と洗練された経済で特徴づけられるすべての国．その国の富や物質的幸福を測るために，数多くの指標が使われる．たとえば，国民総生産*，1人あたりエネルギー消費量，人口1人あたりの医者の数，平均余命などである．

属(genus: genera)　生物学的分類*の一階層で，近縁の種*で構成される．たとえば，イヌ，オオカミ，ジャッカル，コヨーテは，すべてイヌ属に分類される．[属が集まって種になる．分類*を参照]

第一世界(first world)　先進工業国を記述するために使われることがある用語．

大気汚染(air pollution)　人体，動物，植生，物質に被害を与えるほど高濃度の気体や浮遊粒子が，大気に含まれること．このような汚染物質は，おもに人間活動の結果として大気にもたらされる．

[大気]放出物(emission)　煙突や自動車エンジンなどから，気体や浮遊粒子のかたちで大気に排出される物質．

第三世界(third world)　最初は，完全な資本主義でも完全な社会主義でもない旧植民地を指して使われた用語．現在は，発展途上世界の工業化の進んでいない貧しい国々を指して使われる．

帯水層(aquifer)　透水性の岩石，砂層，礫層中で，地下水*を吸収し貯える部分．

台地・卓状地(tableland)　高原*をみよ．

大統領(president)　国家の元首．いくつかの国では有権者が直接選び，その他の国では立法機関のメンバーが選ぶ．政治体制によっては，大統領は行政官の長である．それ以外では，その職務は主として儀礼的なものである．

第二世界(second world)　先進社会主義国(旧ソ連と旧ソ連圏が含まれる)を指すのに使われることがある用語．[中国は第三世界とする場合もあった]

太陽エネルギー(solar energy)　太陽で生産される放射エネルギー．地球のすべての自然過程に力を与える．それを捕捉し，家庭暖房に利用したり，電気エネルギーに変換することができる．

大陸移動(continental drift)　「現在の大陸は太古の超大陸が分離することで形成され，それらがゆっくりと今の位置に移動してきた」という学説．この学説は，1912年にアルフレッド・ウェゲナーによって最初に提唱された．

大陸性気候(continental climate)　大陸内部にみられる典型的な気候．その特徴は，とりわけ熱帯以外で気温の日変化や季節変化が大きく，降水量が少ないことである．

断層(fault)　それに沿って岩石のかたまりが動く，地球内部の割れ目や亀裂．

遅延流出(delayed runoff)　表面流出*をみよ．

地下経済(black economy)　税金をのがれた経済部門．

地下水(ground water)　地表面から地中に浸透し，地層中の隙間，割れ目，亀裂を満たしている水．水は不透水層の岩石に遮られたところへ移動できず，そこで飽和する．飽和の上限は地下水面*と呼ばれる．

地下水面(water table)　地下水*が常に飽和している地層の上限．

地球温暖化(global warming)　温室効果*が原因と考えられている，地球の平均気温の上昇．

ツンドラ(tundra)　ヨーロッパ，アジア，北アメリカの北側の非常に寒い地域に広がる，樹木のない平坦な大地．冬は長く寒冷で，地表の下は永久的に凍結している．永久凍土*を参照．

低気圧[サイクロン](cyclone)　低い気圧の中心．熱帯性低気圧はハリケーン*や台風と呼ばれる．

低山帯(montane)　高山帯*より低く，山地斜面の中程度の高度帯．

低所得経済地域(low income economy)　1人当たりの年間平均所得が，1990年で610ドルと2565ドルの間にある世界で最も貧しい国々．

出稼ぎ労働者(migrant workers)　一時的な雇用を求めて，他国や国内の異なる場所からやってくる労働力*．

天然ガス(natural gas)　地球内部で自然に形成された，可燃性ガスの形態をとる化石燃料*．油田にともなって発見されることが多い．

天然資源(natural resources)　地球の自然な作用によって形成される資源*．鉱物，化石燃料，土壌，大気，水，動植物などを含む．大部分の天然資源は人間によって採取され，農業，工業，経済活動に利用されている．

動物相[ファウナ](fauna)　特定の地域に生息する動物全体に対する用語．

独裁者(dictator)　国家*権力を自らの手に集中させた指導者．

特殊化(自然史における)(specialization)　進化による種*の発達．[生物の環境に対して]耐えられる範囲が狭くなり，群集の中での生態的地位(すなわちニッチ)が限定されること．

都市化(urbanization)　(1)ある国の市や町に住む人口の

比率が増大し，農村人口が減少する過程．(2) 都市の形成と成長の過程．

ナショナリズム(nationalism) すべてのネーションはそれ自身の領土すなわち民族的なホームランド[故地]に，それ自身の国家*すなわち民族国家*をもつべきであるというイデオロギー．[民族主義とも呼ばれる]

軟材(softwood) 針葉樹からとれる木材．

ネーション(nation) 領土あるいは領域を共有し，歴史的・文化的な規準からみて一様な人々[国民・民族]が構成されると信じられている共同体．国家*の同意語として使われることもある．

農業経済(agricultural economy) 大多数の人々が農耕民や牧畜民*として働いている経済．

廃水(effluent) 工業，農業，下水処理などの副産物として環境*に排出されるすべての液体廃棄物．

発展途上国(developing country) 低い生活水準と自給*的経済によって特徴づけられるすべての国．第三世界*と呼ばれることもあり，アフリカ，アジア，中南米の大部分が含まれる．

ハリケーン(hurricane) 熱帯性低気圧*のひとつ．カリブ海と北大西洋西部でみられることが多い．

半乾燥地域(semiarid land) 乾燥*した砂漠とより肥沃な地域の間にある土地で，砂漠*で生育できる植物よりもやや多い植生を支えるのに十分な水分がある．半砂漠とも呼ばれる．

パンゲア(pangea) 現在のすべての大陸から構成されていた超大陸．したがってそれは，ゴンドワナ大陸とローラシア大陸を含んでいた．それが存在したのは，2億5000万年前と2億年前の間である．大陸移動*を参照．

PH 物質の酸性度あるいはアルカリ性度を示す0から14までの値．[7が中性で，7未満が酸性]

非更新性資源(nonrenewable resource) 地球内部に存在する，量の有限な天然資源*(石炭，石油など)．埋蔵量を一度使い果たすと，回復できない．

避難地(refuge) 以前ははるかに広い地域を占めていた動植物の種が生き残っている場所．たとえば山頂部は，最後の氷期が終わり氷河*が後退する過程で取り残された，極地域に生息する種*の避難地である．

氷河(glacier) 圧密と凍結によって雪が氷に変化したもの．過去や現在の流動の痕跡が残っている．

氷河作用(glaciation) (1) 氷河*や氷床が成長する過程．(2) それらが景観に及ぼす影響．

氷期(ice age) 地質時代において地球の気温が低下し，氷河や氷床が1年を通じて中・高緯度に拡がった長い期間．地球の歴史において，氷期は何度も訪れた．氷河時代とも呼ぶ．

表面流出(runoff) 降雨や融雪によって生じた水が，地表を通って水路や河川へと流れること．遅延流出は，地中に浸透したのちに，地表に湧き出すこと．

貧困線(poverty line) 国によって異なる窮乏の尺度．低所得経済地域*でいう貧困は，絶対的な貧困である．そこでは，人口の一定の割合が，食べるものや，住まいとするものに事欠いている．先進工業世界では，収入が平均賃金の60%以下の人々が貧困とみなされる．彼らの基本的な要求は地域の福祉制度によって満たされるが，しかし彼らは同国人との比較上の貧困に苦しむ．

付加価値(added value) 品物や資源*に加工して付加された価値．たとえば，原油は精製されると付加価値がつく．

福祉国家(welfare state) 国家が医療，年金，失業手当などを提供したり，それを負担することに基づいた社会・経済体制．これらの社会サービスは労働人口全体からの税金によってまかなわれ，全員が平等に無料で受けられるようになっている．20世紀の初頭にイギリスで始められ，第二次世界大戦後ヨーロッパに広がった．

部族(tribe) 共通の言語，宗教，慣習，そして/あるいは祖先や親族によってひとつにまとまった人間の集団．発達した形態の国家*や政府をもたず，社会組織が血のつながりや氏族[クラン：共通の祖先によって結ばれる親族集団]大家族制度に基づく人々の社会集団を示すのに使われることが多い．

プレーリー(prairie) 北アメリカの北緯30度から55度の内陸に広がる平坦な草原．その大部分は耕作地として，穀物の栽培に利用されている．

フロン(クロロフルオロカーボン[塩化フッ化炭素])(CFCs : chlorofluorocarbons) 炭素，塩素，フッ素原子から構成される有機化合物．スプレーのガス，冷蔵庫の冷媒や洗浄用の溶剤に使われるフロンガスは，オゾン層*の破壊の原因として知られている．

分水界(divide) 流域界*をみよ．

分類(classification) さまざまな生物の類型を，遺伝的な特徴の類似の程度に応じて配列する方式．分類体系によって，生物の同定が可能になる．また，異なる集団の関係が明らかになることもある．国際的に認められた分類によれば，生物は，門(phyla)，綱(classes)，目(orders)，科(families)*，属(genera)*，種(species)*，亜種(subspecies)*の階層に区分される．

分類法(taxonomy) 生物の科学的分類*．

放射能(radionactivity) 原子核から放射されるアルファ線，ベータ線，ガンマ線の粒子．これは，原子炉内のように，原子核が分裂するとき最大となる．放射性物質に長い間さらされると，生体組織が損傷を受け，がんや死に至る病気になる．

牧畜民(pastoralist) 羊，牛，山羊，ラクダのような動物の群れの飼育を基盤とする生活様式に従う人．しばしば遊牧的であり，自然の牧草や水を利用するために群れを移動させることがある．

北極地方(arctic) 北半球の極地方．生物学的な用語としては，最も暖かい月の平均気温が10℃以下である北方地域のことでもある．その南限は，森林限界の北側とほぼ一致する．

哺乳類(mammal) Mammalia綱[哺乳綱]に属する脊椎動物．心臓は4つに仕切られ，体毛があり，哺乳器官(乳首)から分泌される乳で子を育てる．単孔類動物[カモノハシ，ハリモグラ]を除き，卵を産まずに小さな子どもの形で出産する．

マネタリズム(monetarism) インフレを経済成長に対する大きな脅威とみなし，一国における貨幣供給量の増加率とその結果としてのインフレ率との間に直接的な関係があるとする経済思想．

マルクス主義(Marxism) 19世紀の政治思想家であるカール・マルクスに由来する，政治を経済的な階級間の闘争として解釈する思想体系．それは，実践される場合，財産の共有を促進するので，一般に共産主義*とも呼ばれる．

マングローヴ(mangrove) 熱帯全域の海岸の潮間帯[干潟]や河口に生育する低木や高木の密林．

緑の革命(green revolution) 発展途上国*の農業生産を増やすために行われた，高収量品種の種子(とくに米や小麦)と近代的な農業技術の導入．1960年代初頭に始められた．

民主制(democracy) 国民(直接民主制)やその代表(間接民主制)が政策を決定する政府形態．間接民主制は，選挙で政党が競い合うという形態をとることが多い．

民族(ethnic group) 言語，宗教，慣習，そして/あるいは共通する祖先や親族に基づく，社会・文化的同一性を共有する人々の集団．[互いに，共に同じ集団に属しているという意識(共属意識)を共有する．]

民族国家(nation-state) すべての居住者がひとつのネーション*に属する国家*．大多数の国家は民族国家であると主張している．現実には，それらのほとんどすべてが，少数民族を含む．

遊牧民(nomad) 家畜のために食物，水，牧草を求めて，ひとつの場所から次の場所へと季節的な移動をする人々(たいていは牧畜に従事している)．牧畜民*を参照．

輸出(exports) 商品やサービスの他国への販売．外国為替をもたらす．

輸入(imports) 商品やサービスの他国からの購入．

輸入代替工業(import substitution industry) かつて輸入していた工業製品を製造する(おもに第三世界*の国々の)あらゆる工業．輸入代替工業は一般に，タバコ，石鹸，織物工業のような，市場が近接している単純な工業である．これらは，初期の段階では高関税*によって外国の競争相手から守られている．

[輸入]割り当て(quota) ある製品の一定期間内の輸入量に課せられた制限．

溶脱(leaching) 水によって土壌の栄養分や鉱物がより下の地層あるいは河川に流出する過程．

落葉性(植物・樹木・森林など)(deciduous of plants, trees, a forest etc) 冬季や乾季に葉を落とすこと．

立法機関(legislature) 法律の制定を担当する政府の一部門．

流域界[ウォーターシェッド](watershed) 2つの川の水系を分ける境界線．とくにアメリカでは，分水界[ディヴァイド]とも呼ばれる．アメリカでは，ウォーターシェッドは流域(ある河川とその支流が流れる地域)を意味する．

冷帯(または亜寒帯)[ボレアル](boreal) 北極圏と北緯50度の間に位置する典型的な北方の気候．長く寒い冬と短い夏が特徴．これらの地域の植生は，おもに冷帯林*(亜寒帯林)である．

冷帯林(boreal forest) 北半球の針葉樹林*すなわちタイガに与えられた名称．

労働力(labor force) 軍人や失業者を含む，経済的に活動している人口．専業主婦や無報酬の介護者は含まれない．

ワシントン条約(絶滅のおそれのある野生動植物の種の国際取引に関する条約)(Convention on International Trade in Endangered Species, 略称 CITES) 1973年以来，90カ国以上が調印した国際協定．CITESの付属書Iに載せられた種*(動物相*と植物相*)は，絶滅*の危機に瀕していると考えられており，輸出許可なしの貿易は禁止されている．調印国は，危機的な動物の輸入と輸出を監視している世界自然保護連合に，情報を提供しなければならない．付属書IIの種は，もし貿易が規制されなければ，絶滅のおそれがあるもの．

訳者あとがき

　原著が英語で発行され，大部分の読者が英語使用国であることから，索引を除いて全23巻のうち2巻がアメリカ合衆国にあてられている．そのほかでも，カナダやオーストラリア・ニュージーランド，そしてイギリス本国のように，日本の人口にくらべても決して大きな人口を持っているとはいえない英語国にそれぞれ多くの巻を割いている．ちょうど日本の地理書が日本の地理に比重をかけるように，英語使用の超大国であるアメリカ合衆国には多くのページを与えられている．しかし日本で同様の企画があれば，日本の巻の比重がさらに大きくなっていたであろうし，この程度のページでは，むしろアメリカ自身の記述を抑制していると考えてもよい．それは英語の出版物の特徴であるが，英語を流通言語としている旧植民地の国々の読者をも意識したバランス感覚の現れであろう．このようにアメリカであれ，出版国のイギリスであれ，世界の中の一地域として相対化して見ることができる点，日本をつねに世界地理からはずして考える日本とは異なっているともいえる．

　この第1・第2巻で扱う地域にはアメリカ合衆国の一国しかないので，他の巻で「国々の姿」に当たる前半部分が，「アメリカ合衆国」と「諸州の姿」となっている．もちろん，アメリカ人の意識の中には，「州」すなわちStateを国と主張して，アメリカは連邦制ではなく国家連合であるとした南北戦争当時の考え方が残っているのかもしれない．したがって，他の巻にある後半部分の「地域の姿」はそのまま「アメリカ合衆国の姿」でもある．とすると，「国々の姿」であつかう「アメリカ」と「地域の姿」で全体としてテーマ別に扱う「アメリカ」とにどのような違いがあるのかということになる．

　実際に読んでいただければ分かっていただけるのだが，大部分が第2巻にまわってしまった「地域の姿」は，他の巻と共通したテーマによって，この地域を他地域と並列的・比較的に扱う姿勢が貫かれている．他方，第1巻の「国々の姿」では「アメリカ」を要約的に示すために，アメリカを全体としてプレゼンテーションするとすれば，何によってアメリカをまとめられるのか，あるいはアメリカ的とは何かに注意を払っているというべきかもしれない．その意味で，簡略アメリカ論となっている．ただいわゆる歴史や政治・経済だけで論じがちなせまいアメリカ論から脱落しがちな部分を，雄大なアメリカの自然を正面にすえることによって，地理の役割の再認識をさせてくれている．つまりアメリカが豊かな自然に恵まれて産業を発達させてきた部分と，広漠たる空間を克服するためにやむなく大量生産・大量高速輸送・情報網の整備などを進めざるを得なかった部分とが分かるように，「地理」という立場から舞台としての自然をすくい上げている点で，いわば文理横断型のアメリカ論を提案しているのである．

　この第1巻は，本シリーズ「世界の地理」の導入に当たり，全巻の利用の仕方などが解説されているので，編集者の意気込み，意図がよく分かる．また第2巻とあわせないとアメリカの全体像がつかめないもどかしさはあるが，この導入部分が他の巻への橋渡しをしてくれている．

　訳文は平易となるようつとめたが，動植物名などは，専門書を参照したり，現地で直接動植物にふれる機会に利用できるよう，原著に学名のみを記載してあるものは，それをなるべく残すようにした．なまじ翻訳と称して単にカタカナ表記に変えても，各地域の固有種は翻訳自身が意味を持たないこともその理由である．もちろん大英和辞典などに訳語があるものはなるべくそれを利用したが，読者の便宜のために[　]で囲んだ訳注をつけたものもある．

　しかし人名や地名は，各地域の現地語ではなく，原著者自身が英語表記に代えているので，できるだけ日本で一般的に用いられる「現地読み」主義を採用した．しかしアメリカ合衆国では，先住民の言語やフランス語，スペイン語起源の地名などが英語読みに切り替えられたり，現地だけで現地読みが残っていたり，完全にはとらえきれない．たとえばフランス系のデトロアという地名ならば，「地峡」の意味だとすぐ分かる人もいるのだが，日本で慣用されているデトロイトを使うしかなかった．できる限り日本語で発行されている大きなアトラスの読みを採用したが，ウエブスターなどの辞典類も活用した．また，Vはネヴァダのように表記できるようになったので，できる限りこれを利用したが，慣用が成立しているものにはそのままBをもちいている．同様にアメリカ合衆国を，必要な場合を除いてしばしば慣用のアメリカと訳出している．

　本巻の翻訳はアメリカ留学の経験のある阿部一君をはじめ，和田真理子さん，田原裕子さんと田辺が分担し，最終的に田辺が調整した．いずれも人文地理学研究室に大学院生として最近まで在籍した若い地理学者である．とくに阿部君はすでにイー・フー・トゥアンの地理学方法論に関する著作をいくつか訳出しているので，大いに助かった．記して謝意を表する．

1996年8月

東京大学教養学部人文地理学研究室

田　辺　　裕

翻訳分担

p.1～p.23　　田辺　　裕　東京大学教養学部・教授
p.24～p.49　 田原　裕子　東京大学教養学部・助手
p.50～p.75　 和田真理子　神戸商科大学商経学部・講師
p.76～p.137　阿部　　一　東洋女子短期大学欧米文化学科・講師

索 引

地名索引

あ行

アイオワ　61
アイダホ　55
アーカンソー　70
アダムズ山　91
アディロンダック山地　86,108
アトランタ　74,75
アパラチア高原　86
アパラチア山脈　26,27,78,86,87,98,108,124
アラスカ　52,78,80,82,91,99,100,107,108
アラスカ山脈　33,82,91
アラスカ湾　33
アラバマ　72
アリゾナ　58,79
アリューシャン列島　33,91
アレゲニー山脈　87
アンカレジ　52

イエローストーン国立公園　28,97,100,102,104
イリノイ　62
インディアナ　63

ヴァージニア　73
ヴァーモント　65
ウィスコンシン　62
ウエスト・ヴァージニア　73
ウォータートン・レークス国立公園　96,99

エヴァーグレーズ　110,119
エリー運河　63
エリー湖　80,87
エルバート山　90

オアフ島　83
オキーチョビー湖　110,111
オーキフェノーキ湿原　101
オクラホマ　58
オザーク高原　28
オハイオ　64
オハイオ川　28,64,80,88,89,92
オリンピック国立公園　107
オリンピック山　29
オレゴン　52
オンタリオ湖　80,86,87

か行

海岸山脈　29,90
海岸平野　26,27,78,86,92
カウアイ島　82
カスケード山脈　28,78,82,90
カードサウンド　32
カナダ楯状地　28
カナダロッキー山脈　26
カリフォルニア　53
カンザス　60
カンバーランド・ヴァレー　27

キー・ウェスト　32
キャデラック山　86
キー・ラーゴ　32

グランド・キャニオン　28,90,105
グランド・ティートン国立公園　28,102
クリーヴランド　64
グリーン山脈　86
クルエーン国立公園・鳥獣保護区　99
グレイロッジ州立保護区　106
グレーシャー国立公園　96,99,107
グレート・スモーキー山脈国立公園　32,130
グレート・ソルト・レイク　28
グレート・プレーンズ　28,80,83,89
グレート・ベースン　82,133
ゲティスバーグ　68
ケンタッキー　71

国際平和公園　96
五大湖　80,87
コネティカット　66
コーラウ山脈　83
コルディエラ山系　26
コロラド　57
コロラド川　55,78,82,90
コロラド高原　90
コロンビア川　52,78,81
コロンビア高原　81
コロンビア特別区　70
コロンビア盆地　28

さ行

サウス・カロライナ　74
サウス・ダコタ　60
サクラメント　30
砂漠盆地　28
サムター要塞　35
サン・アンドレアス断層　29,54,78,91
サンタバーバラ　41
サン・フアン山脈　90
サンフランシスコ　54
サン・ルイス・ヴァレー　90

シェナンドー・ヴァレー　27
ジェニシー川　87
ジェームスタウン　33
シエラ・ネヴァダ山脈　28,55,78,82,90,98
シカゴ　62
ジョージア　74
シリコン・ヴァレー　46
シンシナティ　64

スパイダー・ロック　79
スペリオル湖　28,78,80,87,88
スリーマイル島　44

セコイア国立公園　32
セント・ヘレンズ山　52,53,78,90,101
セント・ポール　61
セントラル・ヴァレー　28
セント・ローレンス川　87

ソノラン砂漠　82,99,136
ソルト・レーク・シティ　57

た行

大西洋メガロポリス　69
ダイノソー国立記念物　100,105
ダラス　59

チェサピーク湾　27
チャールストン　74
中央高原　33
中央低地　28,88

テキサス　59
デス・ヴァレー　78,82,83,90
デトロイト　63
テネシー　71
テネシー川　72
デラウェア　69

ドーバー　69

な行

ナイアガラ滝　87
ナッシュビル　71
西コルディレラ山系　78,90
ニューアムステルダム　34,67,69
ニューイングランド　86
ニューオーリンズ　70,71
ニュージャージー　68
ニューハンプシャー　65
ニューヘヴン　33
ニューメキシコ　58
ニューヨーク　67

ヌトゾーティン山地　80

ネヴァダ　55
ネブラスカ　61

ノース・カロライナ　74
ノース・ダコタ　60

は行

パウンソーグント高原　94
バッドランズ　89
ハドソン川　86,87
ハリウッド　54
ハワイ　33,54,82,83,97,99,133

ビッグ・サイプレス国立保護区　110,111
ピッツバーグ　68
ピードモント台地　27,86
ヒューストン　59
ヒューロン湖　80,87

フィラデルフィア　68
フェニックス　58
フーバーダム　55
ブライス・キャニオン　94
ブラック・ヒルズ　89
ブリマス　33
ブルックス山脈　33,91
ブルー・リッジ山脈　27,86
プレーリー　60,61,98,106,114,116,117,122,125,128
フレンチ・クォーター　71
フロリダ　75
フロリダ・キーズ　32
フロリダ半島　27

ベースン・アンド・レンジ　78,90
ベーリング海峡　33
ペンシルヴェニア　34,68

ホイットニー山　90
ボストン　65
ポートランド　53
ボールダーダム　55
ボルチモア　69

ま行

マウイ　33
マイアミ　75
マサチューセッツ　65
マーシー山　86
マッキンリー山　78,91
マンモス・ケーヴ　86
マンハッタン　67

ミシガン　63
ミシガン湖　80,87,88
ミシシッピ　72
ミシシッピ河谷　84
ミシシッピ川　72,78,80,88,92,93,108
ミシシッピ三角州　89
ミシシッピ-ミズーリ川　27
ミズーラ湖　81
ミズーリ　62
ミズーリ川　62,80,88,92
ミッチェル山　27,86
ミネアポリス　61
ミネソタ　61

メリーランド　33,69
メーン　64

モニュメント・ヴァレー　90
モノ湖　109
モハーヴェ砂漠　82
モンタナ　55

や行

ユーコン川　30,33,91
ユーコン台地　91
ユタ　57

ヨークタウン　34,74
ヨセミテ渓谷　104
ヨセミテ国立公園　32,104

ら行

ラシュモア山　89
ラス・ヴェガス　55
ランゲル山脈　33
ランゲル=セント・エライアス国立公園・保護区　99
リオ・グランデ川　59,82
リッチモンド　73
リールフット湖　89

ルイジアナ　70

レーニア山国立公園　32

ロアノーク島　33
ロサンゼルス　54,90
ロッキー山脈　78,82,90,96,98
ロード・アイランド　33,67
ローレンシア台地　78,88

わ行

ワイオミング　56
ワイオミング盆地　28
ワシントン　52
ワシントンDC　70

事項索引

あ行

赤狩, 36
アカクロサギ 110,119
アカウヒ 128
アカミミガメ 118
アザラシ 120
アザレア 98,129
アジアコミュニティ 41
アシカ 120,121
アスペン 97,133
アップルカタツムリ 119
アディロンダック族 129
アートラトル 122
アトランティックヌマヒノキ 124
アナホリガメ 116
アナホリフクロウ 114,116
アパラチア・クラブ 105
アポロ11号,13号 45
アマサギ 112
アマン派 68
アマン, ヨセフ 40
アーミッシュ 40
アームストロング 45
アメリカアリゲーター 110,118,119
アメリカインディアン 98,116,124,135,137
アメリカグリ 128
アメリカシデ 125
アメリカ先住民 55,57,61,62,63,71,107
アメリカドクトカゲ 31
アメリカヘラアシシギ 109
アメリカワニ 118
アメリカン・ドリーム 40
アライグマ 118,122
アラスカ購入 35
アラモ砦 59
アルゴンキン人 66
アルマジロ 112
アワビ 120,121
アンテロープジャックウサギ 114,115

イエスズメ 122,123
イエローウッド 131
イエロートチノキ 130
イエローマツ 96
一夫多妻制 57
イトスギ 133
イヌイット人 52
イネ 124
イノシシ 106,122
イロコイ族 33
インディアン 98
インディアングラス 125
インディアン地方 59
インディゴヘビ 116

ヴァイキング 64,65
ヴァイキング1号,2号 45
ヴァージニアオポッサム 112
ヴァージニア植民地 73
ウィルソン, ウッドロー 35
ヴィンランド 33
ヴェスプッチ, アメリゴ 33
ウォーターゲート事件 36
ウォータースパウト 85
ウォール街 46
ウニ 120,121
ウミミンク 122
ウラジロサトウカエデ 127

永久凍土 91,99
エイズ／HIV 48
エクソン・バルディーズ 109

エスキモーコシャクシギ 122
エスチュアリー 27
エダツノカモシカ 116
エノキ 125
EPCOT（エプコット） 49
エリクソン, レイフ 33
エリトロニウム 126
エルク 112
エレクトロニクス 59,75
エンレイソウ 126

オオウミガラス 122
オオツノヒツジ 114,123
オオヤマネコ 122
オガワコマドリ 112
オーク 124,125,131,133,136
オコティーリョ 133,135
オセージオレンジ 131
オットセイ 121
オニヒバ 133
オポッサム 98,116
オレゴン・トレイル 52,53
温帯雨林 97,107

か行

ガイザー 102
外来種 99,123
下院 39
カエデ 124,129
核実験場 55
カササギガモ 122
カジノ 55
カジャン 70
カズデン購入 35
カタツムリトビ 110,119
カッショクペリカン 121
カーディナルフラワー 128,131
カトリック 69
カナダツガ 130
カーネギー, アンドリュー 35
カバ 124,129,130,133
カブトガニ 120
カメ 114,118
カメハメハ1世 54
カモ 118,122
カラマツ 124,133,133
カノブー 112
カリフォルニアカモメ 109
カリフォルニアコンドル 122
カリフォルニアポピー 133
カロライナインコ 122
カワウソ 118,122
ガン 122
カンガルーネズミ 115
カンザス-ネブラスカ法 35
乾燥気候帯 82
寒帯 78
寒帯気候 82
干ばつ 83
ガンボー=リンボー 125

キセキレイ 112
キタアカサンショウウオ 118
キタオットセイ 121
キタオイヒバ 124
キットギツネ 114
キハダカンバ 127
キャンピオン 134
共和党 40
魚類・野生生物局 100
キング, マーティン・ルーサー 36,73
近郊農業 68
禁酒法 62
キンポウゲ 134

グアダルーペオットセイ 120
グアユール 137
クエーカー派 68
クーガー 113

クー・クラックス・クラン 62,72,73
クジラ 120,121
クース 136
クズリ 112
クビワペッカリー 115
グラウンドナマケモノ 122
クラーク, ウィリアム 34
グラニオン 120
クランベリー 129
クーリー 81
グリーンブライアー 131
クロアシイタチ 114
クロコンドル 114

渓谷 28
毛皮商人 53,55
ケスタ 88
ゲーターホール 119
ゲットー 41
ケトル 80,88
ケナガイタチ 122
ケネソーマウンテンの戦い 34
ケネディ暗殺 36
ケネディ, ジョン・F 36
ケープカナベラル 45
ケルプ 120
健康保険制度 48
原生・景勝河川 99,101
原生種 123
権利章典 38

航空宇宙産業 57
公民権運動 36,71,72
コウモリ 114
硬葉植物 99
コウライキジ 123
黒人奴隷 72
黒人暴動 70
国立記念物 104
国立原生自然保護区制度 100
国立公園 96,99
国立公園局 100,104,105
国立野生生物保護区 99
ゴシキヒワ 122
小麦地帯 43
固有種 97,99,133
コヨーテ 114,109,116,122
ゴールデンシール 131
ゴールドラッシュ 52,56,57
コロンブス, クリストファー 33
コンウォーリス将軍 34

さ行

サイクロン 84
再建時代 59,73,74,75
サウアーウッド 129
サギ 119
サグアロサボテン 99,114
サケ 122
サターンV 45
サッター, ジョン・アウグストス 30
サトウキビ 70
砂漠 90,97,114,115,134
サバクウグイ 115
サバクキスズミ 114
サービス, ロバート・ウィリアム 31
サボテンフクロウ 114
サラル 133
産業革命 68
サンゴ礁 97
酸性雨 101,108,128
3大ネットワーク 47
サンフランシスコ地震 29,54
サンロレンゾの条約 72

ジェファソン, トマス 34,73
シエラ・クラブ 105
地震 89,91
自生種 99

自然堤防 92
シチメンチョウ 123
湿原 108,118
自動車産業 63
シャイアン族 56
ジャイアントトゥーレ 135
ジャイアントバイソン 122
ジャイアントビーバー 122
ジャイアントレッドウッド 133
ジャコウネズミ 118
シャミース 133
州間高速道路 28
州憲法 39
縦谷 27
自由貿易協定 46
シュガーメープル 131
狩猟 122
巡礼始祖 33
ショーウィーオーキッド 126
上院 38,39
食虫植物 127
ジョージ2世 74
ジョジョバ 136,137
シラサギ 119
シロクマ 112,120
侵食 78,79,86,87,88,90,91,94,99,107
ジンセン 129,131
針葉樹林 97,133
森林局 100,107

水力発電 56,60,72
スウィフトギツネ 116
スクウォーキャベツ 137
スズカケノキ 125
スー族 56
ステップ 30
ストラングラーイチジク 125
ストローブマツ 96,128,129
スパイニーロブスター 121
スプリングビューティ 126
スペイン語人口 54
スペースシャトル 45
スペードフットヒキガエル 114
スマック 131
スモークツリー 135
スモッグ 90,108
スラム 70
スリーマイル島 44
スレンダーサンショウウオ 114

セイウチ 120
西漸運動 35
生態的ニッチ 134
生物保護区 96,111
世界遺産 96,102,111
セグロカモメ 122
セージブラッシュ 102,135
1812年の戦争 63
全米オーデュボン協会 105
全米野生生物連盟 105

ゾウアザラシ 120,121
ソバ 136
ソングバード 112

た行

第1次世界大戦 35
ダイオウマツ 127
タイガ 108
大恐慌 36,61,63
堆積 88
大統領 38
大統領選挙人 38
第2次世界大戦 36
ダイヤモンドバックガラガラヘビ 116
大陸会議 34,73
大陸性気候 82,96
大陸棚 78,86
タウンミーティング 65

滝線　86
ダグラスモミ　133
ダスト・ボウル　83
ダッチマンブリッチ　126
竜巻　83,84,85
タテガミヒツジ　122,123
タヌキモ　127
タヒバリ　112
タマシダ　133
ターミナル・モレーン　80,88
単為生殖　116

地殻　78
地中海性気候　98
チヌーク　82
チャールズ1世　69
チャールズ2世　74
チョウザメ　119,122
長老派　65

ツグミモドキ　114
ツンドラ　33,97,99,108

ディズニー，ウォルト　48
ディズニーランド　48
デヴィルズホールパップフィッシュ　115
テキサス共和国　59
テキサスブルーボニット　125
デラウェアインディアン　34
テン　122
テンマクケムシ　115

ドウウルフジンセン　126
トゥースワート　126
トウヒ　124,130,133
トゥファ　109
トウモロコシ地帯　43,62
トカゲゴロシロードランナー　114
トキコウ　110
独立戦争　63,65,67,68,69
土壌　106
土地管理局　100
トチノキ　124
トネリコ　124,129
ドブネズミ　122
クック，トーマス　54
トラウトリリー　126
トラックファーミング　43
ドラムリン　80,88
トランスアラスカ石油パイプライン　52
トルネード　84
奴隷　71
奴隷解放宣言　35
奴隷州　62,69
奴隷制　62
ドバト　123

な行

ナキウサギ　112
ナキハクチョウ　122
NAFTA(ナフタ)　46
南部同盟派　55
南部連合　35
南部カロライナ植民地　34
南北戦争　35,35,55,59,62,63,70,71,73,74,74
ニクソン，リチャード　36
ニシクビワトカゲ　115
ニセアカシア　129
ニセインディゴ　131
ニューディール　36
ニレ　124,127

ヌマスギ　89,101,111,124
ヌマミズキ　129

ネズミ　122

熱帯　78
熱帯気候　83

野火　101,116

は行

ハイイロギツネ　116
バイソン　97,116,117
ハイビジョザクラ　133
バイユ　86
パイユートインディアン　137
ハエジゴク　127
バク　113
ハクトウワシ　29,31,107,109,110,113,123
ハクルベリー　133
ハコガメ　129
ハシグロヒタキ　112
ハシジロキツツキ　122
ハシボソキツツキ　114
ハジロカイツブリ　109
バス　115
ハチドリ　114
ハツカネズミ　122
バッファロー　31,125
バッファローグラス　125
BART(バート)　47
ハドソン，ヘンリー　67
ハートフォード会議　66
ハナミズキ　129
ハーバード大学　66
ハーフドーム　32
ハヤブサ　123
ハリケーン　30,83
パリ条約　67,69
ハルシャギク　131
パロベルデ　135
ハワイモンクアザラシ　120
バンク　86
ハンノキ　133
パンハンドル　33

ビクーニャ　113
ピジョンプラム　125
ビッグブルーステム　125
ビッグホーン　31
ヒッコリー　124
ピナクル　94,109
ヒナユリ　136
ピニョンビャクシン　133
ビーバー　118,122,123
ヒバリ　122
ヒメコンドル　114
ビャクシン　124,133
ビュート　28,88,90
ピューマ　113
ピューリタン　66,67
氷河時代　80,86,98,112
ピルグリム・ファーザーズ　33
ピンチェリー　126

プア・ホワイト　41
フィヨルド　91
プエブロ族　33
フォーティナイナー　30
豚の遊び場　134
フードピッチャープラント　127
ブナ　125,130
フーバーダム　44
ブラッドルート　126,131
ブラヤ　90
フランクリンジリス　116
プランテーション　69,70,73,74
プランテーション経済　35
フランネルブッシュ　136
ブリザード　30,83
ブルーベリー　129
ブレージングスター　133
プレート　78,91

プレーリー　30
プレーリードック　31,114,117
プレーリーハタネズミ　116
フレンチ・インディアン戦争　65,75
プロテスタント　65
フロリダアカハラガメ　119
フロリダパンサー　110,111,119
フロリダマナティー　31

ヘイシソウ　127
ベイツガ　124,130,133
ペカン　129
ペッカリー　122
ペディメント　90
ベトナム戦争　36
ヘビ　114,118
ペン，ウィリアム　34,68

ボイジャー計画　45
ボウフィン　119
牧畜　59
ポケットゴーファー　117
ホシムクドリ　123
ボストン虐殺　34,65
ボストン大学　66
ボストン茶会事件　65
ホッキョクギツネ　108,112
ホッグバック　89
ポットホール　106,118
ホープウェル族　64,73
ボブキャット　114,119,122
ポプラ　127,133
ホームステッダー　56,59,60,63
ポリネシア人　54
ホリネズミ　117
ボルステッド法　36
ホワイトハウス　70

ま行

マイクロエレクトロニクス　54
マウンテンライオン　113
マサチューセッツ工科大学　66
マストドン　112,122
マツ　97,124,125,133
マツヨイグサ　133
マティーリャポピー　136
マナティ　120
マネシツグミ　114
マホガニー　125
マリナー宇宙船　45
マルディ・グラ　71
マングローブ　96,110,125
マンザニータ　133,136
マンモス　112,122

ミズキ　125,133
ミズーリ妥協　62,64,70
ミゾホオズキ　133
ミンク　118
民主党　40

ムクドリ　122
ムシクイ　112
ムシトリスミレ　127
ムース　112
ムスタング　122,123
ムチオトカゲ　116

メイアップル　129
メイフラワー号　65
メガネカイマン　123
メキシコ戦争　58
メサ　28,90
メノー派教徒　68
メノン派教徒　60
メボソムシクイ　112
綿花　59,62,70,72

モウセンゴケ　127

モクレン　124
モスキートフィッシュ　115
モミ　124,130,133
モミジバフウ　125,129
モルモン教　55,57
モンロー主義宣言　35

や行

ヤシ　125
ヤナギ　127,133
ヤマアラシ　112
ヤム　136

有毒キヅタ　131
ユキコサギ　119
ユキノシタ　134
ユッカ　135
ユニオン・パシフィック鉄道　61
ユリカモメ　122
ユリノキ　125,130

ヨツヅノカモシカ　122

ら行

ライト兄弟　64
ラクダ　113,122
落葉樹林　96,101,126
ラッコ　120,121

リソスフェア・プレート　90
陸橋　113
リトルイタリー　41
リトルグラマグラス　125
リャマ　113
リュウゼツラン　135
リョコウバト　122
リンカーン，アブラハム　35,62
リンカーン暗殺　35
リンドウ　134

ルイジアナ購入　34,56,57,59,60,61,62,70
ルイジアナ植民地　61,70
ルイス，メリウェザー　34
ルーズヴェルト，フランクリン　36
ルピナス　133,136

レイヨウジリス　115
レス　80
レッドウッド　31,97,99,136
レッドシダー　131
レッドパージ　36
連邦議会　38,39

ローソンイトスギ　137
ロックフェラー，ジョン・F　35
ロッジポールマツ　102,103
露天掘り　71
ロードデンドロン　98
ロードランナー　115
ローリー，サー・ウォルター　33

わ行

ワイルドランプ　126
ワイン産業　43
ワシントン，ジョージ　34,66,70,73
渡り鳥　98,109
ワニ　118
ワニガメ　118
ワピティ　102,112
湾岸戦争　37

編集・執筆者

編集代表
Professor Peter Haggett, University of Bristol, UK

〈国々の姿〉

編集委員
Professor James Fisher, Florida Atlantic University, USA

執筆者
Asgard Publishing Services:
    Philip Gardner
    Allan Scott
    Michael Scott Rohan
    Andrew Shackleton

〈地域の姿〉

編集委員
Professor Ken J. Gregory, Goldsmith's College, London, UK
自然地理

Robert Burton, Huntingdon, UK
生息環境とその保全，動物の生態

Professor D.M. Moore, University of Reading, UK
植物の生態

執筆者
Professor Colin R. Thorne, University of Nottingham, UK
自然地理

Dr Peggy Wayburn, Bolinas, California, USA
生息環境とその保全

John Burton, Saxmundham, UK
動物の生態

Professor Lincoln Constance, University of California at Berkeley, USA   植物の生態

Dr Peter S. White, University of North Carolina, USA
植物の生態

原著製作スタッフ

Editorial Director: Graham Bateman
Project Editors: Susan Kennedy, Candida Hunt
Series Editors: Victoria Egan, Fiona Mullan
Art Editor: Steve McCurdy
Chief Designer: Chris Munday
Cartographic Manager: Olive Pearson
Cartographic Editor: Sarah Phibbs
Picture Reasearch Managers: Thérèse Maitland, Jo Rapley, Alison Renney, Leanda Shrimpton
Typesetting: Brian Blackmore, Niki Moores
Production: Clive Sparling, Aleeta Cliff

参考文献

Barbour, M.G. and Billings, D. (eds.) *North American Terrestrial Vegetation* (Cambridge University Press, Cambridge, 1990)
Chabot, B.F. and Mooney, H.A. (eds.) *Physiological Ecology of North American Plant Communities* (Chapman and Hall, New York, 1985)
Everhart, W.C. *The National Park Service* (Westview, Boulder, Colorado, 1983)
Graf, W.L. *Geomorphic Systems of North America* (Geological Society of America, Boulder, Colorado, 1987)
Hunt, C.B. *The Natural Regions of the United States and Canada* (W.H. Freeman, San Francisco, 1974)
Novak, R.M. *Walker's Mammals of the World* 5th edn. volumes I and II (Johns Hopkins, Baltimore, Maryland, 1991)
Peck, R.M. *Land of the Eagle: a Natural History of North America* (BBC, London, 1990)

監修者・訳者

田辺　裕（たなべ　ひろし）

1936 年　神奈川県に生まれる
1963 年　東京大学大学院数物系研究科博士課程中退
現　在　東京大学名誉教授・理学博士

訳　者

阿部　一（あべ　はじめ）

1961 年　山形県に生まれる
1992 年　東京大学大学院理学系研究科博士課程修了
現　在　東洋女子短期大学欧米文化学科講師

図説大百科 世界の地理 1
アメリカ合衆国Ⅰ（普及版）　　定価はカバーに表示

1996 年 9 月 25 日　初　版第 1 刷
2010 年 6 月 30 日　普及版第 1 刷

　　　　　　　　　　　　　　監修者　田　辺　　　裕
　　　　　　　　　　　　　　訳　者　田　辺　　　裕
　　　　　　　　　　　　　　　　　　阿　部　　　一
　　　　　　　　　　　　　　発行者　朝　倉　邦　造
　　　　　　　　　　　　　　発行所　株式会社　朝　倉　書　店

　　　　　　　　　　　　　　東京都新宿区新小川町 6-29
　　　　　　　　　　　　　　郵便番号　162-8707
　　　　　　　　　　　　　　電　話　03(3260)0141
　　　　　　　　　　　　　　ＦＡＸ　03(3260)0180
〈検印省略〉　　　　　　　　　http://www.asakura.co.jp

© 1996〈無断複写・転載を禁ず〉　　　新日本印刷・東京美術紙工

Japanese translation rights arranged with ANDROMEDA OXFORD Ltd.,
Oxford, England through Tuttle-Mori Agency Inc., Tokyo

ISBN 978-4-254-16901-0　C 3325　　　　　Printed in Japan

■ オールカラーで見る世界の地理の最新情報！

● ENCYCLOPEDIA OF WORLD GEOGRAPHY
Planned and produced by Andromeda Oxford Ltd.

図説大百科 普及版
世界の地理 《全24巻》

田辺 裕 監修　A4変型判　各148頁

地理は，全地球的規模の変化をはじめ，われわれのふるさとのような局地的な大きさに至るまで，地球の多様性を理解させようとするものである。本シリーズは，世紀末に近づいている現代世界の劇的変動を描いており，われわれの惑星，すばらしく豊かな地球の地域的変化を記録している。昨今，世界中の若者が素養のある旅行者となるために地理に注目しはじめている。それが環境問題，人口問題，民族問題，富の偏在の問題など多くの世界的諸問題を分析するための，そして世界の人々と交わるための自然な出発点であることがわかってきたのである。学校や図書館で，読者の関心を高め，知識を深める上で，重要な役割を演じるシリーズであることを確信する。

1. **アメリカ合衆国 I**
   田辺　裕・阿部　一 訳
2. **アメリカ合衆国 II**
   矢ヶ﨑典隆 訳
3. **カナダ・北極**
   廣松　悟 訳
4. **中部アメリカ**
   栗原尚子・渡邊眞紀子 訳
5. **南アメリカ**
   細野昭雄 訳
6. **北ヨーロッパ**
   中俣　均 訳
7. **イギリス・アイルランド**
   松原　宏・杉谷　隆・和田真理子 訳
8. **フランス**
   田辺　裕・松原彰子 訳
9. **ベネルクス**
   山本健兒 訳
10. **イベリア**
    田辺　裕・滝沢由美子・竹中克行 訳
11. **イタリア・ギリシア**
    高木彰彦 訳
12. **ドイツ・オーストリア・スイス**
    東　廉 訳
13. **東ヨーロッパ**
    山本　茂 訳
14. **ロシア・北ユーラシア**
    木村英亮 訳
15. **西アジア**
    向後紀代美・須貝俊彦 訳
16. **北アフリカ**
    柴田匡平 訳
17. **西・中央・東アフリカ**
    千葉立也 訳
18. **南部アフリカ**
    生井澤　進・遠藤幸子 訳
19. **南アジア**
    米田　巖・淺野敏久 訳
20. **中国・台湾・香港**
    諏訪哲郎 訳
21. **東南アジア**
    佐藤哲夫・永田淳嗣 訳
22. **日本・朝鮮半島**
    荒井良雄 訳
23. **オセアニア・南極**
    谷内　達 訳
24. **総索引・用語解説**
    田辺　裕・田原裕子 訳